高职高专金融投资专业教材

商业银行综合柜台业务
(第 2 版)

黎贤强　编著

清华大学出版社
北　京

内 容 简 介

本书以就业为导向，以银行柜员岗位为核心，立足于银行各项临柜业务，按照学生认知特点，以银行柜员应具备的基本素质、应知的基本业务和基本规定、应会的基本规程为主体组织内容，体系科学，结构新颖。

本书内容主要包括银行柜员基本素质养成、银行柜台业务管理规定、银行柜台业务基本流程和规范、人民币存款业务、贷款业务、中间业务、结算业务、银行卡与电子银行业务、外汇业务、银行柜台业务风险防范及安全管理。本书立足于银行柜员应知应会的业务知识，突出实用性和可操作性，反映了银行柜员岗位的最新变化，贴近银行业务实际。

本书主要读者对象：高等职业院校财经、金融类专业学生，银行、信用社员工。

本书封面贴有清华大学出版社防伪标签，无标签者不得销售。
版权所有，侵权必究。举报：010-62782989，beiqinquan@tup.tsinghua.edu.cn。

图书在版编目(CIP)数据

商业银行综合柜台业务/黎贤强编著. —2版. —北京：清华大学出版社，2019（2022.1重印）
(高职高专金融投资专业教材)
ISBN 978-7-302-51661-3

Ⅰ.①商… Ⅱ.①黎… Ⅲ.①商业银行—银行业务—高等职业教育—教材 Ⅳ.①F830.33

中国版本图书馆 CIP 数据核字(2018)第 257486 号

责任编辑：孟　攀
装帧设计：杨玉兰
责任校对：周剑云
责任印制：刘海龙

出版发行：清华大学出版社
网　　址：http://www.tup.com.cn, http://www.wqbook.com
地　　址：北京清华大学学研大厦A座　　邮　编：100084
社 总 机：010-62770175　　邮　购：010-62786544
投稿与读者服务：010-62776969, c-service@tup.tsinghua.edu.cn
质量反馈：010-62772015, zhiliang@tup.tsinghua.edu.cn
课件下载：http://www.tup.com.cn, 010-62791865

印 装 者：三河市君旺印务有限公司
经　　销：全国新华书店
开　　本：185mm×230mm　　印　张：17.5　　字　数：382千字
版　　次：2010年2月第1版　 2019年1月第2版　　印　次：2022年1月第3次印刷
定　　价：49.80元

产品编号：073210-01

第2版前言

本书第一版问世后，因其具有丰富实用的内容以及紧跟时代步伐等鲜明的特色，获得了读者的一致好评，市场反应良好，被国内多所院校采用。笔者深感欣慰，同时也激发了进一步修订本书的信心和动力，以使其日臻完善。

本书围绕银行柜员应具备的基本素质、应知的基本业务和基本规定、应会的基本规程展开，因此，本书可分为四个部分，即银行柜员基本素质养成、银行柜台业务管理规定和基本业务规范、各项业务的规定和规程、银行柜台风险防范及安全管理。

本次再版在保持第一版的风格和体例基本不变的基础上，新增了案例，充实了相关资料、更新了数据，修正了部分文字表述和错误。

本书的主要特点如下。

(1) 立足商业银行和信用社一线临柜业务人员应该掌握的基本业务知识、业务规定和业务规程，重业务轻理论，突出各项业务规定和业务规程。

(2) 内容深入浅出，以业务规定和业务规程的方式对各项柜台业务进行条理清晰的介绍，突出实用性和可操作性。

(3) 在编写过程中参考了各家银行培训教材，综合了各家银行业务，反映银行柜员岗位的最新变化，贴近银行业务实际。

本书的编写克服了单纯按项目、任务组织内容所导致的知识点零碎的缺陷，按先业务知识后业务规程的方法进行编写，既可使学生对相应业务知识、业务规定有一个整体的掌握和了解，同时，又便于实施项目教学，突出学生的临柜操作能力。

本书由黎贤强编著。在编写过程中，作者研究和参考了大量的文献资料、书籍和网站资料，吸收其成果，摘录其专业知识，在此特作说明，并向所有的原作者致谢。本书大纲的确定得到了浙江金融职业学院韩国红副教授的指点和帮助，许多在银行和信用社工作的朋友和学生也为本书的编写提供了行业资料。

因商业银行综合柜台业务涉及面广、内容繁多，编者的业务知识和所掌握的资料有限，书中难免会有不当或错误之处，敬请专家、学者和广大读者批评指正。

编 者

第1版前言

随着金融体制改革的深入、经营理念的转变和现代科技的运用，商业银行网点发生了转型，商业银行管理模式和柜台劳动组织方式都发生了很大的变化，传统的金融专业课程体系已经不适应高等职业教育的需要，金融专业课程必须根据岗位职业能力进行整合。

高等职业院校金融专业学生的就业岗位可分为基层管理、客户经理、理财顾问、银行柜员等典型就业岗位。《银行综合柜台业务》就是以就业为导向，以银行柜员岗位为核心，立足于银行各项临柜业务，按照高职学生认知特点，以银行柜员应具备的基本素质、应知的基本业务和基本规定、应会的基本规程为主体组织内容，旨在让学生通过教材学习，理解和掌握商业银行柜台业务的基本规定和基本规程，熟练掌握各项基本业务的柜台操作，具备较强的上岗能力。

本书围绕银行柜员应具备的基本素质、应知的基本业务和基本规定、应会的基本规程展开，因此，本书可分为四个部分，即银行柜员基本素质养成、银行柜台业务管理规定和基本业务规范、各项业务规定和规程、银行柜台风险防范及安全管理。

本书的主要特点如下。

(1) 立足商业银行和信用社一线临柜业务人员应该掌握的基本业务知识、业务规定和业务规程，重业务轻理论，突出各项业务规定和业务规程。

(2) 内容深入浅出，以业务规定和业务规程的方式对各项柜台业务进行条理清晰的介绍，突出实用性和可操作性。

(3) 在编写过程中参考了各家银行培训教材，综合了各家银行业务，反映银行柜员岗位的最新变化，贴近银行业务实际。

本书的编写克服了单纯按项目、任务组织内容所导致的知识点零碎的缺陷，按先业务知识后业务规程的方法进行编写，既可使学生对相应业务知识、业务规定有一个整体的掌握和了解，同时，又便于实施项目教学，突出学生的临柜操作能力。

本书可作为高等职业院校财经、金融类专业教材，银行、信用社员工临柜业务培训教材，也可供银行、信用社员工自学参考。

本书由黎贤强编著。在编写过程中，作者研究和参考了大量的文献资料、书籍和网站资料，吸收其成果，摘录其专业知识，在此特作说明，并向所有的原作者致谢。本书大纲的确定得到了浙江金融职业学院韩国红副教授的指点和帮助，许多在银行和信用社工作的朋友和学生也为本书的编写提供了行业资料，清华大学出版社也对本书的出版给予了大力支持，在此表示衷心的感谢。

因商业银行综合柜台业务涉及面广、内容繁多，编者的业务知识和所掌握的资料有限，书中难免会有不当或错误之处，敬请专家、学者和广大读者批评指正。

编　者

目　　录

第一章　银行柜员基本素质养成 1

第一节　银行柜员的基本素质 2
一、柜员制 2
二、银行柜员的基本素质要求 3
三、银行业从业职业操守 4

第二节　银行柜员会计基础 10
一、会计核算与会计要素 10
二、银行会计核算方法 12
三、会计核算要求 16

第三节　银行柜员专业技能 17
一、数字与日期的书写 17
二、点钞技能 19
三、传票翻打 23
四、假币识别 24
五、身份证识别 29

本章小结 32
习题 33
实训课堂 34

第二章　银行柜台业务管理规定 35

第一节　柜员管理 36
一、柜员分类和权限管理 36
二、柜员身份认证 38
三、柜员交接管理 39
四、柜员合规行为管理 40

第二节　重要凭证和印章管理 42
一、重要空白凭证管理 42
二、会计印章管理 43

第三节　客户和账户管理 46
一、客户身份识别和信息管理 46
二、单位结算账户管理 47
三、个人结算账户管理 53
四、协助查询、冻结、扣划工作
　　管理 54

本章小结 58
习题 59
实训课堂 60

第三章　银行柜台业务基本流程和规范 61

第一节　银行柜台业务基本流程 62
一、柜面日初操作 62
二、一般柜面业务处理流程和规定 63
三、特殊业务处理 64
四、柜面日终操作 67

第二节　现金收付业务基本规范 68
一、基本规定 68
二、一般现金收付业务 69
三、其他现金业务 70

第三节　柜台服务规范 74
一、柜台服务理念 74
二、银行柜台服务规范 75

本章小结 81
习题 82
实训课堂 82

第四章　人民币存款业务 83

第一节　人民币存款业务概述 84
一、单位人民币存款业务 84

二、储蓄业务 85
第二节　存款利息计算 88
　　一、计息基础 88
　　二、单位人民币存款计息 90
　　三、储蓄存款计息 92
第三节　单位人民币存款业务的核算 96
　　一、单位活期存款业务规程 96
　　二、单位定期存款业务规程 98
　　三、其他单位存款业务操作要点 100
第四节　储蓄存款业务的核算 102
　　一、一般储蓄业务规程 102
　　二、储蓄存款挂失业务规程 105
本章小结 109
习题 110
实训课堂 111

第五章　贷款业务 113

第一节　贷款业务概述 114
　　一、贷款业务基础知识 114
　　二、贷款计息基础 117
　　三、单位贷款利息计算 118
　　四、个人贷款利息计算 119
第二节　一般贷款业务 120
　　一、贷款业务的核算要求 120
　　二、一般贷款发放规程及操作
　　　　要点 122
　　三、一般贷款抵(质)押规程及操作
　　　　要点 123
　　四、一般贷款收回规程及操作
　　　　要点 124
　　五、一般贷款的逾期、呆滞、呆账
　　　　规程及操作要点 124
第三节　贴现业务 125

　　一、贴现知识 125
　　二、贴现发放规程及操作要点 127
　　三、贴现到期业务规程及操作
　　　　要点 128
第四节　银行承兑汇票业务 131
　　一、银行承兑汇票知识 131
　　二、承兑业务规程 132
　　三、承兑到期的处理 133
本章小结 135
习题 135
实训课堂 136

第六章　中间业务 137

第一节　中间业务概述 138
　　一、中间业务特点 138
　　二、中间业务的分类 139
第二节　代理业务 142
　　一、代理业务的分类 142
　　二、代收代付业务 143
　　三、银证通业务 144
第三节　国债业务 146
　　一、凭证式国债业务 146
　　二、记账式国债业务 148
第四节　基金业务 152
　　一、基本规定 152
　　二、日常业务规程 153
本章小结 157
习题 158
实训课堂 158

第七章　结算业务 159

第一节　结算业务概述 161
　　一、结算种类 161

二、结算的原则 161
　　三、结算纪律 161
　　四、支付结算的基本规定 162
第二节　票据基础知识 163
　　一、票据特征 163
　　二、票据行为、权利和责任 ...164
　　三、票据日期和时效 164
　　四、背书 164
第三节　票据结算业务 165
　　一、支票业务 165
　　二、银行汇票业务 169
　　三、银行本票业务 173
　　四、票据的挂失业务 178
第四节　其他结算业务 181
　　一、汇兑业务 181
　　二、托收承付 183
　　三、委托收款 184
本章小结 186
习题 187
实训课堂 188

第八章　银行卡与电子银行业务 189

第一节　电子银行业务概述 190
　　一、自助银行 190
　　二、网上银行 192
　　三、电话银行 195
　　四、手机银行 196
第二节　电子支付业务 199
　　一、电子货币与电子支付 199
　　二、电子支付流程 200
　　三、电子支付工具 201
　　四、中国现代化支付系统 201
第三节　银行卡业务 203

　　一、银行卡的种类和功能 203
　　二、银行卡风险的防范 204
　　三、银行卡柜面业务规程 206
本章小结 212
习题 213
实训课堂 214

第九章　外汇业务 215

第一节　外汇基础知识 216
　　一、外汇及汇率 216
　　二、外汇交易 217
　　三、外汇市场 218
第二节　外汇账户管理 219
　　一、对公外汇账户管理 219
　　二、个人外汇账户管理 223
第三节　国际结算业务 224
　　一、信用证业务 224
　　二、汇款业务 228
　　三、外币光票托收业务 231
第四节　结售汇业务 232
　　一、基本规定 232
　　二、经常项目结售汇 233
　　三、资本项目结售汇 237
本章小结 240
习题 241
实训课堂 242

第十章　银行柜台业务风险防范及
　　　　　安全管理 243

第一节　银行柜台业务操作风险管理 ...244
　　一、银行柜台业务操作风险分类 ...244
　　二、银行柜台业务主要风险点 245
　　三、银行柜台业务关键风险点
　　　　及控制方法 246

第二节　银行网点安全管理......248
　一、银行网点安全管理制度......248
　二、银行网点安全检查和要求......249
　三、银行网点安全保卫工作守则......250
第三节　银行网点应急预案......252
　一、银行网点服务应急预案......252
　二、银行网点服务突发事件处置
　　　方案......253

本章小结......258
习题......259
实训课堂......260
附录　凭证和账簿式样......261
参考文献......270

第一章

银行柜员基本素质养成

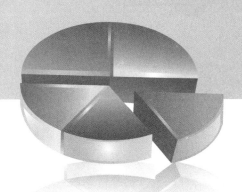

本章精粹：

- 银行柜员的基本素质
- 银行会计核算方法
- 银行柜员的专业素质

某商业银行柜员招聘广告

招聘职位：柜员

任职要求：

(1) 年龄在 23 周岁以下；

(2) 教育部认定的全日制大学专科及以上学历；

(3) 具备岗位要求的专业知识和业务能力者优先；

(4) 具备良好的思想品德和个人操守，无不良行为记录；

(5) 具有良好的形象和气质；

(6) 身体健康。

思考：银行柜员应具备哪些素质？

柜员制　基本素质　会计基础　专业技能

第一节　银行柜员的基本素质

一、柜员制

柜员制是指银行营业网点的柜员在其业务范围和操作权限内，由单个柜员或多个柜员组合，凭借计算机和计算机业务系统进行业务处理和会计核算，为客户提供本外币存款、贷款、中间业务等全部或部分金融服务，并独立或共同承担相应职责、享有相关权限的一种柜台劳动组织方式。

柜员制的基本形式是单人临柜，柜员独立为客户提供金融服务，其复核机制是一般业务当天复核、重大业务当场复核。

在具体实施柜员制的过程中，根据各家银行的规定不同，可以采取多种形式，目前典型的组织形式是综合柜员制和分柜制两种做法。

综合柜员制是指柜员可以办理各项临柜业务，实行柜台业务"一手清"的柜台组织形式。

分柜制是指按业务性质或按是否涉及现金分别设置柜台进行相应业务处理的柜台劳动组织形式。分柜制的典型做法是设高柜和低柜，高柜是现金柜，主要办理储蓄和出纳业务；低柜是非现金柜，主要办理会计和结算等对公业务。

二、银行柜员的基本素质要求

银行柜员的素质应满足日常柜台业务核算的要求。以银行柜员的一般岗位职责为基础进行岗位职业能力分解，可以总结出银行柜员应具备以下基本素质。

1. 学习能力

柜员制对柜台业务实行单人业务"一手清"，一个柜员兼做多项业务，要求柜员具备多项业务知识和业务技能，需要在岗位上重新学习。目前各家银行的制度创新和产品创新的步伐不断加快，不断推陈出新，更要求银行柜员在短时间内尽快掌握新的制度、产品和流程，因此，柜员要具备较强的自主学习能力。

2. 工作速度与准确性

银行柜员的工作操作性特别强，需要在短时间内快速地处理业务，并要求在操作过程中不出现或尽量少出现失误。因此，在短时间内处理文字或符号作业的速度和准确性是柜员重要的业务素质。

3. 沟通与表达

银行网点已经从核算主导型向营销型转变，要求柜员具备一定的临柜营销能力。柜员在为客户办理业务的同时，应主动与客户沟通，了解客户的需求，建立良好的客户关系，适时、合理地向客户推荐银行的产品。沟通与表达能力作为营销能力的基础，自然是柜员应具备的基本素质。

4. 吃苦耐劳和抗压力

银行柜员的工作压力非常大，柜员一到岗，就要紧张地办理业务，没有停下来的时候，连上洗手间都要跑着去。在这种紧张的工作条件下，还要保证工作的速度和准确性。因此，柜员应具备能吃苦、抗压能力强的素质。

5. 服务意识

银行业是典型的服务业，银行柜员在较大的工作压力下，仍需要保持良好的精神面貌，体现出银行的服务理念和服务水平。由于客户复杂多样，常有一些非理性的言行，银行柜员不得不稳定自身情绪，达到银行优质文明服务的标准。因此，柜员既要具有良好的服务意识和服务态度，还要具备稳定自身情绪的能力。

6. 诚实守信

诚实守信是银行柜员非常重要的素质。责任感差、看重利益又特别敢于冒险的人，更容易在利益面前铤而走险，不适合从事银行柜员工作。

三、银行业从业职业操守

(一)从业基本准则

1. 诚实守信

银行从业人员应当以高标准的职业道德规范行事,品行正直,恪守信用。

2. 守法合规

银行从业人员应当遵守法律法规、行业自律规范以及所在机构的规章制度。

3. 专业胜任

银行从业人员应当具备岗位所需的专业知识、资格与能力。

4. 勤勉尽职

银行从业人员对所在机构负有诚实信用的义务,应当勤勉谨慎,切实履行岗位职责,维护所在机构的商业信誉。

5. 保护商业秘密与客户隐私

银行从业人员应当保守所在机构的商业秘密,保护客户信息和隐私。

6. 公平竞争

银行从业人员应当尊重同业人员,公平竞争,禁止商业贿赂。

(二)银行从业人员与客户

1. 熟知业务

银行从业人员应当加强学习,不断提高业务知识水平,熟知向客户推荐的金融产品的特性、收益、风险、法律关系、业务处理流程及风险控制框架。

2. 监管规避

银行从业人员在业务活动中,应当树立依法合规意识,不得向客户明示或暗示,诱导客户规避金融、外汇监管规定。

3. 岗位职责

银行从业人员应当遵守业务操作指引,遵循银行岗位职责划分和风险隔离的操作规程,确保客户交易的安全,做到以下三个方面。

(1) 不打听与自身工作无关的信息。

(2) 除非经内部职责调整或经过适当批准，不为其他岗位人员代为履行职责或将本人工作委托他人。

(3) 不得违反内部交易流程及岗位职责管理的规定将自己保管的印章、重要凭证、交易密码和钥匙等、与自身职责有关的物品或信息交与或告知其他人员。

4. 信息保密

银行从业人员应当妥善保存客户资料及其交易信息档案。在受雇期间及离职后，均不得违反法律法规和所在机构关于客户隐私保护的规定，不得透露任何客户资料和交易信息。

5. 利益冲突

银行从业人员应当坚持诚实守信、公平合理、客户利益至上的原则，正确处理业务，开拓与客户利益保护之间的关系，并按照以下原则处理潜在利益冲突。

(1) 在存在潜在利益冲突的情形下，应当向所在机构管理层主动说明利益冲突的情况，提出处理利益冲突的建议。

(2) 本人及其亲属购买其所在机构销售或代理的金融产品，或接受其所在机构提供的服务时，应当明确区分所在机构利益与个人利益。不得利用本职工作的便利，以明显优于普通金融消费者的条件与其所在机构进行交易。

6. 内幕交易

银行从业人员在业务活动中应当遵守有关禁止内幕交易的规定，不得将内幕信息以明示或暗示的形式告知法律和所在机构允许范围以外的人员，不得利用内幕信息获取个人利益，也不得利用内幕信息为他人提供理财或投资方面的建议。

7. 了解客户

银行从业人员应当履行对客户尽职调查的义务，了解客户账户开立、资金调拨的用途以及账户是否会被第三方控制使用等情况。同时，应当根据风险控制要求，了解客户的财务状况、业务状况、业务单据及客户的风险承受能力等。

8. 反洗钱

银行从业人员应当遵守反洗钱有关规定，熟知银行承担的反洗钱义务，在严守客户隐私的同时，及时按照所在机构的要求，报告大额或可疑交易。

9. 礼貌服务

银行从业人员在接洽业务过程中，应当衣着得体、态度稳重、礼貌周到。对客户提出的合理要求应尽量满足，对暂时无法满足或明显不合理的要求，应当耐心说明情况，取得客户的理解和谅解。

10. 公平对待

银行从业人员应当公平对待所有客户，不得因客户的国籍、肤色、民族、性别、年龄、宗教信仰、健康或残障及业务的繁简程度和金额大小等方面的差异而歧视客户。对残障者或语言存在障碍的客户，应当尽可能为其提供便利。

11. 风险提示

银行从业人员向客户推荐产品或提供服务时，应当根据监管规定的要求，对所推荐的产品或服务涉及的法律风险、政策风险以及市场风险等进行充分的提示，对客户提出的问题应当本着诚实的原则答复，不得为达成交易而隐瞒风险或进行虚假或误导性陈述，并不得向客户做出不符合有关法律法规及所在机构有关规章制度的承诺或保证。

12. 信息披露

银行从业人员应当明确区分其所在机构代理销售的产品和由其所在机构自担风险的产品。对所在机构代理销售的产品必须以明确的、足以让客户注意的方式向其提示被代理人的名称、产品性质、产品风险和产品的最终责任承担者、本银行在本产品销售过程中的责任和义务等必要的信息。

13. 授信尽职

银行从业人员应当根据监管规定和所在机构风险控制的要求，对客户所在区域的信用环境、所处行业情况以及财务状况、经营状况、担保物的情况、信用记录等进行尽职调查、审查和授信后管理。

14. 协助执行

银行从业人员应当熟知银行承担的依法协助执行的义务，在严格保守客户隐私的同时，了解有权对客户信息进行查询、对客户资产进行冻结和扣划的国家机关，按法定程序积极协助执法机关的执法活动，不泄露执法活动信息，不协助客户隐匿、转移资产。

15. 礼物收送

银行从业人员在政策法律及商业习惯允许范围内收送礼物，应当确保其价值不超过法规和所在机构规定允许的范围。

16. 娱乐及便利

银行从业人员邀请客户或应客户邀请进行娱乐活动或提供交通工具、旅行等其他方面的便利时应当遵循以下原则。

(1) 在政策法规允许的范围内，并且在第三方看来，这些活动属于行业惯例。

(2) 不会让接受人因此产生对交易的义务感。

(3) 根据行业惯例,这些娱乐活动不显得频繁,且价值在政策法规和所在机构允许的范围内。

(4) 这些活动一旦被公开将不至于影响所在机构的声誉。

17. 客户投诉

银行从业人员应当耐心、礼貌、认真地处理客户的投诉。

(三)银行从业人员与同事

1. 尊重同事

银行从业人员应当尊重同事。不得因同事的国籍、肤色、民族、年龄、性别、宗教信仰、婚姻状况和身体健康情况等方面的差异而进行任何形式的骚扰和侵害,禁止带有任何歧视性的语言和行为。

尊重同事的个人隐私。工作中接触到同事个人隐私的,不得擅自向他人透露。

尊重同事的工作方式和工作成果。不得不当引用、剽窃同事的工作成果,不得以任何方式予以贬低、攻击、诋毁同事。

2. 团结合作

银行从业人员在工作中应当树立理解、信任、合作的团队精神,共同创造,共同进步,分享专业知识和工作经验。

3. 互相监督

银行从业人员对同事在工作中违反法律、内部规章制度的行为应当予以提示或制止,并视情况向所在机构或行业自律组织、监管部门、司法机关报告。

(四)银行从业人员与所在机构

1. 忠于职守

银行从业人员应当自觉遵守法律法规、行业自律规范和所在机构的各种规章制度,保护所在机构的商业秘密、知识产权和专有技术,自觉维护所在机构的形象和声誉。

2. 争议处理

银行从业人员对所在机构的纪律处分有异议时,应当按照正常渠道反映和申诉。

3. 离职交接

银行从业人员离职时,应当按照规定妥善交接工作,不得擅自带走所在机构的财物、工作资料和客户资源。在离职后,仍应恪守诚信,保守原所在机构的商业秘密和客户隐私。

4. 兼职

银行从业人员应当遵守法律法规以及所在机构有关兼职的规定。在允许的兼职范围内，应当妥善处理兼职岗位与本职工作之间的关系，不得利用兼职岗位或本职工作为本人或兼职机构谋取不当利益。

5. 爱护机构财产

银行从业人员应当遵守工作场所的安全保障制度，妥善地保护所在机构财产，合理、有效地运用所在机构财产，不得将公共财产用于个人用途，禁止以任何方式损害、浪费、侵占、挪用、滥用所在机构的财产。

6. 费用报销

银行从业人员在外出工作时应当节俭支出并诚实记录，不得向所在机构申报不实费用。

7. 电子设备使用

银行从业人员应当遵守法律法规及所在机构关于电子信息技术设备使用和安全的有关规定，并做到以下几点。

(1) 按照有关规定安装使用各类安全防护系统，不得在电子信息技术设备上安装盗版软件和其他未经安全检测的软件。

(2) 不得利用本机构的电子信息技术设备浏览不健康网页，下载不安全的、有害于本机构信息设备的软件。

(3) 不得实施其他有害于本机构电子信息技术设备的行为。

8. 媒体采访

银行从业人员应当遵守所在机构关于接受媒体采访的规定，不得擅自代表所在机构接受新闻媒体采访，或擅自代表所在机构对外发布信息。

9. 举报违法行为

银行从业人员对所在机构违反法律法规、行业公约的行为，有责任予以揭露，同时有权利和义务向上级机构或所在机构的监督管理部门直至国家司法机关举报。

(五)银行从业人员与同业人员

1. 互相尊重

银行从业人员之间应当互相尊重，不得发表贬低、诋毁、损害同业人员及同业人员所在机构声誉的言论，不得捏造、传播有关同业人员及同业人员所在机构的谣言，或对同业人员进行侮辱、恐吓和诽谤。

2. 交流合作

银行从业人员之间应通过日常信息交流、参加学术研讨会、召开专题协调会、参加同业联席会议以及银行业自律组织等多种途径和方式，促进行业内的信息交流与合作。

3. 同业竞争

银行从业人员应当坚持同业间公平、有序的竞争原则，在业务宣传、业务办理过程中，不得使用不正当竞争手段。

4. 商业保密与知识产权保护

银行从业人员与同业人员接触时，不得泄露本机构客户信息和本机构尚未公开的财务数据、重大战略决策以及新产品研发等重大内部信息或商业秘密，不得以不正当手段刺探、窃取同业人员所在机构尚未公开的财务数据、重大战略决策和新产品研发等重大内部信息或商业秘密，不得窃取、侵害同业人员所在机构的知识产权和专有技术。

警言

我的微小疏忽，可能给客户带来很大麻烦；

我的微小失误，可能给银行带来巨大损失；

私欲、失德、腐败必然给自己、亲人和银行带来耻辱。

【小资料】

银行柜员仪表仪容要求

1. 统一着装，保持整洁
(1) 保持服装、鞋袜洁净、得体和整齐。
(2) 衣裤的口袋尽量不装物品，以免变形，影响美观。
(3) 员工不允许穿拖鞋。男员工应穿深色皮鞋，女员工应穿黑色或白色皮鞋。
(4) 男员工应着深色袜子，女员工的袜子应与制服颜色相称，避免露出袜口。
(5) 员工上班时不能戴袖套。
2. 发型自然，不染异色
(1) 男员工不留长发，不剃光头，不蓄胡须，发型轮廓要分明。
(2) 女员工可留各式短发，发型自然；留长发应束起盘于脑后，佩戴发饰；刘海应保持在眉毛上方。
3. 仪表大方，装饰得体
(1) 不得戴有色眼镜从事工作。
(2) 女员工不得佩戴过多或过于耀眼的饰物，每只手最多只能戴一枚戒指，饰物设计要简单。
(3) 柜面员工不得文身，不得留长指甲。女员工不得浓妆艳抹，不得涂有色指甲油。

【课堂讨论】

根据银行柜员的素质和要求,结合自身实际,谈谈如何成为一名优秀的银行柜员。

第二节 银行柜员会计基础

一、会计核算与会计要素

会计核算是指从办理业务、审查凭证或编制凭证开始,经过账务记载和账务核对,到轧平结清账务、打印报表为止的全部核算过程。

会计要素应当按照交易或者事项的经济特征确定,是对会计对象具体内容所作的基本分类,它包括资产、负债、所有者权益、收入、费用和利润。

1. 资产

资产是指企业过去的交易或者事项形成的、由企业拥有或者控制的、预期会给企业带来经济利益的资源。

资产可以分为流动资产和非流动资产。

流动资产包括库存现金、存放款项、拆放同业、贴现、短期贷款、应收利息、应收股利、存出保证金、清算备付金、买入返售证券、交易性金融资产等。

非流动资产包括中长期贷款、可供出售金融资产、持有的长期投资、固定资产、无形资产和其他资产等。

2. 负债

负债是指企业过去的交易或者事项形成的、预期会导致经济利益流出企业的现时义务。

负债可分为流动负债和非流动负债。

流动负债包括各类活期存款、1年(含1年)以下的定期存款、向中央银行借款、票据融资、同业存款、同业拆入、应付利息、应付手续费、存入短期保证金、代买卖证券款、代发行证券款、代兑付债券款、卖出回购证券款、应付款项、应付工资、应交税金、其他暂收应付款项和预提费用、交易性金融负债、其他金融负债等。

非流动负债包括长期存款、应付债券、存入长期保证金和长期应付款等。

3. 所有者权益

所有者权益指企业资产扣除负债后由所有者享有的剩余权益,可分为实收股本(或实收资本)、直接计入所有者权益的利得和损失、留存收益等。

直接计入所有者权益的利得和损失是指不应计入当期损益、会导致所有者权益发生增减变动的、与所有者投入资本或者向所有者分配利润无关的利得或者损失,主要包括资本

(或股本)溢价、外币资本折算差额、接受捐赠、股权投资准备、资产评估增值、关联方交易差价等。

4. 收入

收入是指企业在日常活动中形成的、会导致所有者权益增加的、与所有者投入资本无关的经济利益的总流入。

收入只有在经济利益很可能流入从而导致资产增加或者负债减少，且经济利益的流入金额能够可靠计量时才能予以确认。

收入是企业日常经营活动中产生的，而不是偶发交易或事项中产生的，它能导致企业所有者权益的增加。收入可以表现为企业资产的增加，或负债的减少，或两者兼而有之。收入只包括本企业经济利益的流入，而不包括为第三方或客户代收的款项，如销售商品时收取的销项税额、代收利息等。

收入分为主营业务收入、其他业务收入和营业外收入。

主营业务收入，亦称基本业务收入，是指企业从事主要经营活动取得的收入，主要包括利息收入、金融企业往来收入、手续费收入、贴现利息收入、买入返售证券收入、汇兑收益等。

其他业务收入，亦称附营业务收入，是指企业从事主营业务以外的经营活动所取得的收入。

5. 费用

费用是指企业在日常活动中发生的、会导致所有者权益减少的、与向所有者分配利润无关的经济利益的总流出。

费用只有在经济利益很可能流出从而导致企业资产减少或者负债增加，且经济利益的流出额能够可靠计量时才能予以确认。

6. 利润

利润指企业在一定会计期间的经营成果，包括收入减去费用后的净额、直接计入当期利润的利得和损失等。

营业利润是指主营业务收入减去主营业务成本和主营业务税金及附加，加上其他业务利润，减去营业费用、管理费用和财务费用后的金额。

利润总额是指营业利润加上投资收益、补贴收入、营业外收入，减去营业外支出后的金额。

净利润是指利润总额减去所得税后的金额。

二、银行会计核算方法

(一)会计科目

会计科目是对会计对象的具体内容即会计要素按其性质和内容进行分类并命名的类别名称,是分类记载会计事项的工具,是设置账户的依据。

会计科目分表内科目、表外科目和备忘科目。

(1) 表内科目是列入资产负债表和损益表内,用来控制和反映资产、负债、资产负债共同类、所有者权益和损益类的数字资料。

表内科目划分为资产类、负债类、所有者权益类、资产负债共同类和损益类五大类。资产类科目用以核算现金、贵金属、存放款项、各类贷款、投资、固定资产、无形资产及其他资产类业务。负债类科目用以核算各类存款、借款、委托代理资金、发行债券、各项应付款项及其他负债类业务。所有者权益类科目用以核算实收资本、资本公积、盈余公积、本年利润及利润分配等。资产负债共同类科目用以核算系统内往来、外汇买卖、贵金属买卖以及存款准备金等。损益类科目用以核算各项收入、各项支出、费用成本、税金及汇兑损益等。

(2) 表外科目不列入资产负债表和损益表内,只用来核算或有资产和或有负债。

(3) 备忘科目用来核算有价单证、重要空白凭证及其他实物和需要特别控制的事项。

(二)记账方法

一般来说,商业银行的表内会计核算采用借贷记账法。借贷记账法是以会计科目为主体,以"借""贷"为记账符号,按照"有借必有贷,借贷必相等"的记账规则,记录和反映资金增减变化情况的一种复式记账方法。复式记账的平衡关系为

$$资产总额=负债总额+所有者权益总额$$

表外账务记载,采用单式收付记账法,业务发生时记收入,销减时记付出,余额反映在收方。

(三)会计凭证

会计凭证是办理和记录经济业务、明确经济责任并据以登记账簿的书面证明,是核对账务和事后查考的重要依据。

1. 凭证种类

会计凭证按照形式不同,分为单式凭证和复式凭证。一般银行的人民币和外汇业务均使用单式凭证。单式会计凭证按使用范围,分为基本凭证和特定凭证。

基本凭证是根据合法原始单证或业务事实编制的,据以记账的凭证。按其性质分为现

金收入凭证、现金付出凭证、转账借方凭证、转账贷方凭证、特种转账借方凭证、特种转账贷方凭证、表外科目贷方凭证、表外科目借方凭证等。

特定凭证是根据业务的特殊需要而制定的各种专用凭证,用以代替记账凭证,如支票、委托收款凭证、外汇结汇凭证、外汇套汇凭证、各种储蓄存单(折)、储蓄存款利息清单、储蓄存取款凭证、异地储蓄专用存取款凭证、银行卡存取款单等。

2. 会计凭证基本要素

除各种结算凭证、业务凭证的特殊要求外,会计凭证还应具备以下几个基本要素。
(1) 年、月、日;
(2) 收付款人开户行名称、户名和账号;
(3) 人民币、外币符号和大小写金额;
(4) 款项来源、用途摘要和附件张数;
(5) 会计科目、分录和凭证编号;
(6) 客户签章;
(7) 银行及有关人员印章。

3. 凭证的填制

编制会计凭证的总体要求是:必须做到有根有据、要素齐全、符合规定、数字正确、字迹清楚、书写规范、不得涂改。
(1) 单联式凭证用蓝黑墨水、墨汁或碳素墨水书写(支票只能用墨汁或碳素墨水书写),多联式凭证可用圆珠笔、双面复写纸套写。红字冲账或国家统一会计制度规定用红字登记的会计凭证,应使用红色墨水书写。
(2) 凭证、账簿的各种代用符号规定:"第号"为"#","每个"为"@",人民币"元"符号为"￥",年、月、日简写顺序应自左而右"年/月/日",年利率以"%"表示,月利率以"‰"表示,日利率以"‱"表示,外币符号遵从国际惯例。
(3) 数字和日期的书写必须符合规定。
(4) 自制凭证必须换人复核,会计主管不得自制凭证。

4. 会计凭证上的签章

会计凭证上的签章包括加盖业务印章、个人签名或盖章。
(1) 从外单位取得的会计凭证,必须盖有填制单位预留印鉴;从个人取得的会计凭证,必须有填制人的确认签名或盖章;自制的会计凭证必须有经办、复核人员及按相关业务规定的授权人签名或盖章;对外开出的会计凭证,必须加盖本单位的业务公章。
(2) 业务处理过程中所产生的各类会计凭证,应按照相关的业务要求进行签章。

凡系统打印的会计凭证上有操作柜员号的,可不再加盖该柜员的个人名章,但柜员号未打印或打印不全的,操作柜员仍需在会计凭证上签章。例如某笔业务需业务主管审核,则业务主管应签章。对外来凭证、系统打印凭证或其他特定凭证，若按规定有关柜员必须签章但其签章处设置不全的，有关柜员可在现有签章处(旁)的适当地方签章。除另有规定外，柜员无须在记账凭证的附件上签章。

(3) 在办妥收款、付款或转账手续后，应立即在各种现金和转账凭证上加盖相应的"业务清讫章"等业务印章，并在凭证附件上加盖"附件"戳记或注明"附件"字样；交易凭证上应加盖业务印章，并注明附件张数。

(4) 表外核算凭证须根据业务性质加盖相应的业务印章。

5. 会计凭证的审核

会计凭证审核的主要内容有以下几方面。

(1) 客户提交的凭证应为本银行受理的凭证。

(2) 使用的凭证种类应正确，凭证基本要素、联数、附件应完整齐全，不能超过有效期。

(3) 账号和户名应相符，账户不能被依法冻结或控制。

(4) 大小写金额应一致，货币名称(符号)无漏写、错写；凭证应用蓝黑(或碳素)墨水或签字笔书写，字迹不得涂改。

(5) 签字、密押、印鉴应真实齐全，转让票据的背书必须连续。

(6) 款项来源和用途应符合政策及相关财务管理的规定。

(7) 支款凭证金额不得超过存款余额和贷款额度。

(8) 利息、收费、赔偿金、牌价、罚金、滞纳金的计算应正确。

(9) 内部科目及账户名称的使用应正确。

(10) 按相关业务规定应审核的其他事项。

6. 会计凭证装订

会计凭证装订要求：要加具封面、封底，在封面上注明单位名称、年度、月份和日期、册数、凭证张数等有关内容，加盖装订人员和会计主管的印章，会计主管同时应在骑缝处盖章，会计凭证数量多的，可以分册装订，并编列分册序号。

会计凭证的装订顺序如下所述。

(1) 柜员平账报告；

(2) 按柜员传票号从小到大排列的柜员账务性交易凭证；

(3) 按业务办理的时间顺序排列的柜员非账务性交易凭证，它是与资金收付交易无关的凭证。

(四)会计账簿

会计账簿是指以会计凭证为依据，全面、连续记录和反映各项经济业务的簿籍。

1. 会计账簿的分类

(1) 会计账簿按用途划分有总分类账、明细分类账、登记簿。

(2) 按外表形式划分有活页账、卡片账、订本账。

(3) 按格式划分有甲种账、乙种账、丙种账和丁种账。按业务需要,银行一般设置甲、丁两种分户账。

2. 账簿的填制

会计账簿登记必须以经过审查的会计凭证为依据,并符合有关法律、行政法规和国家统一的会计制度的规定,具体规定有以下几个方面。

(1) 登记会计账簿时,应当将会计凭证日期、编号、业务内容摘要、金额和其他有关资料逐项记入账簿内,做到数字准确、摘要清楚、登记及时、字迹工整、印章齐全。

(2) 登记完毕后,要在记账凭证上盖章,表示已经记账。

(3) 账簿中书写的文字和数字上面要留有适当空档,不要写满格,一般应占格距的二分之一。

(4) 登记账簿要用蓝黑墨水或者碳素墨水书写,不得使用圆珠笔(套写的账簿除外)或铅笔书写。

(5) 下列情况,可以用红色墨水记账:

① 根据红字冲账的记账凭证,冲销错误记录;

② 根据国家统一会计制度规定用红字登记的其他会计记录。

(6) 各种账簿按页次顺序连续登记,不得跳行、隔页。如果发生跳行、隔页,应当用红笔将空行、空页画线注销,在摘要栏注明"此行空白""此页空白"字样,并由记账人员签章。

(7) 凡需要结出余额的账户,结出余额后,应在"借"或"贷"等栏内写明"借"或"贷"字样。没有余额的账户,应当在"借"或"贷"等栏内写"平"字,并在余额栏元位内用"—0—"表示。

3. 账簿的装订

(1) 总账每月装订一次。

(2) 分户账、登记簿,可根据量的多少,按月、按季或按年装订。但平时要妥善保管,防止散失。

(3) 账页装订成册,要加封面、封底,并在装订处用封签加封,由装订人员、会计主管人员在加封处盖章,登记"会计档案保管清册"后入库保管。

(五)会计报表

会计报表是会计核算工作的数字总结,是考核计划、分析业务活动和经营成果的重要依据,用以反映资产、负债、所有者权益和损益状况。

会计报表的填制要求有以下几个方面。

(1) 根据内部管理的需要,内部报表的种类和格式由银行自行规定,对外报送的会计报表种类、内容、格式及附注由会计准则及相关监管要求规定。

(2) 会计报表应当根据登记完整、核对无误的会计账簿记录和其他有关资料编制,做到数字真实、计算准确、内容完整、说明清楚。

(3) 会计报表之间、会计报表各项目之间,凡有对应关系的数字应当相互一致;本期会计报表与上期会计报表有关的数字应当相互衔接。

(4) 对外报送的财务报告,应当依次编定页码,加具封面,装订成册,加盖公章。封面上应当注明:单位名称、单位地址、财务报告所属年度、季度或月度、报送日期,并由经办人员、会计主管人员、会计机构负责人、单位负责人签名或盖章。

(六)账务组织

账务组织是账簿的设置、记账程序和核对方法的有机结合。账务组织主要由各种账簿组成,有关表、单作为账务组织的组成部分。

账务组织采用复式凭证和日记账的组织形式,包括明细核算和综合核算(或称总账核算)两个系统。明细核算按账户核算,反映业务流程中客户及银行内部等交易各方资金增减变化及其结果的详细情况。明细账在业务发生时实时登记,由分户账、登记簿、现金收入(付出)日记簿、余额表组成。综合核算亦称总账核算,按科目核算,记录银行资金的增减变化及其结果的总括情况,由科目日结单、总账、日计表组成。

明细核算和综合核算根据同一凭证进行平行登记并分别核算,两者相互联系、相互制约、数字相符。

三、会计核算要求

凭证合法,传递及时;科目账户,正确使用;当时记账,账折核对;现金收入,先收后记;现金付出,先记后付;转账业务,先借后贷;他行票据,收妥进账;有账有据,账据相符;账表凭证,换人复核;当日结账,总分核对;内外对账,定期核对;印押凭证,分人保管;重要单证,备忘核算;领用发售,逐项登记;人员变动,交接清楚;加强账务核对,确保账务的正确,达到账账、账款、账据、账实、账表、内外账相符。

【小资料】

会计信息质量要求的原则

1. 真实可靠与内容完整原则

以实际发生的交易或者事项为依据进行会计确认、计量和报告,如实反映符合确认和计量要求的各项会计要素及其他相关信息,保证会计信息真实可靠、内容完整。

2. 相关性原则

企业提供的会计信息应当与财务报告使用者的经济决策需要相关,有助于财务报告使用者对企业过去、现在或者未来的情况做出评价或者预测。

3. 可比性原则

同一企业不同时期发生的相同或者相似的交易或者事项,应当采用一致的会计政策,不得随意变更。

4. 及时性原则

会计核算应当及时进行。

5. 清晰性原则

会计记录和会计报表应当清晰明了,便于理解和运用。

6. 谨慎性原则

会计核算中,对企业可能发生的费用和损失,应作出合理的预计,对可能取得的收入则不得加以预计。

7. 重要性原则

重要的会计信息应单独反映,次要的会计事项可简单处理。

8. 实质重于形式原则

会计核算应注重业务的实质而不是外在形式。

【课堂讨论】

"六相符"是什么?在银行会计核算中具有哪些意义?

第三节　银行柜员专业技能

一、数字与日期的书写

(一)数字书写的基本要求

(1) 数字书写的位数必须准确,避免少写或多写位数的情况出现。

(2) 数字书写,必须字迹清晰、笔画分明,一目了然。各个数字应有明显的区别,以免混淆。

(3) 数字书写力求流畅、美观、规范化。

(二)阿拉伯数字的书写

(1) 阿拉伯数字应采用规范写法,除"4"和"5"外,其他数字必须一笔完成。

(2) 阿拉伯数字应当逐个书写,不得连笔写。小写金额前面应当书写币种符号或者货币名称简写，币种符号与阿拉伯数字之间不得留有空白。凡阿拉伯数字前写有币种符号的，其后不再写货币单位。

(3) 以元为单位的阿拉伯数字，除表示单价等情况外，一律填写到角、分；无角、分的，角位和分位写"00"；有角无分的，分位写"0"。

(4) 采用三位分节制。数的整数部分，采用国际通用的"三位分节制"，即从个位向左每三位数字用分节号","分开。

(三)中文大写数字书写

(1) 大写数字应用正楷字书写：壹、贰、叁、肆、伍、陆、柒、捌、玖、拾、佰、仟、万、亿、元、角、分、零、整(正)等字，一律用正楷或者行书体书写，不得用一、二(两)、三、四、五、六、七、八、九、十、念(廿)、毛、另(或 0)等字代替。

(2) 大写金额数字前未印有货币名称的，应当加填货币名称，大写金额应紧接货币名称填写，两者中间不得留有空白。大写金额数字到"元"为止的，在"元"后应写"整"(或"正")字；在"角"之后可以不写"整"(或"正")字；大写金额数字有"分"的，"分"之后不写"整"(或"正")字。

(3) 阿拉伯数字中间有"0"时，中文大写金额要写"零"字。阿拉伯数字中间连续有几个"0"时，中文大写金额中间可以只写一个"零"字。

(4) 阿拉伯金额数字万位或元位是"0"，或者中间连续有几个"0"，万位、元位也是"0"，但千位、角位不是"0"时，中文大写金额中间可以只写一个"零"字，也可以不写"零"字。

(5) 阿拉伯金额数字角位是"0"，而分位不是"0"时，中文大写金额"元"后面应写"零"字。

(6) 壹拾、壹佰、壹仟、壹万的"壹"字，不得遗漏。

(四)日期的书写

(1) 票据的出票日期必须使用中文大写数字来书写。
(2) 为防止变造票据的出票日期，应按照以下要求书写。

月的写法规定：1月、2月前加"零"，如1月写作"零壹月"；11月、12月前加"壹"，如11月写作"壹拾壹月"；10月前加"零壹"，写作"零壹拾月"。

日的写法规定：1日至10日、20日、30日前加"零"，如30日写作"零叁拾日"。11日至19日前加"壹"，如11日写作"壹拾壹日"。

(3) 票据的出票日期使用小写填写的，银行不予受理。大写日期未按要求规范填写的，银行可予受理，但由此造成损失的，由出票人自行承担。

二、点钞技能

(一)点钞的基本要求

"五好钱捆"标准:票币查点要做到点准、挑净、墩齐、捆紧、盖章清楚。

在整点票币的过程中,一般都必须经过拆把、持票、清点、记数、墩齐、扎把、盖章这几个环节,其具体要求有以下几个方面。

1. 端正姿态

应选择高度适当的座位,一般要高于写字座位的高度,双肘能在桌面上转动自如。就坐后,身体垂直,全身肌肉自然放松,两腿分开于肩膀相近,胸部挺起,不要紧靠桌沿。

2. 票子墩齐

点钞时,首先搓揉票币使之松开后墩齐,每张钞票都应平直,有弯折、折角的票币要弄直、抹平,有损伤或涂写的票币要挑出。点完后每一百张整理为一"把",每十把整理为一"捆"。

3. 开扇均匀

使用各种点钞方法时,都应将票币打开成微扇形或坡形,便于捻动并可防止夹张,能提高点钞的速度和准确性。

4. 点数准确

点数准确是点钞技术的核心内容,只有在准确的基础上求快,才能保证点钞的质量。要做到点数准确,就必须集中精力,双手点钞,两眼看钞,脑子记数。亦即手、眼、脑互相配合,共同完成点钞的操作过程。

5. 动作连贯

点钞过程中每个环节都必须紧密衔接,即在拆把、清点、墩齐、捆扎、盖章等每个环节都要连贯协调。清点时的动作应连贯,清点速度应均匀。

(二)基本功练习

点钞基本功训练,主要体现在以下三个方面。

1. 首先练手

手指的活动要灵活,接触的感觉要灵敏,动作的幅度要小,以提高捻钞速度,达到捻钞不重张。

2. 其次练眼力

眼睛与手要相配合，在手指迅速捻动钞票的过程中，能辨别张数、面额、花纹、色彩。

3. 再次练记数

大脑与手、眼协作，时刻掌握着清点的张数。

(三)手工点钞法

1. 手持式点钞法

手持式点钞法主要有手持式单指单张点钞法和手持式多指多张点钞法，它们都按清点、记数、捆扎三步进行。

1) 手持式单指单张点钞法

清点：先用左手把钞票夹在中指和无名指之间，让钞票竖起，稍向里倾斜，拿稳成扇形。用右手清点时，拇指在前，食指和中指在右托住钞票，拇指尖在钞票的右上角向下捻动，同时无名指来回拨动，拇指和无名指要协同动作。

记数：采用心记记数法，即每捻动一张记一个数，即1、2、3、4、5、6、7、8、9、1(10)；1、2、3、4、5、6、7、8、9、2(20)…1、2、3、4、5、6、7、8、9、9(90)；1、2、3、4、5、6、7、8、9、100。采用这种记数法的优点是将十位数字变成一位数字，省脑易记，不易出差错。

2) 手持式多指多张点钞法

右手拇指轻轻托在钞票右里角扇形的下端，其余四指并拢弯曲，指尖成斜直线。点数时小指、无名指、中指、食指指尖依次捻动钞票右上角，与拇指摩擦后拨票，一指清点一张，一次点四张为一组。左手拇指、中指随着左手清点逐渐向上移动，食指稍加力向前推动以适应待清钞票的厚度。

记数：采用分组记数法，每一组记一个数，数至25组为100张。

2. 手按式点钞法

1) 单指单张点钞法

按钞及拆把：将钞票平放在桌面上，两肘自然放在桌面上。以钞票左端为顶点，与身体成45°，左手小指、无名指按住钞票左端约三分之一处，小指在前，无名指贴着小指随后，中指自然弯曲，然后食指伸向纸条下端，将纸条勾断，中指、无名指、小指随即立起，用指尖按钞，手心朝下。食指与拇指张开，为配合右手点数做准备。

清点：右手掌心向下，右手腕抬起，中指伸直，拇指从钞票右端里侧起部分钞票。食指指尖将钞票右侧内角与拇指摩擦后向里向上提，提起后左手拇指迅速接过，向上推，送到左手食指与中指之间夹住，依次连续操作。

记数：同手持式单指单张点钞法。

2) 多指多张点钞法

按钞及拆把：同手按式单指单张点钞法。

清点：右手掌心向下，拇指放在钞票端里侧，挡住钞票。食指、中指、无名指、小指指尖依次由钞票右侧外角向里向下逐张拨点，一指拨点一张，一次点四张为一组，依次循环拨动。每点完一组，左手拇指将点完的钞票向上掀起，用食指与中指将钞票夹住。如此循环往复。

记数：采用分组记数法，同手持式多指多张点钞法。

3. 扇面式点钞法

把钞票捻成扇面状进行清点的方法叫扇面式点钞法。

持钞：钞票竖拿，左手拇指在票前下部中间票面约四分之一处。食指、中指在票后同拇指一起捏住钞票，无名指和小指拳向手心。右手拇指在左手拇指的上端，用虎口从右侧卡住钞票成瓦形，食指、中指、无名指、小指均横在钞票背面，做开扇准备。

开扇：以左手为轴，右手食指将钞票向胸前左下方压弯，然后再猛向右方闪动，同时右手拇指在票前向左上方推动钞票，食指、中指在票后面用力向右捻动，左手指在钞票原位置向逆时针方向画弧捻动，食指、中指在票后面用力向左上方捻动，右手手指逐步向下移动，至右下角时即可将钞票推成扇面形。如有不均匀的地方，可双手持钞票抖动，使其均匀。

打开扇面时，左右两手一定要配合协调，不要将钞票捏得过紧，如果点钞时采取一次按十张的方法，扇面要开小些，便于清点。

点数：左手持扇面，右手中指、无名指、小指托住钞票背面，拇指在钞票右上角 1cm 处，一次按下 5 张或 10 张；按下后用食指压住，拇指继续向前按第二次，以此类推，同时左手应随右手点数速度向内转动扇面，以迎合右手按动，直到点完 100 张为止。

记数：采用分组记数法。一次按 5 张为一组，记满 20 组为 100 张；一次按 10 张为一组，记满 10 组为 100 张。

合扇：清点完毕合扇时，将左手向右倒，右手托住钞票右侧向左合拢，左右手指向中间一起用力，使钞票竖立在桌面上，两手松拢轻墩，把钞票墩齐，准备扎把。

4. 扎把

点钞完毕后需要对所点钞票进行扎把，通常将 100 张捆扎成一把，分为缠绕式和扭结式两种方法。

(1) 缠绕式。临柜收款时采用此种方法，需使用牛皮纸腰条：将点过的钞票 100 张墩齐，左手从长的方向拦腰握着钞票，使之成为瓦状(瓦状的幅度影响扎钞的松紧，在捆扎中幅度不能变)，右手握着腰条头将其从钞票的长的方向夹入钞票的中间(离一端 1/3～1/4 处)，从凹面开始绕钞票两圈，在翻到钞票厚度转角处将腰条向右折叠 90°，将腰条头绕捆在钞票的腰条并转两圈打结。

(2) 扭结式。考核、比赛时采用此种方法，需使用绵纸腰条：将点过的 100 张钞票墩齐，左手握钞，使之成为瓦状，右手将腰条从钞票凸面放置，将两腰条头绕到凹面，左手食指、拇指分别按住腰条与钞票厚度交界处，右手拇指、食指夹住其中一端腰条头，中指、无名指夹住另一端腰条头，并合在一起，右手顺时针转 180°，左手逆时针转 180°，将拇指和食指夹住的那一头从腰条与钞票之间绕过、打结。

(四)机器点钞技能

1. 点钞前的准备工作

(1) 放置好点钞机。点钞机一般放在点钞员的正前方的桌上，离胸前约 30cm。临柜收付款时也可将点钞机放在点钞桌肚内，桌子台面上用玻璃板，以便看清数字和了解机器的运转情况。

(2) 放置好钞券和工具。一般未点的钞券放在机器右侧，按票面大小顺序排列，或从大到小，或从小到大，切不可大小夹杂排列；经复点的钞券放在机器左侧；腰条纸应横放在点钞机前面即靠点钞员胸前的那一侧，其他各种用具放置要适当、顺手。

(3) 试机。首先检查各机件是否完好，再打开电源，检查捻钞轮、传送带、接钞台运行是否正常；灯泡、数码管显示是否正常。然后开始调试下钞斗，松紧螺母，通常以壹元券为准，调到不松、不紧、不夹、不阻塞为宜。调试时，右手持一张壹元券放入下钞斗，捻钞轮将钞券一捻住，马上用手抽出，以"捻得动抽得出"为宜。

调整好点钞机后，还应拿一把钞券试试，看看机器转速是否均匀，下钞是否流畅、均匀，点钞是否准确，落钞是否整齐。

2. 点钞机操作程序

(1) 持票拆把：右手从机器右侧拿起钞券，横执钞券，拇指与中指、无名指、小指分别捏住钞券两侧，拇指在里侧、其余三指在外侧，将钞券横捏成瓦形，中指在中间自然弯曲。然后用左手将腰条纸抽出，右手将钞券速移到下钞斗上面，同时用右手拇指和食指捏住钞券上侧，中指、无名指、小指松开，使钞券弹回原处并自然形成微扇面。

(2) 点数：将钞券放入下钞斗，不要用力。钞券通过捻钞轮自然下滑到传送带，落到接钞台。下钞时，点钞员眼睛要注意传送带上的钞券面额，看钞券是否夹有其他票券、损伤券、假钞等，同时要观察数码显示情况。

拆下的封条纸先放在桌子一边不要丢掉，以便查错用。

(3) 记数：当下钞斗和传送带上的钞券落钞完毕时，要查看数码显示是否为"100"。如反映的数字不为"100"，必须重新复点。

(4) 扎把：左手拇指在钞券上面，手掌向上，将钞券从接钞台里拿出，把钞券墩齐后进行扎把。

(5) 盖章：复点完全部钞券后，点钞员要逐把盖好名章。盖章时要做到先轻后重、整齐、清晰。

3. 机器点钞要诀

认真操作争分秒，左右连贯用技巧；
右手投下欲点票，左手拿出捻毕钞；
两眼查看票面跑，余光扫过记数表；
顺序操作莫慌乱，环节动作要减少；
原钞腰条必须换，快速扎把应做到；
维修保养经常搞，正常运转功效高。

三、传票翻打

翻打百张传票，无论是使用珠算还是使用计算器、计算机数字键盘来进行，其技术要领均基本相同，都是通过左手翻页、眼睛看数、右手操作计算工具三个动作同时进行来完成的。

(一)珠算翻打百张传票

1. 整理传票

翻打前将传票整理成扇面形状，其方法是：左手拇指放在传票的左上方，其余四指放在传票背面的左下方；右手拇指放在传票的右上方，其余四指放在传票背面的右下方；然后用右手捏住传票，并将传票右上角以右手大拇指为轴向怀内翻卷，翻卷后左手随即捏紧，右手放开，把传票捻成幅宽适当、票页均匀的扇形；然后用夹子将传票的左上角夹住，使扇形固定。整理好的传票，封底向上突出，封面向下突出，便于翻页。

2. 翻打

左手拇指点翻传票的右下角，上翻之后由食指挡住传票；右手要同时在计算机小键盘上敲入或在算盘上拨入相应的金额。在打第一张传票上的数字时，第一张传票已经捻在手里了，一打完，立即翻掉，这样能加快速度。

比赛中传票翻页一般使用一次一页翻的方法进行翻打。其操作方法为：传票捻成扇形后，左手的小指、无名指自然弯曲压在传票的左下方，其余三指自然伸开做好翻页的准备。翻打起始页时，应先用大拇指的指腹掀起传票的边刃，当右手将起始页有关数据拨入算盘还剩下两个数码时，左手大拇指将传票掀起，然后再由食指与中指将传票夹住，大拇指继续翻起下页传票。这样，左手拇指将传票一页一页地翻，右手将每页传票的有关数据拨入算盘。

(二)计算器、计算机翻打百张传票

计算器、计算机翻打百张传票的操作过程与珠算翻打百张传票的过程基本相同。需要说明的是：珠算翻打百张传票是在本页数据拨入算盘还剩下两个数码时，翻起本页夹住，然后继续翻起下一页；而计算器、计算机翻打百张传票是在输入本页数据末两位时，默记末位数，然后翻起本页夹住，再接着翻下一页。

四、假币识别

(一)鉴别真伪钞的主要依据

1. 纸张特征

纸张是钞票的基础。钞纸本身不仅具有防伪技术，而且印刷技术、质量水平都要集中反映在印钞纸上。造纸原料大多都采用纤维较长的棉、麻等植物，这样造出来的纸张光洁、坚韧、挺度好、耐磨力强，经长时间流通使用后纤维不松散、不发毛、不断裂。各国钞票纸张一般都专门制造，而且为了使钞票纸张明显区别于普通纸张，目前世界上大多数国家将水印、安全线、纤维丝和彩点技术运用在钞票纸张中。

水印是在造纸过程中，通过丝网的变化使纸浆的薄厚密度不同而形成各种水印图案。水印可分为固定水印、非固定水印和连续水印三种。其中固定人像水印技术难度较高，其图案迎光透视清晰可见、生动逼真、立体感强，一般用于大面额钞票中。

安全线是在造纸过程中加入的，它包括金属线、塑料线、聚酯线、缩微印刷线、荧光线等。

纤维丝、彩点是在纸浆中加入的，分为可见和不可见两种。可见纤维丝及彩点在钞票纸表面即可看到；不可见纤维丝及彩点在自然光源下为无色，需借助紫光灯等仪器方可看到。

2. 制版技术

制版技术也是印刷技术中防伪的一个主要方面。钞票上的人物、风景等各种图案，主要是用版纹的点、线的组合表现出来的。它能否反映出发行国家的艺术风格和多大程度的防伪能力，主要靠制版过程中的精致功夫和工艺水平。目前有手工雕刻和机器雕刻两种制版工艺。

手工雕刻制板多用于钞票主要图案的设计，使图案线条精细、形象逼真、版纹深浅粗细富于变化但不紊乱，具有很好的防伪效果。机器雕刻制版多用于几何图案、花边、面值数字和文字等方面，它的特点是样式新颖、花纹线条复杂而多变、不易伪造。目前机器雕刻技术上的新方法有折光法和隐像法。

3. 印刷方法

印刷技术的优劣，在防伪方面起着极其重要的作用。综合目前各国印刷钞票的技术，一般有以下几种。

(1) 凹版印刷。用雕刻的某种金属凹版来印刷钞票的主要部位，如人像和主景。用此法印刷的部位用手摸感到油墨凸起、线条精细、层次分明。

(2) 凸版印刷。刻出的版纹和通常使用的图章一样，印刷时版面和纸张直接接触，使纸面受压，反面有凸起的痕迹。使用这种方法可以在不同部位用不同颜色的油墨印刷。

(3) 平版印刷(胶印)。使用这种方法印出的线纹平整，所以此方法多用于印刷大片的图案。

除上述三种外，还有胶版叠印、双面对印、花纹对接等方法。

4. 油墨质量

油墨是制版技术和印刷方法的主要媒介，其质量好坏，直接影响印刷的质量，所以各国钞票使用的油墨都是由专门研究机构在严格保密情况下调制的，别人很难知道其中的奥秘。

大多数国家钞券的墨色鲜亮而不浓，图纹线条细，墨层薄，油墨和纸张的亲和性好，油墨色调配合上比较谐调。所用的油墨可分为磁性油墨、无色荧光油墨、激光油墨、同色异谱油墨、光可变油墨、温变油墨、红外油墨和防复印油墨等。

(二)鉴别真伪钞的一般方法

日常鉴别钞票，除了使用新式设备外，一般均是通过人体各感觉器官进行的，如眼睛观察、手指的接触及耳朵听到的声音等，概括为看、触、听三个字。目前伪钞的特点一般有以下几个。

1. 纸张、纸质

伪钞的纸张一般都是纤维结构松软、经漂白处理的成品纸，无韧性，挺度及耐磨力较差，易起毛，易破裂，厚薄不匀。在紫光灯下真钞不变色，伪钞呈青白色。

(1) 水印。伪钞的"水印"一般是用色彩极淡的油墨印在纸上，或刻制印模，加盖在钞票的正、背面，成为象征性的水印。这样的水印，平视即可看到，迎光透视却模糊不清。

(2) 安全线。目前伪钞的安全线较为逼真，但将安全线放到纸张的夹层后，由于正背面粘合得不好，鉴别时两指用力一搓，正背面会分离。也有部分伪钞的安全线用油墨印在票面上，迎光透视时经不起光照而淡化明显。

(3) 纤维丝。伪钞的纤维丝大都是以印刷或涂写的方式仿制的，眼观无立体感，票面不够干净，有的在纸的夹层中用针挑不出来，有的则浮于纸面。

2. 制版及印刷

伪钞多采用照相制版，版纹较粗糙，线条粗细不匀，断续不全；阴影部分成实心，不见版纹；版面不整洁，图案呆板无立体感。此外由于技术条件限制，伪钞是采用胶版印刷的，手摸油墨无凹凸感，多色部位颜色过渡不自然，线条油墨互相渗化，图案无立体感，模仿的"折光法"的技术使图案粗糙、两面对印不准确等。

3. 油墨

伪钞油墨颜色较暗，无光泽，印在纸上会渗化，使线条显得粗糙，不及真钞油墨颜色纯正自然、谐调。

(三)第五套人民币假币识别要点

识别人民币纸币真伪，通常采用"一看、二摸、三听、四测"的方法。

1. 一看

(1) 看水印。第五套人民币各券别纸币的固定水印位于各券别纸币票面正面左侧的空白处，迎光透视，可以看到立体感很强的水印。100元、50元纸币的固定水印为毛泽东头像图案，20元、10元、5元纸币的固定水印为花卉图案。

(2) 看安全线。第五套人民币纸币在各券别票面正面中间偏左，均有一条安全线。100元、50元纸币的安全线，迎光透视，分别可以看到缩微文字"RMB100""RMB50"，用仪器检测均有磁性；20元纸币，迎光透视，有一条明暗相间的安全线；10元、5元纸币的安全线为全息磁性开窗式安全线，即安全线局部埋入纸张中，局部裸露在纸面上，开窗部分分别可以看到由微缩字符"￥10""￥5"组成的全息图案，用仪器检测有磁性。

(3) 看光变油墨。第五套人民币100元纸币和50元纸币正面左下方的面额数字采用光变油墨印刷。将垂直观察的票面倾斜到一定角度时，100元纸币的面额数字会由绿色变为蓝色；50元纸币的面额数字则会由金色变为绿色。

(4) 看票面图案是否清晰，色彩是否鲜艳，对接图案是否可以对接上。第五套人民币纸币的阴阳互补对印图案应用于100元、50元和10元纸币中。这三种券别的正面左下方和背面右下方都印有一个圆形局部图案，迎光透视，两幅图案准确对接，组合成一个完整的古钱币图案。

(5) 用5倍以上的放大镜观察票面，看图案线条、缩微文字是否清晰干净。第五套人民币纸币各券别正面胶印图案中，多处均印有微缩文字，其中20元纸币背面也有该防伪措施。100元微缩文字为"RMB"和"RMB100"，50元为"50"和"RMB50"，20元为"RMB20"，10元为"RMB10"，5元为"RMB5"和"5"。

2015年新版的100元纸币安全线在正面右侧，为光变镂空开窗安全线，倾斜观察可以变为绿色。正面的"100"字样为绿色和金色交替变换，很炫，当平视观察的时候会发现字是金色为主的。正面左侧透过光亮观察，可以看到毛泽东的头像。正面左下角和背面右下角分别有部分"100"的图案，透过光亮可以将两面的数字组成一个完整的"100"字样。正面左下方和右侧都有横竖双号码，注意颜色不一样。纸币正面左下方透过光亮可以看到有"100"的字样，这就是"白水印"。在正面上方的"中国人民银行"字样有凹凸感，因为这是采用了雕刻凹印印刷技术。

2. 二摸

(1) 摸人像、盲文点、中国人民银行行名等处是否有凹凸感。第五套人民币纸币各券别正面主景均为毛泽东头像，采用手工雕刻凹版印刷工艺，形象逼真、传神，凹凸感强，易于识别。

(2) 摸纸币是否薄厚适中、挺括度好。

3. 三听

通过抖动钞票使其发出声响，根据声音来分辨人民币真伪。人民币的纸张具有挺括、耐折、不易撕裂的特点；手持钞票用力抖动、手指轻弹或两手一张一弛轻轻地对称拉动，能听到清脆响亮的声音。

4. 四测

借助一些简单的工具和专用的仪器来分辨人民币真伪。例如，借助放大镜可以观察票面线条清晰度、胶、凹印缩微文字等；用紫外灯光照射票面，可以观察钞票纸张和油墨的荧光反应；用磁性检测仪可以检测黑色横号码的磁性。

(四)美元假币的识别

1. 美元纸币的防伪特性

(1) 专用纸张：美元纸币的纸张为高级乳白色钞票纸，主要由棉、麻纤维抄造而成。纸张坚韧、挺括，在紫外线下无荧光反应。

(2) 固定人像水印：1996年版美元纸张加入了与票面人物头像图案相同的水印。

(3) 红、蓝彩色纤维：从1885年起，美元纸张加入了红、蓝彩色纤维丝。从1885年到1928年，美钞的红、蓝彩色纤维采用定向施放的方式，即红、蓝彩色纤维丝分布在钞票的正中间，由上至下形成两条狭长条带。1929年以后各版中的红、蓝彩色纤维丝则随机分布在整张钞票中。

(4) 文字安全线：1990年起，50美元至100美元各面额纸币中(人像左侧)都加入了一条全埋文字安全线。安全线上有正反交替的微印字母"USA"及阿拉伯或英文单词面额数字字样。1996年版50美元、20美元安全线上还增加了美国国旗图案。1996年版美元的安全线还是荧光安全线，在紫外灯光下呈现出不同的颜色，100美元、50美元、20美元、10美元、5美元安全线分别为红、黄、绿、棕和蓝色。

(5) 雕刻凹版印刷：美元正背面的人像、建筑、边框及面额数字等均采用雕刻凹版印刷，用手触摸有明显的凹凸感。由于凹版需要高压，油墨有扩散现象，油墨外溢、线条带毛齿状是凹印的一个重要特点，需用放大镜才能看清楚。

(6) 凸版印刷：美元纸币上的库印和冠字号码是采用凸版印刷的，在钞票背面的相应部位用手触摸有凹凸感。

(7) 细线印刷：1996 年版美元在正面人像的背景和背面建筑的背景上采用细线设计，该设计有很强的防复印效果。

(8) 凹印缩微文字：1990 年起，在美元人像边缘中增加了一条由凹印缩微文字组成的环线，缩微文字为"THE UNITED STATES OF AMERICA"，需用放大镜方能看清。1996 年版 100 美元和 20 美元还分别在正面左下角面额数字中增加了"USA100"和"USA20"字样的缩微文字，50 美元则在正面两侧花边中增加了"FIFTY"字样的缩微文字。

(9) 冠字号码：美元纸币正面均印有两组横号码，颜色为翠绿色。1996 年以前的美元冠字号码由一位冠字、8 位数字和一个后缀字母组成；1996 年版美元增加了一位冠字，用以代表年号。

(10) 光变面额数字：1996 年版 100 美元、50 美元、20 美元、10 美元正面左下角面额数字是用光变油墨印刷的，在与票面垂直角度观察时呈绿色，将钞票倾斜一定角度则变为黑色。

(11) 磁性油墨：美元正面凹印油墨带有磁性，用磁性检测仪可检测出磁性。

2. 美元的真伪鉴别

1) 看

一看票面的颜色。真钞正面主色调为深黑色，背面为墨绿色(1963 年以后版)，冠字号码和库印为翠绿色，并都带有柔润光泽。假钞颜色相对不够纯正，色泽也较暗淡。

二看票面图案、线条的印刷效果。真钞票面图案均由点、线组成，线条清晰、光洁(某些线条有轻微的滋墨现象，属正常)，图案层次分明即人物表情丰富、人物目光有神。假钞票线条发虚、发花，有丢点、线的情况，图案缺乏层次，人物表情呆滞，眼睛无神。

三看光变面额数字。1996 年版 10 美元以上面额真钞均采用光变面额数字，变换观察角度，可看到面额数字由绿变黑。假钞或者没有变色效果，或者变色效果不够明显，颜色较真钞也有差异。

四是透光看纸张、水印和安全线。美元纸张有正方形的网纹，纹路清晰，纸中有不规则分布的彩色纤维；1996 年起美元纸张中加入了与票面人物头像相同的水印，水印层次丰富，有较强的立体感；1990 年起 5 美元以上面额纸币中加入了文字安全线，线条光洁、线上文字清晰。假钞纸张上或者没有网纹，或者网纹比较凌乱；水印图案缺乏层次和立体感；安全线上文字线条精细不匀，字体变形。

2) 摸

一摸纸张。真钞纸张挺括，光滑度适宜，有较好的韧性。而假钞纸张相对绵软，挺度较差，有的偏薄、有的偏厚，光滑度或者较高，或者较低。

二摸凹印手感。真钞正、背面主景图案及边框等均采用凹凸版印刷,手摸有明显的凹凸感。假钞若采用平板胶印,无凹印手感;即使采用凹版印刷,其版纹比真钞要浅,凹印手感与真钞相比仍有一定差距。

3) 听

用手抖动或者手指弹动纸张,真钞会发出清脆的声响,假钞的声响则较为沉闷。

4) 测

一是用放大镜观察凹印缩微文字。1990 年起,5 美元以上面额纸币加印了凹印缩微文字,在放大镜下观察,文字清晰可辨。假钞的缩微文字则较为模糊。

二是用磁性检测仪检测磁性。真钞的黑色凹印油墨含有磁性材料,用磁性检测仪可检测出磁性。假钞或者没有磁性,或者磁性强度与真钞有别。

三是用紫外灯光照射票面。紫外灯光照射票面时,真钞纸张无荧光反应,假钞有明显的荧光反应。1996 年版美元安全线有明亮的荧光反应;假钞安全线有的无荧光反应,有的即使有荧光反应,但亮度较暗,颜色也不纯正。

五、身份证识别

(一)居民身份证的整体识别

(1) 第二代身份证是由多层聚酯材料复合而成的单页卡式证件,采用非接触式 IC 卡技术制作,长度为 85.6mm,宽度为 54mm,厚度为 0.9mm。

(2) 证件一面印有国徽、证件名称、长城图案、证件的签发机关和有效期限及彩色花纹。国徽位于左上角(红色实底国徽图案),配以"中华人民共和国居民身份证"的名称字样。背景图案的主要标志物为灰色写意万里长城,配远山的背景。底纹为彩虹扭索花纹,颜色从左至右为浅蓝色至浅粉色再至浅蓝色。证件另一面印有持证人照片、登记项目、彩色花纹。图案底纹同正面。少数民族地区证件,在使用汉字的基础上,需要同时填写一种少数民族文字。

证件签发机关为县公安局、不设区的市公安局和设区的公安分局。

(3) 居民身份证在登记项目、填写内容和颜色上还有其他两种形式。

① 民族自治地方颁发的居民身份证。

证件背面五个登记项目和签发机关印章,应同时使用汉字和相应的少数民族文字印刷和刻制(宁夏回族自治区除外)。常见的少数民族文字有:维吾尔文、哈萨克文、蒙古文、藏文、朝鲜文、壮文、彝文等。

证件"出生　年　月　日"的登记项目改为"出生日期"。例如,内地和经济特区颁发的证件,登记为"出生 1949 年 10 月 1 日",民族自治地方颁发的证件则登记为"出生日期 1949.10.1"。

证件填写内容分为只书写汉字(如广西壮族自治区和内蒙古自治区部分地区)和同时书

写汉字和少数民族文字(如新疆维吾尔自治区、西藏自治区、内蒙古自治区部分地区、吉林省延边朝鲜族自治州和四川、云南、青海、甘肃、黑龙江、吉林、辽宁等省部分民族自治地方)两类。少数民族文字在上方,汉字在下方(蒙古文在左,汉字在右)。

对加入中国国籍的外国人,如果本人的民族名称与我国民族名称不同,本人是什么民族就填写什么民族,但民族名称后应加注"入籍"二字,如"民族乌克兰(入籍)"。

② 经济特区颁发的居民身份证。

证件正面主体颜色为海蓝色,背面为浅蓝色。证件背面右上角有一个规格为9mm×12mm的全息标志图案。海南省经济特区的全息标志图案为五指山和太阳;深圳、珠海、汕头和厦门经济特区的全息标志图案为带有"T"字的盾牌符号。

(二)居民身份证有效期限与持证人年龄、签发日期的关系

居民身份证的有效期限分为10年、20年、长期三种。
(1) 16周岁至25周岁的,发给有效期为10年的居民身份证;
(2) 26周岁至45周岁的,发给有效期为20年的居民身份证;
(3) 46周岁以上的,发给长期有效的居民身份证。

证件有效期限从签发之日起计算。

查验或检查时,应对照检查证件有效期限、持证人年龄与签发日期三者之间的关系。

(三)居民身份证编号识别

从1999年10月1日起,全国实行居民身份证号码制度,居民身份证编号由原15位升至18位。前6位数为地址码;第7位至14位为出生日期码,此码由6位数改为8位数,其中年份用4位数表示;第15位至17位为顺序码,取消了顺序码中对百岁老人使用的特定编号;第18位为校验码,主要是为了校验计算机输入居民身份证号码的前17位数字是否正确,其取值范围是0至10,当值等于10时,用罗马数字符X表示。

(四)二代身份证识别

二代身份证主要采用数字防伪和印刷防伪技术。数字防伪用于机读信息的防伪,是将持证人的照片图像和身份项目内容等数字化后存入芯片。可以有效起到证件防伪的作用,防止伪造证件或篡改证件机读信息内容。证件表面的视读防伪,主要是采用高新技术制作的防伪标识和印刷防伪技术,具有一定的防伪功效。

(1) 真"二代"身份证手摸有前凸后平感,四周压封平实、清透。假身份证手摸多有前后双凸感,四周压封处多有胶熔性气泡。
(2) 真"二代"身份证:侧光验看正面的"中国"等字样和长城的立体浮雕图案的荧光反应是否强烈,尤其是反面周边压封处的荧光反应是否强烈,反应强烈的为真。

(3) 真"二代证"正、反两面的花纹清晰、自然过渡,表面有摩擦力;而假证花纹模糊、颜色不自然,表面光滑。真证较硬;假证较软。

(4) 真"二代证"防伪膜薄而不易脱落;假证厚而极易被分开。

(5) 真"二代证"不同角度可变颜色,假证的不具备呈现三种颜色的技术。

(6) 真"二代证"背面隐藏有缩微印刷字符组成的线条,字迹清晰。假证模糊不清。

(7) 真身份证反面国徽天安门下方的齿轮中心为圈状。若齿轮中心圈为"1"形状,一定是假身份证。

(五)临时居民身份证识别

临时居民身份证为聚酯薄膜密封的单页卡式证件。证件正面印有彩虹扭索花纹、写意"长城"图案、"中华人民共和国临时居民身份证"证件名称字样。证件名称分两行排列于版面中间偏上的位置。写意"长城"图案位于证件名称下方,颜色为褐色。彩虹扭索花纹过渡颜色为浅绿色至浅黄色再至浅绿色。证件背面印有彩虹横向波浪扭索花纹,登记持证人姓名、性别、民族、出生日期、住址、公民身份证号码、本人相片、证件的有效期限和签发机关9个项目内容。证件规格为85.6mm×54mm(长×宽),主色调为浅绿色。

临时居民身份证的有效期限为3个月,有效期限自签发之日起计算。

【小资料】

常用货币票样

1999年版第五套人民币票样

美元

英镑

港元(中国银行)

日元

【课堂讨论】

银行柜员应具备哪些文检知识？

本 章 小 结

银行柜员基本素质养成	银行柜员的基本素质	柜员制	柜员制是指银行营业网点的柜员在其业务范围和操作权限内，由单个柜员或多个柜员组合，以计算机为业务处理和会计核算的手段，为客户提供本外币存款、贷款、中间业务等全部或部分金融服务，并独立或共同承担相应职责、享有相关权限的一种劳动组织方式
		银行柜员的基本素质要求	包括学习能力、工作速度与准确性、沟通与表达、吃苦耐劳和抗压力、服务意识、诚实守信
		银行业从业职业操守	包括从业基本准则、银行业从业人员与客户、银行业从业人员与同事、银行业从业人员与所在机构、银行业从业人员与同业人员
	银行柜员的会计基础	会计与会计要素	会计要素包括资产、负债、所有者权益、收入、费用和利润
		银行会计核算方法	包括会计科目、记账方法、会计凭证、会计账簿、会计报表、账务组织

第一章 银行柜员基本素质养成

续表

银行柜员基本素质养成	银行柜员的会计基础	会计核算要求	凭证合法，传递及时；科目账户，正确使用；当时记账，账折核对；现金收入，先收后记；现金付出，先记后付；转账业务，先借后贷；他行票据，收妥进账；有账有据，账据相符；账表凭证，换人复核；当日结账，总分核对；内外对账，定期核对；印押凭证，分人保管；重要单证，备忘核算；领用发售，逐项登记；人员变动，交接清楚；加强账务核对，确保账务的正确，达到账账、账款、账据、账实、账表、内外账相符
	银行柜员的专业技能	数字与日期的书写	包括数字书写的基本要求、阿拉伯数字的书写、中文大写数字的书写、日期的书写
		点钞技能	包括点钞的基本要求、基本功练习、手工点钞法、机器点钞技能
		传票翻打	包括珠算翻打百张传票，计算器、计算机翻打百张传票
		假币识别	包括鉴别真伪钞的主要依据、鉴别真伪钞的一般方法、第五套人民币假币识别要点、美元假币的识别
		身份证识别	包括居民身份证的整体识别、居民身份证签发日期以及有效期限与持证人年龄的关系、居民身份证编号识别、二代身份证识别、临时身份证识别

习　题

一、单项选择题

1. 下列柜台组织中采用"一般业务当天复核、重大业务当场复核"的复核机制的有（　　）。

   A. 双人临柜制　　　B. 单柜员制　　　C. 综合柜员制　　　D. 专柜制

2. 人民币的最小货币单位是（　　）。

   A. 元　　　　　　　B. 角　　　　　　C. 分　　　　　　　D. 厘

3. 人民币的 ISO 代码为（　　）。

   A. RMB　　　　　　B. CNY　　　　　C. ￥　　　　　　　D. CND

4. 第五套人民币纸币各券别正面主景均为毛泽东头像，采用（　　）工艺。

   A. 手工雕刻　　　　　　　　　　　　B. 机器雕刻
   C. 手工雕刻凹版印刷　　　　　　　　D. 手工雕刻凸版印刷

5. 第五套人民币 100 元券和 50 元券正面左下方的面额数字采用光变墨印刷。将垂直观察的票面倾斜到一定角度时，100 元券的面额数字会由绿变为（　　）。

A. 红色　　　　　B. 蓝色　　　　　C. 金色　　　　　D. 浅绿色

6. 下列中文大写正确的有(　　)。

　　A. ￥1008.60　　人民币壹千零捌元陆角零分
　　B. ￥15.00　　　人民币拾伍元整
　　C. ￥15.00　　　人民币壹拾伍元整
　　D. ￥100.60　　 人民币壹百元陆角整

二、判断题

1. 有固定格式的重要凭证，大写金额栏一般印有"人民币"字样，数字应紧接在人民币后面书写，在"人民币"与数字之间不得留有空隙。　　　　　　　　　(　　)
2. 小写金额￥100200.00元，规范的汉字大写金额为拾万零贰佰元整。　(　　)
3. 2005年版第五套人民币纸币取消了盲文点，增加了凹印手感线。　　(　　)
4. 1999年版第五套人民币纸币50元券采用的是横、竖双号码，其中只有横号码有磁性。　　　　　　　　　　　　　　　　　　　　　　　　　　　(　　)
5. 对2005年版第五套人民币纸币100元券隐形面额数字的观察角度作了调整。
　　　　　　　　　　　　　　　　　　　　　　　　　　　　　　　　(　　)

三、简答题

1. 银行柜员应具备哪些素质？
2. 银行柜员应具备哪些专业技能？
3. 银行会计核算方法主要包括哪些内容？
4. 银行会计核算有哪些具体要求？

实 训 课 堂

实训项目1：数字和日期的书写
　　要求：按规定进行阿拉伯数字、中文大写数字和日期的书写
　　学时：1学时

实训项目2：点钞
　　要求：单指和多指练习点钞和捆钞
　　学时：1学时

实训项目3：人民币反假
　　要求：利用假币识别器材进行人民币假币识别和简易识别
　　学时：1学时

第二章

银行柜台业务管理规定

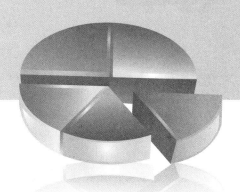

本章精粹：

- 柜员管理
- 重要凭证和印章管理
- 客户身份识别
- 银行账户管理

储户存款被冒领告银行

孔某于2005年7月14日在某银行办理了定期一本通存折，2011年2月27日存入36万元，并办理了定期一年到期自动转存业务。2014年6月，孔某因购房需要欲支取此笔存款时，银行工作人员却告知孔某，该存折已被注销，存款已被取走。经核实才知存折于2013年2月19日被他人挂失注销并补办了新存折。孔某认为其从未申请过存折挂失注销及补办业务，银行违法办理其名下存折的挂失、补办业务致使其存款被他人取走，遂诉至法院要求银行赔偿其经济损失。

该案庭审中，被告银行未能提交任何证据证明其辩解，其提交的个人客户挂失业务申请上，客户填写的相关信息均不是孔某本人填写签名。涉诉存折的挂失业务实际上是由周某代为办理，银行明知存折是第三人代为办理，却未尽到谨慎审查注意义务。银行的密码挂失不符合法律法规关于存折(单)挂失的操作规范，挂失行为属于违规行为。因此法院判令由被告银行支付原告孔某存款本金36万元及利息25776元。

柜员管理　　重要空白凭证　　客户身份识别　　银行账户

第一节　柜员管理

一、柜员分类和权限管理

(一)柜员分类

由于柜员制的设置形式存在着差异，如有综合柜员制、分柜制等组织形式，因此，在柜员的分类上也存在着差异，例如，中国农业银行的柜员包括柜台柜员和系统柜员，柜台柜员按操作权限又可分为普通柜员、主管兼柜员、主管；中国民生银行的柜员分会计主管柜员、高柜管理柜员、库管员、分柜对公柜员和分柜储蓄柜员(采用分柜制的行处)或高柜综合柜员(采用综合柜员制的行处)以及相关业务部门的经办柜员、复核柜员。但一般来说，柜员主要分为前台柜员、营业经理(主管柜员)、监督柜员三类。

前台柜员主要负责在权限范围内办理对外现金收付和转账等临柜业务。

营业经理(主管柜员)主要负责营业网点的分工、业务学习和政治学习，对本网点操作柜员办理超权限的业务进行授权，并且对前台柜员的业务差错承担连带责任。

监督柜员主要负责对临柜业务的事后监督。

(二)柜员权限管理

柜员权限由以下要素决定：营业机构级别、柜员代号、柜员所属部门、柜员级别、交易性质、交易现金金额和转账金额等。

1. 柜员权限分配

一般由分支行对柜员权限进行具体分配，根据统一设置的交易性质和柜员类型的对应关系，规定每种类型柜员可处理的交易范围及交易金额(包括现金和转账)的最高上限。

2. 柜员权限的控制

柜员权限控制方式主要有三种：强制授权控制、金额授权控制、远程授权控制。

(1) 强制授权控制是指对一些交易必须无条件获得授权，主要有大额支付、重大业务、特殊业务等业务类型。

(2) 金额授权控制是指柜员在办理业务交易时，对超过本人权限额度(转账金额和现金金额)的交易，获得授权后方可办理。

(3) 远程授权控制是指对超过本网点最高级别授权人金额权限的交易，通过主机向上级行发出请求授权信息，申请授权码，待主机生成授权码后，由上级行通知申请行输入授权码对该笔交易进行控制。

3. 授权管理

(1) 对于特殊业务及超权限的业务必须由授权人员授权后才能完成，要做到授权人员与经办人员严格分离、相互制约，每日授权业务需经授权人签字确认。

(2) 授权人员应具备较高的专业素质和良好的职业道德，工作态度认真严谨，坚持原则，确保授权业务正确无误。

(3) 授权人必须在权限范围内履行授权职责，不得越级授权或擅自将权限交给他人代为授权。

(4) 授权有两种形式，即签字授权和系统授权。签字授权和系统授权是两个独立的授权审批环节，两者不得相互替代。对于签字授权业务，必须由指定授权人进行签字审批，被授权人必须依据审批核准的手续办理业务；对于系统授权业务，按照系统权限控制要求，由高级别柜员对低级别柜员进行操作授权审批。

(5) 授权采用刷卡或指纹认证的方式。

(6) 转授权管理。节假日各网点可采用更换授权人进行授权卡交接的方式进行转授权。节假日前一天下班前，授权卡可封包交节假日上班的柜员，同时收回该柜员的柜员卡，待下一工作日，再收回授权卡，发放给节假日值班柜员柜员卡，并对节假日授权业务进行审核确认。

指纹认证转授权需要在系统中进行相应的交易,交易之后主管柜员就可以把自己的权限转给低一级柜员,无须另行设置柜员级别。转授权期限一般在一日以内,转授权后,主管柜员不能行使原来的权限。

二、柜员身份认证

柜员身份认证目前主要有指纹身份认证和权限卡认证两种方式。

(一)指纹身份认证

指纹身份认证是指柜员按照指纹系统设置要求,在完成指纹签约后,将手指肚正放在指纹仪上,由指纹系统对柜员指纹特征进行采集,并将指纹模板保存在指纹服务器中。当柜员进行系统签到、签退、操作授权等业务时,由指纹系统将操作人员指纹与原保存的指纹模板自动比对,对柜员身份进行确认和验证。

(1) 每个操作柜员必须预留三枚指纹的模板,一般为食指、中指和无名指(其中右手两枚,左手一枚)。

(2) 柜员在业务系统进行签到、签退、授权等业务时,必须按照要求,使用指纹方式进行业务操作。

(3) 指纹模板的建立和删除必须由操作员本人亲自办理,以确保登记的指纹与实际使用人的指纹一致。

(4) 指纹认证并不能替代原有的数字密码,柜员仍然要牢记自己的数字密码,并按要求更改,不允许将密码泄露给他人使用。

(二)权限卡认证

权限卡认证是指柜员按照业务系统要求,在进行系统签到、签退、操作授权等业务时需要刷卡进行身份确认和验证。

(1) 一个柜员只能拥有一张权限卡,严禁拥有和使用两张权限卡。

(2) 柜员只能凭领用的权限卡上机操作,不得出借或借用他人权限卡。

(3) 在设置柜员密码时不得用身份证号码、电话或手机号码、本人或近亲属的生日、简单号和规律号作为密码。

(4) 柜员必须妥善保管密码,定期或不定期更换,不得泄露,不得打听、探问他人密码。

(5) 柜员工作时间必须卡不离身,营业结束要妥善保管,严禁把卡带入公共场所。

(6) 柜员因故调离时收回的权限卡、丢失后找回的权限卡或因保管、使用不当作废的权限卡,应剪角、登记并注明原因,及时上缴。

三、柜员交接管理

(一)基本规定

(1) 柜员工作岗位变动及各类与会计业务有关的实物发生转移都必须办理交接，交接手续要严密，交接记录要完整、清晰，交接双方及监交人必须当面进行核对并签章确认。

(2) 凡涉及会计印章、重要物品、尾箱、柜员号、重要空白凭证和有价单证等会计事项交接的，必须登记相应的纸质登记簿。

(3) 柜员由于工作调动或因故离职时，必须凭《岗位交接清单》办理岗位交接手续，将自己的岗位职责范围、业务处理权限向接收人员详细说明，涉及具体操作的应说明操作方法，对所保管的重要印章、重要物品、柜员号、尾箱等以及所负责的具体业务和未尽事项进行全面交接，以防工作脱节。接收人员如发现账簿不清或有疑问，可随时向移交人询问，移交人必须做出明确答复。移交人未办清交接手续的，不得办理调动或离职。

(4) 交接必须在有权监交人员或其委托代理人监督下进行。监交人员对交接工作负全面责任，如事后发现交接不清的，监交人员应负连带责任。有权监交人在特定情况下可委托他人代为监交，代理监交人应履行监交职责。

(二)交接的基本内容

(1) 会计印章。各种会计印章变更保管人时，要在《会计印章使用保管登记簿》上根据印章的种类详细记载使用人、接收人、监交人以及具体的交接时间和交接原因。接收人应仔细审核所接收的印章名称、编号与登记簿上记载的是否完全一致，印模是否完全相同。

(2) 库房、尾箱。库房、尾箱交接时，接收人需认真清点库房、尾箱内所保管的所有现金、重要空白凭证、有价单证、票据、抵(质)押物、代保管物等实物，凡封包或封箱的实物必须拆包、拆箱进行逐份清点，并与内部分户账、余额表、机内登记簿或手工登记簿进行核对，经核对账实相符后，由交接双方及监交人在《岗位交接清单》上共同签章确认。

(3) 重要物品。密押器、压数机、印鉴卡片、签字样本、印模卡片、密码和钥匙等重要物品变更保管人时，应在《重要物品使用保管登记簿》上详细记载重要物品的移交人、接收人、监交人以及具体的交接时间和交接原因。接收人要注意核实重要物品的完整性，带有编号的应注意核实实物与编号是否一致；库房、保险柜、自助设备等密码交接时，应重新变更密码，不得延续使用原密码；编押器、压数机等机具交接时，移交人要将操作方法向接收人做详细说明，以确保接收人正确操作。

(4) 柜员号。

(5) 会计资料。各类底卡、账簿、报表、登记簿、文件、磁盘等会计资料交接时，应登记《会计资料交接登记簿》，并做好交接核对清点工作。办理各种底卡的交接时，应保证底卡与系统信息相一致，以确保账实相符。

(6) 其他事项交接。

四、柜员合规行为管理

(一)基本原则

1. 诚实守信

柜员应当以高标准的职业道德规范严格要求自己，对客户和银行诚实守信，切实履行岗位职责，维护银行和客户的信誉和利益。

2. 守法合规

柜员应知法守法，保护商业秘密，拒绝作假，自觉维护银行的形象和信誉。

3. 公平竞争

柜员应尊重同事、同业人员，公平竞争，禁止商业贿赂及其他不正当竞争行为。

4. 业务规范

柜员应当熟练掌握业务技能，取得任职岗位资格。在各项业务操作中，严格遵守权限规定，遵守业务操作指引，遵循岗位职责划分和风险隔离的操作规程，确保交易的安全，维护银行和客户的利益。

(二)存款业务

银行柜员在办理存款业务时，应坚持以下几项原则。
(1) 在办理存款业务中，严格执行存款实名制、反洗钱和客户身份识别的规定。
(2) 坚持及时办理、身份确认、单证审核、准确操作的原则。
(3) 严格执行储蓄工作原则，不得强拉客户开立储蓄账户。
(4) 严格执行国家的利率政策，不得高息揽存和支付各种不正当的费用。

(三)结算纪律

银行柜员应严格遵守的结算纪律有以下几个方面。
(1) 不准以任何理由压票、任意退票、截留挪用客户和他行资金、受理无理拒付、不扣少扣滞纳金。
(2) 不准在结算制度之外规定附加条件，影响汇路畅通。
(3) 不准违反规定开立账户。
(4) 不准拒绝受理、代理他行正常结算业务。

(5) 不准放弃对企业单位违反结算纪律的制裁。
(6) 不准违章承兑、贴现商业汇票和逃避承兑责任,拒绝支付已承兑的商业汇票票款。
(7) 不准超额占用联行汇差资金、转嫁资金矛盾。
(8) 不准逃避向人民银行转汇大额汇划款项和清算大额银行汇票资金。

(四)其他禁止性行为

(1) 收费标准未提前告知客户或对客户进行误导性描述。
(2) 违反国家统一制订的收费标准,多收或少收客户服务费用。
(3) 在办理业务时故意向不知情客户隐瞒免费服务或低资费服务项目,推销有偿服务或高资费服务项目。
(4) 投资入股与本单位有贷款、担保、融资等业务关系的企业。
(5) 直接从事民间借贷活动或者为民间借贷提供担保。
(6) 吸收存款不入账或者利用本人及亲属等个人结算账户揽存客户资金,代客户归还贷款本金和利息。
(7) 出借个人或者近亲属的个人结算账户用于他人的资金交易。
(8) 代客户开立账户,办理转账,支取现金,保管有价单证、存折、银行卡。
(9) 借用、占用客户贷款资金或者操纵客户账内资金。
(10) 代客户调度资金或者充当借款保证人,帮助客户筹集贷款周转资金。
(11) 为民间借贷、担保公司等牵线搭桥,充当中介或者调度资金。
(12) 收受由关联企业、客户等服务对象赠送的现金、有价证券、支付凭证和其他财物。
(13) 参加由关联企业、客户等服务对象提供的高消费娱乐活动。

【小资料】

大额支付交易

根据《金融机构大额交易和可疑交易报告管理办法》规定,交易属于大额交易的情况有以下几方面。

(1) 单笔或者当日累计人民币交易20万元以上或者外币交易等值1万美元以上的现金缴存、现金支取、现金结售汇、现钞兑换、现金汇款、现金票据解付及其他形式的现金收支。

(2) 法人、其他组织和个体工商户银行账户之间单笔或者当日累计人民币 200 万元以上或者外币等值20万美元以上的款项划转。

(3) 自然人银行账户之间,以及自然人与法人、其他组织和个体工商户银行账户之间单笔或者当日累计人民币50万元以上或者外币等值10万美元以上的款项划转。

(4) 交易一方为自然人、单笔或者当日累计等值1万美元以上的跨境交易。

【课堂讨论】

监控录像是银行网点必不可少的设备，也是对柜员监督的重要内容，试讨论监控录像的作用。

第二节　重要凭证和印章管理

一、重要空白凭证管理

重要空白凭证是指经银行或单位填写金额并签章后即具支付效力的空白凭证，是银行凭以办理资金收付的书面依据。重要空白凭证的主要特征为每张凭证上均有凭证号码。

银行的重要空白凭证主要有：现金支票、转账支票、银行本票、银行汇票、商业承兑汇票、银行承兑汇票、单位定期存款开户证实书、单位定期存单、人民银行电子联行贷方补充报单、存款证明书、电汇凭证、银行汇票申请书、银行本票申请书、外币汇票、存折、存单、假币收缴凭证、国债收款凭证、银行卡等。

凡各银行总行统一规定的重要空白凭证，必须严格按照总行的规定订制和使用，不得自行设计格式，不得自行印制；凡总行未统一规定的重要空白凭证，可根据有关规定自行订制或印制，但要报总行备案。

重要空白凭证必须由专人负责保管，建立严密的进、出库和领用制度。各种重要空白凭证纳入表外核算，以一份(本)一元的假定价格入户。

重要空白凭证一般不得作教学实习或练习使用。如确实需要重要空白凭证作为教学、技术比赛等用具，应由主办部门提供所需重要空白凭证的种类、数量清单，经批准后方可领用。出库时，由库管员切去右下角，并在凭证明显处加盖"作废"戳记。用后，由主办部门指定专人清点、换人复核后，集中销毁。

对遗失重要空白凭证的当事人，应视情节轻重进行处罚。

(一)领用

柜员向库管员领用重要空白凭证时，应先填制一式两联重要空白凭证调拨单，库管员审核无误后，办理出库手续。柜员领用时，应逐份清点。

柜员领用的重要空白凭证应放置在专用的保管箱内或放置于柜员现金尾箱内，严格执行章、证、押三分管制度，临时离岗时及时上锁，午休时入库或放入保险柜保管，营业终了柜员重要空白凭证尾箱换人复核无误后，双人封箱，放入库房或专用的保险柜保管，次日营业开始前双人开箱。

(二)出售

出售重要空白凭证时，应按凭证的号码自小到大的顺序出售。银行审核客户填写的空白凭证领用单无误后，办理重要空白凭证的出售手续。可以按本出售的重要空白凭证主要有：现金支票、转账支票、普通支票、电汇凭证、银行汇票申请书、银行本票申请书等，原则上每个账户每次出售一本，对于业务量大的客户，经核实，可以适量出售凭证；对个人客户，可以按份数出售。商业承兑汇票和银行承兑汇票应根据业务需要按份数出售。

空白支票出售时，应预先加盖单位账号和开户行章，参加同城票据清分的机构还应将账号等要素打印在磁码区域内，不得交与客户自行填写。

(三)签发

(1) 银行签发的银行汇票、银行本票等重要空白凭证不得交由客户签发，不得预先在重要空白凭证上加盖印章，不得跳号使用重要空白凭证。
(2) 柜员应按规定打印或手工填制重要空白凭证，不得自行设置打印格式。
(3) 柜员因填错或交易失败造成重要空白凭证作废，应在作废凭证上加盖"作废"戳记，并剪下右下角作相关传票的附件。
(4) 柜员应按照号码顺序签发重要空白凭证，不得跳号。
(5) 柜员在使用重要空白凭证时，严禁私下调剂。

(四)收回

开户单位销户或银行更换凭证时，银行应将客户剩余未用的重要空白凭证收回，并在销户通知书上列明清单，由开户银行注销；开户单位未交回未使用的重要空白凭证，由此造成的一切经济纠纷，由开户单位承担责任。

柜员应将收回的重要空白凭证逐份剪角并加盖"作废"戳记，交与库管员保管，以备销毁，同时登记《缴回重要空白凭证登记簿》；银行卡在磁条处打双孔，放入尾箱保管，待集中缴给库管员。

二、会计印章管理

会计印章是指在会计凭证、账簿、报表等会计资料上加盖并表示业务合法性的特定标识，包括会计业务印章、个人用章。

会计业务印章分为业务专用章、业务公章。业务专用章包括汇票专用章、结算专用章、本票专用章、转讫章、现金清讫章(或业务清讫章)、票据清算(交换)专用章、票据受理专用章、假币收缴专用章等。业务公章包括会计业务公章和储蓄业务公章。

个人用章包括个人名章和个人印鉴章。

(一)业务专用章的使用范围

(1) 汇票专用章：用于签发银行汇票和承兑银行承兑汇票，办理商业汇票转贴现和再贴现时的背书等。

(2) 结算专用章：用于办理托收承付、委托收款等支付结算业务，办理商业汇票贴现、转贴现的委托收款背书，办理提出他行网上支付结算凭证业务，办理结算业务的查询查复，办理中国人民银行或银行规定的其他结算业务。

(3) 本票专用章：用于签发银行本票。

(4) 转讫章：用于已完成记账处理或打印输出的银行记账单证、清单及客户付款和收款回单等。

(5) 现金清讫章：用于现金收付凭证和现金缴款单回单、现金支票及现金调拨凭证等。

(6) 业务清讫章：是转讫章和现金清讫章的合并。

(7) 票据清算(交换)专用章：用于同城票据清算提出票据等。

(8) 票据受理专用章：用于受理单位提交他行票据时签发客户回单等。

(9) 假币收缴专用章：用于收缴假币时加盖在人民币假钞上或装有外币假钞或伪造硬币的专用信封上。

(二)业务公章的使用范围

1. 会计业务公章

会计业务公章用于对外签发对公业务的重要单证及柜台受理部分业务的回单，还用于对外出具存款证明、挂失回单、止付通知、承付通知等，以及其他需要加盖会计业务公章的重要单证或报表，或者按照相关业务管理办法、规定要求加盖会计业务公章的合约、协议等。

2. 储蓄业务公章

储蓄业务公章用于对外签发个人业务的重要单证及柜台受理部分业务的回单，还用于对外出具存款证明、挂失回单、假币收缴凭证等，以及其他需要加盖储蓄业务公章的重要单证或报表，或者按照相关业务管理办法、规定要求加盖储蓄业务公章的合约、协议等。

(三)个人用章的使用范围

1. 个人名章

用于会计人员经办和记载的凭证、账簿、报表等。对联机完成的账务处理或打印输出的会计凭证、账表必须按规定加盖个人名章，但如果会计凭证、账表上有计算机输出打印的操作员姓名，可代替会计人员的签章；对计算机自动处理的账务，输出打印的会计凭证、账表可以不加盖个人名章。

2. 个人印鉴章

用于各级会计部门经过授权的经办人员在签发银行汇票和银行本票、承兑银行承兑汇票以及办理系统内现金、重要空白凭证和有价单证调拨等业务时，需加盖的个人签章。

(四)会计印章的使用和管理

(1) 严禁任何机构和人员擅自刻制会计印章。

(2) 领取会计印章后，须及时在《印章保管和交接登记簿》上预留印模，详细登记，并指定专人保管和使用；印章启用时，必须在《印章保管和交接登记簿》上详细记载；在发生交接时，移交人、接收人和监交人必须在登记簿上签署个人名章。《印章保管和交接登记簿》的记录必须完整、真实，严禁涂改。

(3) 会计印章的保管和使用，实行"专人使用、专人保管、专人负责"。

(4) 使用会计印章必须做到专匣保管、固定存放、人离章收；必须严格按规定的范围使用，严禁错用、串用、提前或过期使用；严禁在空白凭证、登记簿、报表等上预先加盖印章；严禁在无真实会计记录的凭证上加盖印章；不得将会计印章随身携带或带离营业场所；不得将印章交他人带走使用；严禁多人同时使用同一枚(套)印章；严禁给非会计人员配备会计印章；非营业时间印章必须入库或放入保险箱(柜)保管。

(5) 个人名章由本人保管和使用；个人印鉴章原则上应由本人保管，不得随意交由他人使用，因特殊原因确需由他人使用的必须经过书面授权确认，并在《印章保管和交接登记簿》上办理交接登记。

(6) 一般会计人员保管的会计印章交接，必须由业务主管监交；业务主管保管的会计印章交接，必须由部门负责人监交。印章交接必须当面办理，并由有权人监交，不得办理隔夜交接，也不得通过第三人办理移交。

(7) 因机构撤并、更名或印章样式变更、损毁等原因，使会计印章停止使用的应在《印章保管和交接登记簿》上注明停止使用的原因和日期，并编制清单上缴上级(或同级)会计部门，双方经办人员应在上缴清单上签章确认。上缴清单应至少包括机构名称、印章名称、数量、印章编号、停用原因、上缴日期等相关要素，并加盖印模。

【小资料】

密押和重要机具管理

重要机具包括：联行编押器、压数机、磁码机等。

密押、操作手册属绝密级文件，必须按其密级保管规定严加保管，不得泄密和丢失。

重要机具需指定专人使用和保管，实行个人负责制，不得让非经办人员练习和操作，不得在讲课中讲解其使用方法。如发生丢失、被盗，要立即采取有效措施查找并立即上报，查明情况后视情节轻重追究经办人员和有关领导的责任。

营业期间，保管和使用人应做到人在机开，人走机锁；营业结束，上锁寄库保管。使用人员必须爱护机器，轻拿轻放，使用过程中要认真检查。如发生故障，应联络机器保修单位，不得自行拆开机器。使用前要认真阅读有关操作手册。

【课堂讨论】

综合柜员制下如何实现"章证分管"？

第三节　客户和账户管理

一、客户身份识别和信息管理

（1）以开立账户等方式与客户建立业务关系，为不在本机构开立账户的客户提供现金汇款，在现钞兑换、票据兑付等一次性金融服务且单笔交易金额在人民币 1 万元以上或者外币等值 1000 美元以上的，应当识别客户身份，了解实际控制客户的自然人和交易的实际受益人，核对客户的有效身份证件或者其他身份证明文件，登记客户身份基本信息，并留存有效身份证件或者其他身份证明文件的复印件或者影印件。

（2）为自然人客户办理单笔人民币 5 万元以上或者外币等值 1 万美元以上现金存取业务的，应当核对客户的有效身份证件或者其他身份证明文件。

（3）为客户向境外汇出资金时，应当登记汇款人的姓名或者名称、账号、住所和收款人的姓名、住所等信息，在汇兑凭证或者相关信息系统中留存上述信息，并向接收汇款的境外机构提供汇款人的姓名或者名称、账号、住所等信息。

（4）采取合理方式确认代理关系的存在，对代理人进行客户身份识别，核对代理人的有效身份证件或者身份证明文件，登记代理人的姓名或者名称、联系方式、身份证件或者身份证明文件的种类、号码等信息。

（5）在与客户的业务关系存续期间，金融机构应当采取持续的客户身份识别措施，关注客户及其日常经营活动、金融交易情况，及时提示客户更新资料信息。

（6）存在以下情况时，应当重新识别客户。

① 客户要求变更姓名或者名称、身份证件或者身份证明文件种类、身份证件号码、注册资本、经营范围、法定代表人或者负责人的情形；

② 客户行为或者交易情况出现异常的情形；

③ 客户姓名或者名称与国务院有关部门、机构和司法机关依法要求金融机构协查或者关注的犯罪嫌疑人、洗钱和恐怖融资分子的姓名或者名称相同的情形；

④ 客户有洗钱、恐怖融资活动嫌疑的情形；

⑤ 获得的客户信息与先前已经掌握的相关信息存在不一致或者相互矛盾的情形；

⑥ 先前获得的客户身份资料的真实性、有效性、完整性存在疑点的情形；
⑦ 认为应重新识别客户身份的其他情形。

(7) 妥善保存客户身份资料，包括记载客户身份的信息和资料以及反映客户身份、识别工作情况的各种记录和资料。按照下列期限保存客户身份资料和交易记录。
① 客户身份资料，自业务关系结束当年或者一次性交易记账当年起至少保存 5 年。
② 交易记录，自交易记账当年起至少保存 5 年。

二、单位结算账户管理

(一)基本规定

存款人以单位名称开立的银行结算账户为单位银行结算账户。单位银行结算账户按用途分为基本存款账户、一般存款账户、专用存款账户、临时存款账户四类。个体工商户凭营业执照以字号或经营者姓名开立的银行结算账户纳入单位银行结算账户管理。

(1) 基本存款账户是存款人因办理日常转账结算和现金收付需要开立的银行结算账户。存款人只能在银行开立一个基本存款账户，其他银行结算账户的开立必须以基本存款账户的开立为前提，必须凭基本存款账户开户许可证办理开户手续，并在基本存款账户开户登记证上进行相应登记，但临时机构和注册验资需要开立的临时存款账户除外。

(2) 一般存款账户是存款人因借款或其他结算需要，在基本存款账户开户银行以外的银行营业机构开立的银行结算账户。

(3) 专用存款账户是存款人按照法律、行政法规和规章，对其特定用途资金进行专项管理和使用而开立的银行结算账户。

(4) 临时存款账户是存款人因临时需要并在规定期限内使用而开立的银行结算账户，其最长有效期限为两年。

(二)单位结算账户的开立

1. 单位结算账户开立的基本规定

(1) 单位银行结算账户开立的前提：开户银行必须对存款人提交的开户资料进行真实性、完整性、合规性审查，客户部门按"了解你的客户"原则，确定客户真实身份，确保存款人开户身份的真实、可靠，并在存款人提供的证明文件上签署意见。

(2) 单位申请开立单位银行结算账户，由法定代表人或单位负责人直接办理的，应出具法定代表人或单位负责人的身份证件；授权他人办理的，还应出具其法定代表人或单位负责人的授权书及其身份证件以及被授权人的身份证件。授权书中应对被授权人的姓名及其身份证件、权限等内容做明确说明，并在授权书上加盖单位公章及法定代表人或单位负责人签章。

(3) 开立银行结算账户，应签订《银行结算账户管理协议》，明确双方的权利与义务。除中国人民银行另有规定的以外，应建立预留签章卡片，并将签章式样和有关证明文件的原件或复印件留存归档。

2. 基本存款账户的开立

1) 业务受理

客户部门自身发展的客户，对客户提交的开户资料进行真实性审核后，将开户资料递交会计人员。临柜收到客户开立账户的申请，需将客户提交的相关证明文件转交客户部门，客户部门进行真实性审核后，再将相关证明文件递交会计人员。

客户需提供下列证明文件。

(1) 企业法人应出具企业法人营业执照，非法人企业应出具企业营业执照，个体工商户应出具个体工商户营业执照。

(2) 机关和实行预算管理的事业单位，应出具政府人事部门或编制委员会的批文或登记证书。预算单位开户申请书统一使用财政局印制的申请书，在向人民银行送交开户资料时，必须按照《人民币银行结算账户管理办法》的规定，提交政府人事部门或编制委员会的批文或登记证书和财政部门审核同意的申请书；非预算管理的事业单位，应出具政府人事部门或编制委员会的批文或登记证书。

(3) 军队、武警团级(含)以上单位以及分散执勤的支(分)队，应出具军队军级以上单位财务部门、武警总队财务部门的开户证明。

(4) 社会团体，应出具社会团体登记证书，宗教组织还应出具宗教事务管理部门的批文或证明。

(5) 民办非企业组织，应出具民办非企业登记证书。

(6) 异地常设机构，应出具其驻地政府主管部门的批文或外地驻本地机构登记证。

(7) 外国驻华机构，应出具国家有关主管部门的批文或证明；外资企业驻华代表处、办事处应出具国家登记机关颁发的登记证。

(8) 居民委员会、村民委员会、社区委员会，应出具其主管部门的批文或证明。

(9) 独立核算的附属机构，应出具其主管部门的基本存款账户开户登记证和批文。

(10) 其他组织，应出具政府主管部门的批文或证明。

客户出具的营业执照、证书、批文等必须是正本。

客户为从事生产、经营活动纳税人的，必须按照《人民币银行结算账户管理办法》及《中华人民共和国税收征收管理法实施细则》的规定，向开户银行提交国税、地税登记证。根据国家有关规定无法取得税务登记证的，应出具相关证明。

异地开立基本存款账户必须出具注册地中国人民银行分支行出具的未开立基本存款账户的证明；如其注册地已运行账户管理系统的，可不出具未开立基本存款账户的证明。

2) 审核

经办人员应审核客户是否提交《开户申请书》,银行结算账户性质选择是否正确,要素填写是否齐全、准确,并注意以下事项。

(1) 《开户申请书》所填写的要素应与开户证明文件上记载的内容一致。

(2) 存款人应在《开户申请书》上加盖公章,公章单位名称应与开户证明文件上记载的单位名称一致,单位名称较长的,可以使用规范化简称,但需在《银行结算账户管理协议》上就相关事项及责任予以约定。单位独立核算的附属机构其账户名称为主管单位加附属机构名称。

(3) 存款人有上级法人或主管单位的,应当填写上级法人或主管单位的相关信息,有关联企业的应填写关联企业的名单。

客户部门应在开户资料复印件上逐份加盖"与原件核对一致"并有经办人签章。

3) 报批

符合开户条件的,营业经理(会计主管)在《开户申请书》上签署审核意见、加盖业务专用章及经办人员签章;并在《开户申请书》上填写开户银行名称、开户银行机构代码、账号、开户日期等内容。将《开户申请书》上的内容录入账户管理系统待核准数据库,同时将开户资料报当地人民银行分支行。

4) 核准后处理

符合开户条件的,开户行收到开户许可证、两联加盖当地人民银行分支行行政许可专用章和经办人员签章的《开户申请书》后,留存一联《开户申请书》,将新的开户许可证、一联《开户申请书》转交存款人。

不符合开户条件的,开户行收到人民银行退回的开户资料后,留存一份开户资料,其余退还存款人,并通知存款人办理销户。

3. 一般存款账户的开立

(1) 一般存款账户不能在存款人基本存款账户的开户行(指同一营业机构)开立。

(2) 临时机构已在住所地开立一个临时存款账户的,不能申请开立一般存款账户。

4. 专用存款账户的开立

存款人申请开立专用存款账户,应向银行出具其开立基本存款账户规定的证明文件、基本存款账户开户许可证和下列证明文件。

(1) 预算单位开立专用存款账户需提供下列资料。

① 基本建设资金、更新改造资金、政策性房地产开发资金、住房基金、社会保障基金,应出具主管部门批文。

② 财政预算外资金,应出具财政部门的证明。

③ 党、团、工会设在单位的组织机构经费,应出具该单位或有关部门的批文或证明。

④ 其他按规定需要专项管理和使用的资金，应出具有关法规、规章或政府部门的有关文件。

⑤ 行政事业单位申请开立专用存款账户的，还必须提供其基本存款账户的开户许可证和规定的证明文件。

(2) 非预算单位开立专用存款账户需提供下列资料。

① 基本建设资金、更新改造资金、政策性房地产开发资金、住房基金、社会保障基金，应出具主管部门批文。

② 粮、棉、油收购资金，应出具主管部门批文。

③ 单位银行卡备用金，应按照中国人民银行批准的银行卡章程的规定出具有关证明和资料。

④ 证券交易结算资金，应出具证券公司或证券管理部门的证明。

⑤ 期货交易保证金，应出具期货公司或期货管理部门的证明。

⑥ 金融机构存放同业资金，应出具其证明。

⑦ 收入汇缴资金和业务支出资金，应出具基本存款账户存款人的有关证明。

⑧ 党、团、工会设在单位的组织机构经费，应出具该单位或有关部门的批文或证明。

⑨ 其他按规定需要专项管理和使用的资金，应出具有关法规、规章或政府部门规定的有关文件。

(3) 有关规定。

① 同一证明文件只能申请开立一个专用存款账户。

② 临时机构已在住所地开立一个临时存款账户的，不能申请开立专用存款账户。

③ 存款人可以在基本存款账户开户行申请开立专用存款账户。

5. 临时存款账户的开立

(1) 客户需提供下列资料。

① 临时机构，应出具其驻地主管部门同意设立临时机构的批文。

② 异地建筑施工及安装单位，应出具其营业执照正本或其隶属单位的营业执照正本，以及施工及安装地建设主管部门核发的许可证或建筑施工及安装合同。

③ 异地从事临时经营活动的单位，应出具其营业执照正本以及临时经营地工商行政管理部门的批文。

④ 注册验资资金，应出具工商行政管理部门核发的企业名称预先核准通知书或有关部门的批文。

⑤ 异地建筑施工及安装单位、异地从事临时经营活动的单位还应出具其基本存款账户开户登记证。

(2) 有关规定。

① 存款人为临时机构的，只能在住所地开立一个临时存款账户，不得开立其他银行

结算账户；存款人在异地从事临时经营活动的，只能在临时活动地开立一个临时存款账户。建筑施工及安装单位企业在异地同时承建多个项目，可根据建筑施工及安装合同开立不超过项目合同数的临时存款账户。

② 财政预算单位不得开立临时存款账户。

6. 个体工商户账户的开立

(1) 开立个体工商户账户时，应出具个体工商户营业执照及个人有效身份证。有字号的个体工商户开立的银行结算账户的名称应与其营业执照的字号一致；无字号的个体工商户，其账户名称由"个体户"字样和营业执照记载的经营者姓名组成。

(2) 工程承包商、市场经营户等的账户可凭工程承包合同或进场交易证开立，户名为"个体户"加工程承包人或经营人姓名。

(三)单位结算账户的使用

1. 单位结算账户使用的基本规定

(1) 单位银行结算账户，自正式开立之日起 3 个工作日后，方可办理付款业务，但注册验资的临时存款账户转为基本存款账户和因借款转存开立的一般存款账户除外。对于核准类银行结算账户，正式开立之日为中国人民银行当地分支行的核准日期；对于非核准类银行结算账户，正式开立之日为银行为客户办理开户手续的日期。

(2) 单位从其银行结算账户支付给个人银行结算账户的款项，每笔超过 5 万元的，应向其开户银行提供下列付款依据。

① 代发工资协议和收款人清单。

② 奖励证明。

③ 新闻出版、演出主办等单位与收款人签订的劳务合同或支付给个人款项的证明。

④ 证券公司、期货公司、信托投资公司、奖券发行或承销部门支付或退还给自然人款项的证明。

⑤ 债权或产权转让协议。

⑥ 借款合同。

⑦ 保险公司的证明。

⑧ 税收征管部门的证明。

⑨ 农、副、矿产品购销合同。

⑩ 其他合法款项的证明。

从单位银行结算账户支付给个人银行结算账户的款项应纳税的，税收代扣单位付款时应向其开户银行提供完税证明。

2. 基本存款账户的使用

(1) 基本存款账户是存款人的主办账户。存款人日常经营活动的资金收付及其工资、奖金和现金的支取，应通过该账户办理。

(2) 单位银行卡账户的资金必须由其基本存款账户转账存入。

3. 一般存款账户的使用

一般存款账户可以办理现金缴存，但不得办理现金支取。

4. 专用存款账户的使用

(1) 财政预算外资金、证券交易结算资金、期货交易保证金和信托基金专用存款账户不得支取现金。

(2) 基本建设资金、更新改造资金、政策性房地产开发资金、金融机构存放同业资金等专用存款账户需要支取现金的，应在开户时报中国人民银行当地分支行批准。中国人民银行当地分支行应根据国家现金管理的规定审查批准。

(3) 粮、棉、油收购资金、社会保障基金、住房基金和党、团、工会经费等专用存款账户支取现金应按照国家现金管理的规定办理。

(4) 收入汇缴账户除向其基本存款账户或预算外资金财政专用存款账户划缴款项外，只收不付，不得支取现金。业务支出账户除从其基本存款账户拨入款项外，只付不收，其现金支取必须按照国家现金管理的规定办理。

5. 临时存款账户的使用

(1) 临时存款账户支取现金，应按照国家现金管理的规定办理。临时存款账户超过有效使用期限后不得办理资金收付。

(2) 注册验资的临时存款账户在验资期间只收不付，注册验资资金的汇缴人应与出资人的名称一致。

(四)单位结算账户的变更与撤销

客户申请临时存款账户展期，变更、撤销单位银行结算账户以及补(换)发开户许可证时，由法定代表人或单位负责人直接办理的，应出具法定代表人或单位负责人的身份证件；授权他人办理的，还应出具其法定代表人或单位负责人的授权书及其身份证件，以及被授权人的身份证件。

1. 变更

申请变更核准类银行结算账户的名称、法定代表人或单位负责人，银行应及时办理变更手续，并于2个工作日内将"变更银行结算账户申请书"、开户许可证及有关证明文件报送中国人民银行当地分支行。符合变更条件的，中国人民银行颁发新的开户许可证。

2. 撤销

(1) 客户尚未清偿其开户银行债务的，不得申请撤销该账户。

(2) 客户撤销银行结算账户，必须与开户银行核对银行结算账户存款余额，交回各种重要空白票据及结算凭证和开户许可证，银行核对无误后方可办理销户手续。对收回的重要空白凭证应当面剪角作废或加盖作废戳记，作废凭证作销户记账凭证附件。对因客户原因导致无法收回的重要空白凭证，应由存款人做出"后果自负"的承诺。

(3) 撤销银行结算账户申请应经营业经理(会计主管)审批。

(4) 因为被撤并、解散、宣告破产或关闭以及被注销、被吊销营业执照的原因撤销银行结算账户的，应当先撤销一般存款账户、专用存款账户、临时存款账户，将账户资金转入基本存款账户后，方可办理基本存款账户的撤销。

(5) 对营业执照未通过工商行政管理机关年检，但尚需保留账户用于清理相关债权债务的，应撤销基本存款账户，凭主管单位或有权管理部门的批文或证明，申请开立临时存款账户。

(6) 客户申请撤销核准类银行结算账户后，开户银行应于2个工作日内将开户许可证及"销户申请书"送达中国人民银行当地分支行。符合销户条件的，由中国人民银行在"销户申请书"的空白处签署审核意见，将"销户申请书"的银行联退开户行留存，并通过账户管理系统撤销该账户；开户行接到中国人民银行返回的"销户申请书"后在业务系统将该账户予以销户，同时将"销户申请书"的客户联退回客户。

(7) 未获得工商行政管理部门核准登记的单位，在验资期满后，应向银行申请撤销注册验资临时存款账户，其账户资金应退还给原汇款人账户。注册验资资金以现金方式存入，出资人需提取现金的，应出具缴存现金时的现金缴款单原件及其有效身份证件。

(8) 存款人因注册验资或增资验资开立临时存款账户后，需要在该账户有效期届满前退还资金的，应出具工商行政管理部门的证明；无法出具证明的，应于账户有效期届满后办理销户退款手续。

(9) 存款人因迁址变更开户银行和其他原因撤销银行结算账户后，如果需要重新开立基本存款账户，应在撤销其原基本存款账户后10日内重新开立基本存款账户，同时按要求出具开户的证明文件和"已开立银行结算账户清单"。

(10) 客户由于被撤并、解散、宣告破产或关闭以及被注销、被吊销营业执照的，应于5个工作日内向开户银行提出销户申请。客户未主动办理销户手续的，银行有权停止其结算账户的对外支付。

三、个人结算账户管理

(一)基本规定

(1) 个人凭有效身份证件以自然人名称开立个人银行结算账户。申请开立个人银行结算账户，可实现使用支票、信用卡等信用支付工具的要求，也可实现办理汇兑、定期借记、定期贷记、借记卡等结算要求，同时仍具有活期储蓄功能。

(2) 银行为个人开立银行结算账户,应签订《银行结算账户管理协议》。

(二)有效身份证件

有效的个人身份证件主要有:居民身份证或临时身份证、港澳居民往来内地通行证、台湾居民来往大陆通行证或者其他有效旅行证件、外国公民的护照。

(三)个人银行结算账户的使用

个人银行结算账户用于办理个人转账收付和现金存取。下列款项可以转入个人银行结算账户。

(1) 工资、奖金收入。
(2) 稿费、演出费等劳务收入。
(3) 债券、期货、信托等投资的本金和收益。
(4) 个人债权或产权转让收益。
(5) 个人贷款转存。
(6) 证券交易结算资金和期货交易保证金。
(7) 继承、赠与款项。
(8) 保险理赔、保费退还等款项。
(9) 纳税退还。
(10) 农、副、矿产品销售收入。
(11) 其他合法款项。

(四)个人结算账户的变更与撤销

(1) 可以受理客户要求更改除姓名以外信息的请求,客户必须提交有效身份证件和《特殊业务申请书》,修改成功后需交客户签字确认。
(2) 不得受理客户要求更改户名的请求。
(3) 个人申请撤销个人银行结算账户需在销户申请书上签章。

四、协助查询、冻结、扣划工作管理

(一)基本规定

(1) "协助查询、冻结、扣划"是指金融机构依法协助有权机关查询、冻结、扣划单位或个人在金融机构存款的行为。

协助查询是指金融机构依照有关法律或行政法规的规定以及有权机关查询的要求,将单位或个人存款的金额、币种以及其他存款信息告知有权机关的行为。

协助冻结是指金融机构依照法律的规定以及有权机关冻结的要求,在一定时期内禁止单位或个人提取其存款账户内的全部或部分存款的行为。

协助扣划是指金融机构依照法律的规定以及有权机关扣划的要求,将单位或个人存款账户内的全部或部分存款资金划拨到指定账户上的行为。

(2) 协助查询、冻结和扣划工作应当遵循依法合规、不损害客户合法权益的原则。

(3) 对有权机关办理查询、冻结和扣划手续完备的,应当认真协助其办理。

(4) 查询、冻结、扣划存款通知书与解除冻结、扣划存款通知书均应由有权机关执法人员依法送达,金融机构不接受有权机关执法人员以外的人员代为送达的上述通知书。

(5) 在接到协助冻结、扣划存款通知书后,不得再扣划应当协助执行的款项用于收贷收息,不得向被查询、冻结、扣划单位或个人通风报信,帮助隐匿或转移存款。

(6) 金融机构在协助有权机关办理完查询存款手续后,有权机关要求予以保密的,金融机构应当保守秘密。金融机构在协助有权机关办理完冻结、扣划存款手续后,根据业务需要可以通知存款单位或个人。

(二)审查

(1) 办理协助查询业务时,经办人员应当核实执法人员的工作证件,以及有权机关县团级以上(含,下同)机构签发的协助查询存款通知书。

(2) 办理协助冻结业务时,经办人员应当核实以下证件和法律文书。

① 有权机关执法人员的工作证件。

② 有权机关县团级以上机构签发的协助冻结存款通知书,法律、行政法规规定应当由有权机关主要负责人签字的,应当由主要负责人签字。

③ 人民法院出具的冻结存款裁定书,其他有权机关出具的冻结存款决定书。

(3) 办理协助扣划业务时,经办人员应当核实以下证件和法律文书。

① 有权机关执法人员的工作证件。

② 有权机关县团级以上机构签发的协助扣划存款通知书,法律、行政法规规定应当由有权机关主要负责人签字的,应当由主要负责人签字。

③ 有关的生效法律文书或行政机关的有关决定书。

(4) 在协助冻结、扣划单位或个人存款时,应当审查以下内容。

① "协助冻结、扣划存款通知书"填写的被冻结或扣划存款的单位或个人的开户金融机构名称、户名和账号、大小写金额。

② 协助冻结或扣划存款通知书上的义务人应与所依据的法律文书上的义务人相同。

③ 协助冻结或扣划存款通知书上的冻结或扣划金额应当是确定的。

如发现缺少应附的法律文书,以及法律文书有关内容与"协助冻结、扣划存款通知书"的内容不符,应说明原因,退回"协助冻结、扣划存款通知书"或所附的法律文书。

对不能提供个人存款账户账号的有权机关,应当要求有权机关提供该个人的居民身份证号码或其他足以确定该个人存款账户的信息。

(三)登记

在协助有权机关办理查询、冻结和扣划手续时,应对下列情况进行登记:有权机关名称,执法人员姓名和证件号码,金融机构经办人员姓名,被查询、冻结、扣划单位或个人的名称或姓名,协助查询、冻结、扣划的时间和金额,相关法律文书名称及文号,协助结果等。

登记表应当在协助办理查询、冻结、扣划手续时填写,并由有权机关执法人员和金融机构经办人签字。金融机构应当妥善保存登记表,并严格保守有关国家秘密。

金融机构协助查询、冻结、扣划存款,涉及内控制度中的核实、授权和审批工作时,应当严格按内控制度及时办理相关手续,不得拖延推诿。

(四)查询

协助有权机关查询的资料应限于存款资料,包括被查询单位或个人开户、存款情况以及与存款有关的会计凭证、账簿、对账单等资料。对上述资料,金融机构应当如实提供,有权机关根据需要可以抄录、复制、照相,但不得带走原件。

金融机构协助复制存款资料等支付了成本费用的,可以按相关规定收取工本费。

有权机关在查询单位存款情况时,只提供被查询单位名称而未提供账号的,金融机构应当根据账户管理档案积极协助查询,没有所查询的账户的,应如实告知有权机关。

(五)冻结和扣划

冻结单位或个人存款的期限最长为 6 个月,期满后可以续冻。有权机关应在冻结期满前办理续冻手续,逾期未办理续冻手续的,视为自动解除冻结措施。

有权机关要求对已被冻结的存款再行冻结的,金融机构不予办理并应当说明情况。

在冻结期限内,只有在原作出冻结决定的有权机关作出解冻决定并出具解除冻结存款通知书的情况下,金融机构才能对已经冻结的存款予以解冻。

被冻结存款的单位或个人对冻结提出异议的,金融机构应告知其与作出冻结决定的有权机关联系,在存款冻结期限内金融机构不得自行解冻。

有权机关在冻结、解冻工作中发生错误,其上级机关直接作出变更决定或裁定的,金融机构接到变更决定书或裁定书后,应当予以办理。

协助扣划时,应当将扣划的存款直接划入有权机关指定的账户。有权机关要求提取现金的,金融机构不予协助。

两个以上有权机关对同一单位或个人的同一笔存款采取冻结或扣划措施时,金融机构应当协助最先送达协助冻结、扣划存款通知书的有权机关办理冻结、扣划手续。两个以上有权机关对金融机构协助冻结、扣划的具体措施有争议的，金融机构应当按照有关争议机关协商后的意见办理。

(六)有权机关

下列机关具有查询、冻结或者扣划存款的权力(见表 2-1)，以后法律、行政法规的有关新规定，从其规定。

表 2-1 有权查询、冻结、扣划单位、个人存款的执法机关一览表

单位名称	查询		冻结		扣划	
	单位	个人	单位	个人	单位	个人
人民法院	有权	有权	有权	有权	有权	有权
税务机关	有权	有权	有权	有权	有权	有权
海关	有权	有权	有权	有权	有权	有权
人民检察院	有权	有权	有权	有权	无权	无权
公安机关	有权	有权	有权	有权	无权	无权
国家安全机关	有权	有权	有权	有权	无权	无权
军队保卫部门	有权	有权	有权	有权	无权	无权
监狱	有权	有权	有权	有权	无权	无权
走私犯罪侦查机关	有权	有权	无权	无权	无权	无权
监察机关(包括军队监察机关)	有权	无权	无权	无权	无权	无权
审计机关	有权	无权	暂停结算	无权	无权	无权
工商行政管理机关	有权	无权	无权	无权	无权	无权
证券监管管理机关	有权	无权	有权	有权	无权	无权
银行业监督管理机关	有权	无权	无权	无权	无权	无权

【小资料】

会计档案管理

会计档案是银行各项业务活动的会计记录，也是银行的重要史料和证据，包括会计凭证、会计账簿、会计报告和其他应当保存的会计资料。

会计档案采用纸介质和磁介质两种方式保管。纸介质是以纸张方式保管的，主要包括凭证、账簿和报表等会计档案；磁介质是指以磁带、磁盘、光盘、缩微胶片等方式存储的，主要包括凭证影像及分户账、总账、报表和机制登记簿等电子数据。

纸介质和磁介质两种方式保管的会计档案具有同等的效力，除原始记账凭证、手工登记簿等必须以纸介质方式保管的会计档案外，其他种类的会计资料在能够满足会计档案的

保管、调阅、打印等要求的前提下可以采用磁介质方式保管。

会计档案的保管期限分为永久保管和定期保管两类,定期保管期限为 3 年、5 年、10 年和 15 年。会计档案的保管期限,从会计档案形成的年度终了后的第一天算起,如有必要可以延长,但不可以缩短。

【课堂讨论】

结合《中华人民共和国反洗钱法》,讨论客户身份识别和信息管理的重要意义。

本 章 小 结

银行柜台业务管理规定	柜员管理	柜员分类和权限管理	柜员主要分为前台柜员、营业经理(主管柜员)、监督柜员等 柜员权限由营业机构级别、柜员代号、柜员所属部门、柜员级别、交易性质、交易现金金额和转账金额等因素决定
		柜员身份认证	柜员身份认证目前主要有权限卡认证和指纹身份认证两种方式
		柜员交接管理	柜员工作岗位变动及各类与会计业务有关的实物发生转移都必须办理交接,交接手续要严密,交接记录要完整、清晰,交接双方及监交人必须当面进行核对并签章确认
		柜员合规行为管理	基本原则:诚实守信、守法合规、公平竞争、业务规范 包括存款业务、结算纪律、其他禁止性行为
	重要凭证和印章管理	重要空白凭证管理	包括领用、出售、签发、收回的管理
		会计印章管理	会计印章包括会计业务印章、个人用章
	客户和账户管理	客户身份识别和信息管理	银行按规定进行客户身份识别、持续性身份识别和客户信息管理
		单位结算账户管理	包括基本规定、开立、使用、变更与撤销
		个人结算账户管理	包括基本规定、有效身份证件、个人银行结算账户使用、变更与撤销
		协助查询、冻结、扣划工作管理	包括基本规定、审查、登记、查询、冻结和扣划、有权机关

第二章 银行柜台业务管理规定

一、单项选择题

1. 能办理现金支取的账户是( )。
   A. 基本存款账户　　　　　　B. 一般存款账户
   C. 专用存款账户　　　　　　D. 临时存款账户
2. 个体工商户凭营业执照以字号或经营者姓名开立的银行结算账户纳入( )结算账户管理。
   A. 单位　　　B. 个人　　　C. 临时　　　D. 其他
3. 存款人开立单位银行结算账户,自正式开立之日起( )个工作日后,方可办理付款业务。
   A. 1　　　B. 3　　　C. 7　　　D. 10
4. 存款冻结的期限最长为( )。
   A. 3个月　　　B. 4个月　　　C. 6个月　　　D. 1年

二、判断题

1. 柜员轮班时要办理交接。　　　　　　　　　　　　　　　　　　( )
2. 授权人与经办人在办理某些业务时必须分离。　　　　　　　　　( )
3. 授权人必须在核定权限范围内履行授权职责,不得无故拒绝授权或超权限。
   　　　　　　　　　　　　　　　　　　　　　　　　　　　　　( )
4. 超限额的存、取款业务需要实时复核。　　　　　　　　　　　　( )
5. 每日营业终了,必须核对重要单证,其方式是核点各类重要单证的库存数量、号码,与重要单证登记簿核对相符。　　　　　　　　　　　　　　　　　　( )
6. 具有查询、冻结权力的机关有人民法院、海关和审计机关。　　　( )

三、简答题

1. 柜员权限的控制方式主要有哪几种?
2. 柜员交接有哪些基本内容?
3. 在办理结算业务时要遵循哪些结算纪律?
4. 柜员在签发重要空白凭证时要遵循哪些规定?
5. 出现哪些情况时,应当重新识别客户?
6. 结算账户分为哪几种?

实 训 课 堂

实训项目 1：柜员交接管理
    要求：按规定进行柜员交接
    学时：1 学时

实训项目 2：重要空白凭证管理
    要求：按规定进行空白重要凭证的领用、出售和签发
    学时：1 学时

第三章

银行柜台业务基本流程和规范

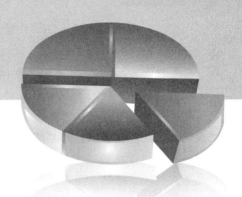

本章精粹：

- 柜台业务规定
- 特殊业务处理
- 一般现金收付业务
- 柜台服务规范

中国银行业柜面服务规范

2009年7月7日,中国银行业协会为了进一步规范银行柜面的服务,制定了《中国银行业柜面服务规范》,并下发到各家银行。

根据该规范,银行要设立大堂服务人员,客户到来时,应站于岗位,微笑迎接客户,并做到"来有迎声,问有答声,走有送声"。柜员在接待客户时,应面带微笑,主动向前倾身或站立,规范接交客户的单据、证件、现金等物品,并要求双手接递。尤其要注意的是,为了缩短客户等待的时间,要求银行柜员只能利用间歇时间处理轧账,且柜员轧账须在柜台无客户情况下进行,不应出现柜员为轧账或处理内部事务而随意停办业务的现象。

思考:银行柜台业务要遵循哪些规范?

柜台业务　基本流程　现金业务　服务规范

第一节　银行柜台业务基本流程

一、柜面日初操作

(1) 全体营业人员应至少提前15分钟到达网点,做好营业前准备工作。

(2) 双人同时进入营业场所,并立刻撤除自动报警装置,改为手动启动状态,双人开启监控录像,进行安全检查,并做好安全检查记录:检查报警铃等安全防卫器具是否正常、完好,检查二道门锁是否完好,周边环境是否存在安全隐患。

(3) 清洁环境:清洁门口卫生和大堂卫生,清洁各种设备、机具,清洁并整理各种宣传资料;清理柜台,查看办理业务需用的各类凭条、腰条、各类办公用品、客户用的笔和墨是否准备齐全。

(4) 检查自身着装并挂好工号牌,做到整洁、庄重、规范;检查随身携带的物品、用具是否符合要求。

(5) 开启终端、打印机、点钞机、对讲机等设备,检查系统、设备是否正常工作。

(6) 库车到达,双人接库:先核实交接员身份,检查每个钱箱是否完好无损,然后在通勤门内监控下,办理交接手续。

(7) 系统签到:营业经理(会计主管)先授权签到,然后柜员签到。

(8) 领取钱箱：柜员经营业经理授权后，领入电子钱箱。如果是连续使用同一钱箱两天以上的，须交叉发放电子钱箱。

(9) 碰库：柜员签到后应立即按"一日三碰库"的日初碰库要求进行碰库，确保对外营业前现金、重要空白凭证、业务印章等重要物品齐备无误。会计主管必须对柜员营业前碰库进行监督，发现不符应立即查找原因，并及时向上级行报告。

二、一般柜面业务处理流程和规定

1. 一般柜面业务处理流程

一般柜面业务处理流程见图3-1。

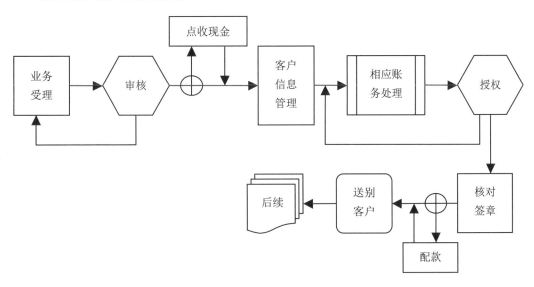

图3-1 一般柜面业务处理流程

2. 一般柜面业务处理应遵循的基本规定

(1) 柜员必须根据合法、有效的原始凭证按照系统操作规定输入业务信息。

(2) 柜员根据每笔业务的类型和核算要求必须选择正确交易码进行账务处理。

(3) 每笔业务的办理，必须有账有据。

(4) 一般业务先记账后复核，超过柜员操作限额的须当场授权。

(5) 业务处理顺序：现金收入，先收款后记账；现金支出，先记账后付款；资金划收，先收报后记账；资金划付，先记账后发报；转账业务，先记借后记贷；代收他行票据，收妥入账。

(6) 柜员不得擅自取消和中断记账交易中正在打印的凭证，对柜面记账后产生的凭证、回单或文本妥善进行保管，并按不同用途及时分发处理。

(7) 办理业务必须坚持一笔一清、台面理清、内外分清。

三、特殊业务处理

特殊业务是指错账、挂账和有权机关的查询、冻结、解冻和扣划业务。错账冲正、挂账业务必须经营业经理(会计主管)审核盖章并授权后才能办理，挂账处理必须手续严密、因果清楚、处理及时，其中正常结算性挂账及系统挂账必须于次日(节假日顺延)处理完毕。挂账业务按具体业务管理规定进行办理。有权机关的查询、冻结、解冻和扣划业务按国家有关规定办理。

(一)错账的处理

1. 临柜错账的分类

按错账的原因可分为柜员操作失误引起的错账和原始凭证填错引起的错账，按错账发现的时间可分为当日错账、次日及本年错账、以前年度错账等。

2. 临柜错账处理的原则

(1) 错账处理必须填制相关记账凭证，经会计主管审批、授权后，方可作错账调账处理。

(2) 发现当日存取款操作错误，必须经客户同意并追回错误存折(单)、国债收款凭证、客户回单后，方可进行抹账交易，抹账后涉及现金退回的，应由客户签收。

(3) 抹账仅限于银行内部经办人员在办理业务时操作有误时使用。严禁应客户的要求将操作正确且记账成功的业务做抹账处理。

(4) 对因凭证金额或账号填错，账随之记错的内部当日错账，应先更正凭证，再作抹账处理。对抹账涉及重要空白凭证作废的，应将作废凭证号码抄录在抹账记账凭证上，并登记《重要空白凭证登记簿》。

(5) 单折和借记卡通存通兑业务、现金管理网内收付业务、联行业务、代理业务、中间业务发生错账，经办人员及系统管理人员不得随意进行账务更改或调整，应及时向上级行或对方网点发出查询要求，查找原因，根据差错情况，及时与客户联系确认，进行相应的处理。

(6) 错账冲正采用全额冲正的办法，不得差额冲正。

3. 错账处理的方法

(1) 当日发现的错账采用抹账的方法进行处理。抹账时由原经办柜员选择抹账交易，打印抹账记账凭证，与原错误凭证要素核对无误后，在原错误的记账凭证上用红字批注抹账原因和"已用×××(抹账记账凭证号)抹账"字样。

对抹账后需重新记账的,应在新记账凭证上用红字批注"重记×××(原错误记账凭证号)错账"字样;在原始凭证摘要栏上用红字批注"×××(重新记账凭证号)重新记账"字样,原始凭证附原错误记账凭证后。

(2) 对次日及在本年内发现的错账采用同方向红、蓝字冲正的方式进行处理。错账冲正时,必须按"先贷方红字或借方蓝字,后借方红字或贷方蓝字"的顺序进行多笔冲正处理。填制红、蓝字记账凭证,经会计主管审核批准后,先选择"冲正"交易补记正确账务,再在摘要栏用红字注明"补记×年×月×日×××(原错账记账凭证号)错账"字样,并在原错误记账凭证摘要栏用红字注明冲正原因及"已于×年×月×日×××(补正记账凭证号)补正"字样。

(3) 本年度发现以前年度错账,应填制蓝字反方向记账凭证进行处理,损益类错账视同当年错账处理。如因冲正而发生反方向余额时,账户余额用红字反映,科目余额轧差反映,不得更改决算报表,其余操作手续比照次日及本年发现的错账处理。

(二)挂账处理

挂账是指在业务经营过程中由于各种原因发生的各种应收应付款项的账务处理。各种业务的挂账必须明确挂账原因,严格审批权限,在规定的时间内及时处理。挂账时应在一式两联记账凭证上填明挂账的时间、金额、挂账原因等要素并由审批人签章后进行账务处理,一联作记账柜员当日传票;一联作卡片专夹保管,作为挂账核销时的附件。

1. 正常结算性挂账处理

正常结算性挂账由会计主管审批并登记后交柜员办理。所挂账务原则上必须于次日(节假日顺延)处理完毕。挂账核销时,由会计主管销记原挂账记录并在原挂账记账凭证(卡片)上签章后交柜员办理挂账销账。

2. 临柜差错挂账处理

(1) 对于当日无法结清的过渡业务,由会计主管审批后进行挂账处理,次日查清后将挂账原因和处理结果按差错挂账的规定上报管辖行备案。

(2) 临柜差错挂账必须认真查清差错原因并及时销账。对于挂账后形成损失的,核销时按财务制度执行。

(三)查询、冻结、解冻与扣划

在接到协助查询、冻结、扣划的通知书后,经办人员应当认真审核,及时办理,不得拖延时间;在收到协助冻结、扣划通知书后不得扣划应当协助执行的款项用于收贷收息;不得通风报信,帮助隐匿或转移存款。

协助有权机关查询、冻结银行卡存款和通存通兑活期存款时,必须做完冻结处理后,再填写相关回执单。协助执行完成后应详细登记的内容有：有权机关名称、执法人员姓名和证件号码、金融机构经办人员姓名、被查询、冻结、扣划单位或个人的名称或姓名、协助查询、冻结、扣划的时间和金额、相关法律文件名称及文号、协助结果等。

1. 协助查询单位、个人存款

(1) 经受理有权机关查询单位、个人存款时，柜员审查无误并请有权签字人签字后办理。法院查询审查无误后应直接办理。

(2) 查询范围。银行提供给有权机关查询的资料只限于被查询单位或个人在查询行及其辖属机构的存款资料，包括被查询单位或个人开户、存款情况以及与存款有关的会计凭证、对账单等。对于上述资料应如实提供，有权机关根据需要可以抄录、复制、照相，但不得带走原件。

(3) 有权机关在查询单位存款时，应提供单位的户名和账号。只提供被查询单位名称而不能提供账号的，金融机构应当根据账户管理档案积极协助查询，没有所查询的账户的，应如实告诉有权机关。

(4) 有权机关在查询个人存款时，应当提供被查询人的姓名、账号或卡号。不能提供账号或卡号的，必须同时提供存款人的姓名和身份证号码。如有权机关只提供姓名这一线索要求查询个人存款的，可能造成查询错户，侵犯其他存款人的合法权益，柜员应退还查询通知书并予以说明。

2. 协助冻结单位、个人存款

(1) 柜员审核确认被执行单位或个人的开户行名称、户名、账号、大小写金额及相关法律文书等内容齐全无误并请接待部门负责人签字后，方可办理单位、个人存款的冻结。冻结单位和个人存款需到开户网点办理。

(2) 冻结单位或个人存款的最长期限为6个月，期满后可以续冻。有权机关应在冻结期满前办理续冻手续，逾期未办理续冻手续的，视为自动撤销冻结，在冻结到期日柜员手工进行解冻。

(3) 已被冻结的存款，其他执行机关要求再行冻结的，也应予以配合，在回执单上注明已被××法院冻结及金额。

3. 协助扣划单位、个人存款

(1) 柜员审核确认被执行单位或个人的开户行名称、户名、账号、大小写金额及相关法律文书等内容齐全无误并请接待部门负责人签字后办理。办理单位或个人存款的扣划，扣划时应将扣划的款项直接划入执行机关账户；有权机关指定其他账户或要求提取现金的，柜员不予协助。扣划单位和个人存款需到原开户网点办理。

(2) 柜员在办理扣划业务时，如对执法人员的身份有疑问时，可通过查询核实有权机关本次执法人员身份、人数及办理事项的真实性。征得有权机关经办人员同意后，留下其工作证件复印件，处理完毕，将电话号码、核实结果、工作证件复印件和法律文书记录粘贴在登记簿上。电话核实必须在执法人员视线范围内，以免造成误解。

4. 协助解冻单位、个人存款

冻结期内，原冻结机关要求解除冻结的，柜员应审核原冻结机关出具的解除冻结通知书和执法人员的工作证件和执行公务证，审核无误并请接待部门负责人签字后办理。柜员不受理有权机关执法人员以外的人员代为送达的上述通知书。解冻单位和个人存款需到开户网点办理。

四、柜面日终操作

(一)柜员平账与签退

1. 平账查询

柜员先检查是否有未复核的流水，如有，应及时交复核柜员复核。然后检查柜员平账器，轧平当天账务，如果账务不平，必须查找错账并作账务调整。

2. 账实核对

(1) 核对现金。柜员查询系统中的现金箱余额，清点现金箱，检查现金箱是否超限额，超限额现金应及时入库或上缴；查询库存现金余额，清点库存现金，核对库存现金账实是否相符。

(2) 核对重要空白凭证。柜员查询系统中的凭证数量，清点凭证箱，查询销号和核对库存重要空白凭证账实是否相符。

(3) 核对有价单证。核对未发行的有价单证实物与表外分户明细余额是否相符。

3. 清点印章

柜员应逐个清点本人保管的业务印章和个人名章，检查是否齐全。

4. 传票整点

核对记账凭证与原始凭证是否相符。将记账凭证按柜员传票号顺序整理，逐笔核对记账凭证记录的各项处理记录与原始凭证是否相符，核对传票号是否连续。

5. 柜员签退

柜员打印日终平账报告表后签章，正式签退。

6. 换人复核

(1) 复核员当面碰库，核对现金、重要空白凭证和有价单证。

(2) 核对柜员传票号是否连续；末笔交易传票号与日终平账报告表传票张数是否相符，

核对无误后在末笔交易凭证传票号下方注明"末笔"字样并签章；在日终平账报告表清点人处签章。日终平账报告表连同按传票号顺序排列的记账凭证与原始凭证及附件交会计主管审核。

7. 上缴电子钱箱

对实物钱箱双人双锁上缴，并同时收缴各柜员的电子钱箱。

(二)网点平账签退

(1) 平账检查。营业终了，应检查柜员是否已全部平账，其他签到柜员是否已正式签退，部门是否已全部平账。然后进行联行业务查询和系统内往来资金核对。

(2) 会计主管网点平账签退。

(三)安全检查

进行清场处理，检查水电等设施，报警装置设为自动报警状态。

【小资料】

账务核对

账务核对是保证核算正确，防止账务差错的重要措施之一。账务核对应坚持记账和对账岗位相分离，收回对账单换人复核的原则。为明确责任，账务核对人员在核对后，应在有关账、表、簿、卡上登记核对结果并签章。

账务核对按对账形式分内部账务核对和银客账务核对。内部账务核对是指银行账务组织中的账账核对、账款核对、账卡(簿)核对、账实核对、账表核对等。银客对账包括单折户、银行卡账户、单位结算账户、单位定期存款账户、公司贷款账户、同业账户等的对账。银客对账单原则上采用系统打印，不允许手工签发。

账务核对按对账频率可分为每日核对和定期核对。

【课堂讨论】

试讨论日初、日终进行安全检查的重要意义？

第二节 现金收付业务基本规范

一、基本规定

(1) 现金业务必须坚持"当日核对、双人管库、双人守库、双人押运、离岗必须查库"的原则，做到内控严密、职责分明。

(2) 现金收付必须坚持"收入现金先收款后记账,付出现金先记账后付款"的原则。

(3) 现金收付坚持做到收款当面点清、金额当面问清、钞券当面交清。

(4) 现金清点必须在有效监控和客户视线以内,做到当面点准、一笔一清、一户一清。调入的整捆现金应在有效监控下拆把清点细数后才能对外支付。

(5) 现金清点按"三先三后"程序操作,先点大数(卡捆、卡把),后点细数;先点主币,后点辅币;先点大面额票币,后点小面额票币。

(6) 柜员必须坚持"一日三碰库"制度。

(7) 每日平账后,库房管理员应清点、核对各币种的库房现金。

(8) 加强对现金支付交易的监督管理,防范利用银行支付结算进行洗钱等违法犯罪活动,对于大额和可疑的现金支付交易按照《人民币大额和可疑支付交易报告管理办法》执行报告制度。

二、一般现金收付业务

(一)现金收入

1. 业务受理

柜员接受客户交存的现金和现金收款凭证,免填单续存业务则接受客户交存的现金和存折或银行卡。

2. 业务审核

审核客户填写的现金收款凭证必须要素齐全,日期、收款人户名、收款人账号等应该正确清楚,大小写金额、凭证各联次金额应当一致,且无涂改。

3. 业务处理

(1) 初点。按款项券别顺序点收,先点卡捆、卡把过大数,后点尾数,核对总数,与现金收款凭证金额核对相符。

(2) 清点。现金按券别依次逐张清点细数并挑残、辨假。款项未点清前不准与其他款项调换和混淆。清点中发现有误,当即向交款人声明,并将凭证和款项一并退回客户。

(3) 交易处理。柜员选择相应的现金存入交易处理,按实际收取的现金券别张数进行配钞并选择正确的币种;大额现金存入时,授权人应对卡把人数核对现金,检查输入要素与原始凭证是否相符,无误后进行授权。经办人员在对打印的内容与原始凭证核对无误后,在收款凭证上加盖现金收讫章(或业务清讫章)和个人名章,现金收款凭证回单联交客户收执。

如果是免填单业务,柜员选择相应的现金存入交易处理,按实际收取的现金券别张数进行配钞并选择正确的币种;大额现金存入应获得授权。经办人员、授权人必须对打印的内容进行审核，重点审核存取款方向、现金实物是否正确等，在记账凭证上加盖现金收讫章和经办人员、授权人名章；打印的凭证交客户签字确认并收回，核对客户签名后将存折(银行卡)、回单联等交客户收执。如发现与存折(银行卡)姓名不符，提请客户出示身份证件，并摘录身份证件号码。

(二)现金付出

1. 业务受理

柜员受理客户递交的现金取款凭证，免填单业务则接受客户递交的银行卡(存单、存折)。

2. 业务审核

审核客户填写的现金取款凭证必须要素齐全、正确清楚，大小写金额一致，出票金额、出票日期、收款人名称不得更改，现金支取应符合现金管理和账户管理的规定，大额现金支付必须经有权人批准。

3. 业务处理

柜员选择相关现金取款交易，打印记账凭证，与现金付款凭证核对无误后，按金额由大到小逐位配款，配零头现金要拆把、不得抽张，并点验正确。大额现金付出时，授权人检查输入要素与原始凭证是否相符，并对卡把大数核对现金，然后进行授权，无误后在记账凭证的复核处签章。经办人员对记账凭证交易记录与现金付款凭证有关要素核对一致后，在记账凭证上加盖经办人员名章；在现金付款原始凭证上加盖现金付讫章(或业务清讫章)、经办人员名章，附在记账凭证后面。

如果是免填单业务，经办人员和授权人员需对客户口述业务内容及交易金额进行确认且必须对打印的内容进行审核，重点审核存取款方向、现金实物是否正确以及打印的账(卡)号与存单、存折(银行卡)是否一致等，将记账凭证交客户签名确认并核对签名。

4. 复点付款

按照现金取款凭证的金额复点现金无误后将款项交取款人，并提示其当面点验。

三、其他现金业务

(一)假币收缴

1. 基本规定

(1) 收缴假币的柜员必须具备上岗资格，并持有人民银行统一颁发的《反假币上岗资格证书》。

(2) 收缴假币必须当面收缴，即收缴的操作(如盖戳、封装等)须在货币持有人视线范围内和有效监控下进行。

(3) 实际收缴过程中，持有人对认定的假币要求拿回再辨认时，收缴人员可隔着柜台玻璃供其辨认，假币不能出柜。

(4) 假币收缴后，柜员应向持有人说明其有申请鉴定的权力。如果对没收的货币真伪有异议的，可在三个工作日内申请鉴定，人民币真伪鉴定机构为人民银行当地分支机构，外币真伪鉴定机构为中国银行县级以上机构。

(5) 对盖有"假币"戳记的人民币纸币，经鉴定为真币的，由鉴定单位交收缴单位按照原面额兑换给持有人，收回持有人的"假币收缴凭证"，盖有"假币"戳记的人民币按损伤人民币处理；经鉴定为假币的，由鉴定单位予以没收，并向收缴单位和持有人开具"货币真伪鉴定书"和"假币没收收据"。

(6) 对收缴的外币纸币和各种硬币，经鉴定为真币的，由鉴定单位交收缴单位退还持有人，并收回"假币收缴凭证"；经鉴定为假币的，由鉴定单位将假币退回收缴单位依法收缴，并向收缴单位和持有人出具"货币真伪鉴定书"。

2. 假币没收的处理

(1) 柜员在办理柜面现金业务时，如发现假钞必须由两名以上营业人员同时认定后予以收缴，并向客户说明情况，追查来源，在假钞正面和背面加盖"假币"戳记；对假外币纸币及各种假硬币，应当面以统一格式的专用袋加封，封口处骑缝加盖"假币"戳记，并在专用袋上标明币种、券别、面额、张(枚)数、冠字号码、收缴人、复核人名章等细项。

(2) 柜员进行假币没收交易，填写一式二联"假币收缴凭证"，注明客户名称(单位)、身份证件名称、号码及被没收假币的币种、券别、版别、数量、金额、冠字号码、制作方式等。在"假币收缴凭证"上加盖业务公章、经办人名章及复核员名章，第一联"假币收缴凭证"与假币一并专夹保管，第二联交客户，并告知客户如有异议，应在收缴 3 个工作日内按规定程序申请鉴定。

(3) 假币入库。

(二)票币兑换

(1) 票币兑换坚持"先收款后兑付"的原则办理。

(2) 客户要求办理大小面额票币兑换时，应说明需兑换的券别、金额，将现金交柜员，柜员必须手工清点、逐张辨别真假，无误后配款并进行复点，然后将现金交客户。

(三)残损票币的处理

残损人民币是指票面撕裂、损缺，或因自然磨损、侵蚀，外观、质地受损，颜色变化，图案不清晰，防伪特征受损，不宜再继续流通使用的人民币。

1. 残损人民币的兑换标准

残缺、污损人民币兑换可分"全额兑换""半额兑换"两种情况。

(1) 能辨别面额，票面剩余四分之三(含四分之三)以上，其图案、文字能按原样连接的残缺、污损人民币，可按原面额全额兑换(见图3-2)。

图3-2 全额兑换

(2) 能辨别面额，票面剩余二分之一(含二分之一)以及至四分之三以下的，其图案、文字能按原样连接的残缺、污损人民币，按原面额的一半兑换(见图3-3)。

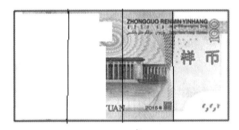 

图3-3 半额兑换

(3) 纸质呈正十字形缺少四分之一的，按原面额的一半兑换(见图3-4)。

图3-4 十字形四分之一缺损

(4) 兑付额不足一分的，不予兑换；五分按半额兑换的，兑付二分。

(5) 不予兑换的残缺人民币包括：票面残缺二分之一以上者，票面污损、熏焦、水湿、油渍、变色、不能辨别真假者，故意挖补、涂改、剪贴、拼凑、揭去一面者。

2. 业务处理

(1) 挑剔。柜员对客户交来的损伤币，按照损伤币的挑剔标准进行挑剔。

(2) 兑换。柜员对客户交来的损伤币经挑剔后，按照残损人民币的兑换标准进行兑换。

(四)错款处理

(1) 发生长款，应暂列其他应付款待查，不准溢库；发生短款，应暂列其他应收款待查，不准空库。不得私吞长款或以长补短，更不得以短款支付或夹带假币付出。

(2) 技术性错款以及误收确实难以辨认的假币，经审批后，报损或收益，不得以长补短。

(3) 责任事故错款，应追究责任人的经济责任，并视情节轻重、数额大小给予相应的处分。

(4) 属于贪污、自盗、挪用性质的错款，应向有关人员追回款项，并给予其相应的处分；触犯刑律的，移交司法部门处理。

(五)现金整点

(1) 挑净。拆把清点过程中要将损伤票币挑剔干净，并符合人民银行规定的票币整洁度标准；硬币与纸币要分别整理，流通券和损伤券要按券别、版别分别整理，上交人民银行回笼券按当地人民银行的要求整理。

(2) 点准。纸币每一百张为一把，十把为一捆；硬币每一百枚或五十枚为一卷，每捆十把(卷)，不得多、缺。

(3) 墩齐。钞票要平铺，每一把票币中间不得有折叠，要墩齐。

(4) 捆扎紧。扎把的腰条应根据人民银行规定按流通券或损伤券的标准方法扎紧，捆扎成双十字形；应在每捆绳头结扣处粘贴封签，注明行号、券别、金额、封捆日期，盖封捆人名章。不得将糨糊直接刷在票币上，以免污损票币。

(5) 盖章清晰。每把的整点人名章、封捆人名章都要盖在规定的位置，印章必须带行号，且清晰可辨，做到谁经办、谁盖章、谁负责。

(6) 细数未点清前不得将原捆把的封签、腰条丢毁，不得与其他票币调换或混淆。

【小资料】

假币报警

在收缴假币过程中有下列情形之一的，应当立即报告当地公安机关，提供有关线索。

(1) 一次性发现假人民币20张(枚)(含20张、枚)以上、假外币10张(枚)(含10张、枚)以上的；

(2) 属于利用新的造假手段制造假币的；

(3) 有制造贩卖假币线索的；
(4) 持有人不配合金融机构收缴行为的。

【课堂讨论】

如何更好地做好人民币反假工作，维护人民币流通秩序？

第三节 柜台服务规范

一、柜台服务理念

银行业是一种服务性行业，银行提供和出售的不是有形的生产性商品，而是无形的金融服务性商品，即某些特定的金融服务，它是维系银行与客户关系的基本纽带。银行员工必须牢固树立"服务就是竞争力""服务无小事""服务无止境"的服务意识，实现从"银行的服务"到"服务的银行"的转变。

1. 因您而变

"因您而变"理念的核心是"变"，而"变"的实质就是创新，是一个不断追求的持续创新过程。关键是要把握好：突出业务特色、注重市场细分、形成特色品牌、发挥科技优势等。

2. 以客户为中心

"以客户为中心"倡导为客户提供差别化、人性化服务：根据客户的需求开发服务产品、创新服务功能；抓好服务细节，做到"语言无障碍、标识无障碍、业务办理无障碍"；服务操作要本着有利于处理流程的简化、服务效率的提高和便于客户知晓和理解的原则，尽可能地提高业务处理效率，减少客户在营业网点的滞留时间。

3. 客户永远是对的

"客户永远是对的"是一种服务要求，在逻辑上并不具有真理性。它的含义体现在以下三个方面。

(1) 客户的正确批评是我们改进服务的动力，要虚心接受和认真解决；
(2) 客户的误解性批评多数是善意的，需要引起我们的注意；
(3) 非原则问题与客户争辩最终将导致客户离去，受损失的还是自己。

4. 我们永远不说：不

基本含义是我们永远不让客户感到失望。

具体含义从以下三个方面解析。

(1) 在为客户服务时，绝对不说"不知道、不清楚、不是我的职责"等正面回绝客户的语言；

(2) 要按"首问负责制"的要求，主动热情地帮助客户解决遇到的问题；

(3) 确实遇到自己不清楚或职责范围以外的问题，要为客户明确继续解决问题的方向，发送可能帮助客户的信息。

5. 100－1＝0

这是服务行业通用的服务效应原理，基本含义是优质服务必须坚持一贯，如果在100次服务中，仅有一次没让客户满意，客户往往记住的就是这一次，由此伤害客户，也就失去了客户，我们的服务效果就等于0。

6. 1=353

这是一个反映服务效应原理的经验公式，其含义是有一名客户直接表示不满，可能会失去353个客户；真诚服务1名客户，可能会吸引来353名客户。

二、银行柜台服务规范

(一)组织管理

(1) 服务管理实行"统一标准，归口管理，分级负责"的体制。"统一标准"是指各银行统一制定柜面服务的相关管理制度和标准；"归口管理"是指各级机构应指定部门牵头负责服务管理工作；"分级负责"指各级机构应对辖内服务管理工作负责。

(2) 各银行要合理设置营业网点服务工作岗位，明确岗位职责和分工。一般情况下标准营业网点柜面人员可设置如下岗位。

① 大堂服务人员。大堂服务人员在营业前要做好各项准备，在营业期间要主动迎送、引导分流客户，指导客户办理业务，提供咨询服务，积极为客户解决问题，维护营业秩序。

② 柜员。柜员主要负责处理日常交易业务，要做到服务热情、操作熟练、回答客户问题及时准确。

③ 个人客户经理。个人客户经理要遵照监管部门相关规定做好金融产品的销售工作，做到诚信、专业、严谨、周到。销售基金、理财产品、保险产品时，要做好客户风险评估，充分揭示风险，严禁误导客户和夸大产品收益率。

(3) 服务流程管理。根据自身业务特点，从客户角度出发，制定科学的柜面服务流程，积极进行新产品的开发、新技术的推广和新设备的应用，为客户提供更全面、更便捷的多元化服务。在防范风险的前提下，不断完善系统功能，优化服务流程，充分发挥自助设备、电子银行等渠道的功能，大力推行离柜业务，提高服务效率。

(4) 完善激励约束机制，把服务作为重要考核内容之一，保证考核公平、公正，保持服务质量稳定。

① 建立科学的多层级服务激励机制，定期开展服务考核评比和表彰奖励。倡导开展服务等级的动态管理。

② 建立服务违规行为约束机制，对违反服务制度、规范的机构及人员进行相应惩处。

③ 建立服务情况定期通报制度，其基本内容应包括检查情况、客户投诉、服务奖惩、问题分析与建议等。

(5) 建立服务应急处理机制，定期开展相关培训与考核，提高服务人员应急处理能力。

(6) 定期开展客户满意度调查，通过对客户满意度调查结果的分析和研究，发现问题，不断改进服务，创新服务内容、形式和手段，拓宽服务渠道和空间，提高服务质量和客户满意度。

(二)服务环境

1. 服务环境基本要求

营业网点要保持明亮、整洁、舒适，物品摆放实行定位管理。

2. 网点标牌和标识

制定营业网点视觉形象标准，行标、行名、营业时间等标识牌要规范统一。在规定位置悬挂营业执照、金融经营许可证等证照，在合适位置设置安全提示。

3. 客户服务设施

营业网点要合理配置客户服务设施及无障碍设施。可提供点(验)钞设备、书写用具、老花镜、等候座椅、防滑垫等服务设施。要提供书写整齐规范的单据填写范例。在网点醒目位置放置意见(评价)簿，并公示客户服务电话。

4. 金融信息及营销材料

营业网点要及时向客户提供准确的利率、外汇牌价、服务价格等公示信息。各种公告、海报、折页等宣传资料要符合有关规定，并及时更新。

5. 网点功能分区设置

各银行要根据营业网点实际情况合理设置功能分区。可设置现金区、非现金区、自助服务区、高端客户服务区和等候区等区域。

6. 自助服务区

自助服务区内应公示自助设备名称、操作使用说明、受理外卡等中英文对照服务信息；自助机的界面应显示安全提示和24小时服务电话。

(三)服务标准

1. 基本原则

深入贯彻以客户为中心的服务理念,为客户提供优质、规范的服务。

2. 职业道德

(1) 忠于职守、爱岗敬业。
(2) 精诚合作、密切配合。
(3) 诚信亲和、尊重客户。
(4) 求真务实、不断创新。

3. 服务要求

(1) 真诚服务。热情接待客户,语言文明,耐心解答客户疑问,塑造以诚待人、以情动人的服务形象。
(2) 文明服务。坚持微笑服务,提倡使用普通话,做到"来有迎声、问有答声、走有送声"。
(3) 规范服务。严格按照相关业务规章及操作流程,准确、快速地办理业务。
(4) 优先服务。当解决客户服务需求与处理行内事务发生冲突时,应先解决客户服务需求,然后处理行内事务。
(5) 品牌服务。努力提高业务技能和综合素质,树立品牌服务意识。
(6) 安全服务。保证客户信息及资金安全,维护客户合法权益。

4. 服务效率

从客户需求出发,在控制操作风险、保证服务质量的前提下,提高业务处理速度。
(1) 根据业务量合理设置营业窗口。通过分析网点地理位置、客户群体性质及业务量历史数据,科学设置营业窗口和调配人员,缓解客户排队现象,缩短客户等候时间。
(2) 加强客户分流,维护营业秩序。在网点设置排队叫号设备,加强客户分流与疏导,保持网点内和谐有序。
(3) 科学设置弹性窗口,缓解柜面服务压力。针对业务量时间性波动较大的网点,适时增减弹性窗口,以降低员工劳动强度,提高服务质量。

5. 服务形象

(1) 示牌服务。柜面人员上岗须佩戴规范胸牌或摆放统一服务标识牌。
(2) 统一着装。柜面人员应按要求统一着装,保持服装整洁合体。
(3) 仪容仪表。柜面人员发式应端庄大方,佩戴饰物应简单得体,女员工应淡妆上岗。

6. 服务语言

(1) 服务语言要以普通话为主；如遇使用方言的客户，要以普通话首问，可根据客户回答情况调整用语。

(2) 语言要规范、准确、简洁，文雅礼貌，语句清晰，音量适中。

(3) 要善于倾听，言谈得体。

(4) 要坚持使用"您好、请、谢谢、对不起、再见"等文明用语。一般来说，不管目的为谁，只要劳驾客户时，都要在语言前面加个"请"字；不管什么原因，凡是没有满足客户要求时都要在语言前面加上"对不起"；不管目的为谁，只要客户满足了员工提出的要求都要说一声"谢谢"。

(5) 避免使用专业术语，以便于客户理解。

7. 服务操作

1) 营业前准备

(1) 提前做好营业前准备工作，保持良好的精神状态，确保设备和系统处于正常状态。

(2) 营业网点负责人应在营业前召集全体人员召开晨会，检查仪表仪容，适时开展工作提示、文件传达、教育培训、服务讲评、情况交流等，并做好记录。

(3) 网点开门时，大堂服务人员应站于岗位，微笑迎接第一批客户。如客户较多，应采取提前发号等灵活措施，有效疏导客流。

2) 营业中操作

(1) 主动迎接客户。大堂服务人员应在见到客户的第一时间做出反应，主动上前询问业务需求，得到确切答复后做出具体指引。对老、弱、病、残、孕等特殊客户，应给予优先照顾，提供人性化关怀服务。柜员在接待客户时，应面带微笑，有目光交流，向客户礼貌问候，主动向前倾身或站立，规范接交客户的单据、证件、现金等物品。

(2) 分流、引导客户。对办理一定金额以下取款、特定缴费、查询、转账等业务的客户，大堂服务人员应引导其到自助服务区，必要时指导客户了解、掌握并自行完成自助交易；对其他客户，要询问客户业务需求、是否携带有效身份证件及资料，配合叫号分流至不同服务区或等候区，必要时指导客户填单。

(3) 维护营业场所秩序。大堂服务人员应注意维护业务秩序和客户等候秩序，缓解柜面压力。临时离开岗位时，应安排其他人员替岗。

(4) 主动识别客户。接待客户时应集中注意力倾听、有效询问、循序渐进地了解客户的需要，根据客户不同的需求类别，提供个性化服务。

(5) 双手接递。交接钞、单、卡、折或有关证件时，双手自然接交，给予必要的提示，对需要帮助的客户指导填单。

(6) 点验现金确保无误。点验现金应在客户视线及监控设备范围内进行。

(7) 妥善处理假币。发现假币时,应向客户说明认定为假币的依据,诚恳地向客户讲解识别假币的方法,按规定履行假币没收手续。

(8) 中断服务须及时明示。营业期间,柜员因故离柜中断服务,须及时明示,引导客户在其他柜台办理业务,以避免客户在无人柜台前等待。

(9) 利用间歇处理轧账。柜员轧账须在柜台无客户情况下进行。不应出现柜员为轧账或处理内部事务而随意停办业务的现象,特殊情况须征得网点负责人的同意。

(10) 主动提醒客户当面点验钱款。客户离柜前,必须主动提醒其在柜台前点验清楚,避免发生纠纷。如客户对现金数量提出异议,应为客户当面点验,确保准确无误。

(11) 对非受理范围内业务主动引导。对不属于自己职责范围的业务,应主动告知或请大堂服务人员引导客户至相关窗口(部门)办理。

(12) 送别客户体贴提示。柜员办结业务后,应向客户提示是否还需要其他服务,微笑提示客户带齐各类物品、保管好财物并向客户告别。

3) 营业后操作

(1) 登记待处理事项。

(2) 登记工作日志,为次日工作做好准备。

(3) 清理桌面,保持柜台环境整洁。

(4) 关闭日用设备、计算机及电源。

(四)服务培训

1. 服务培训机制

建立服务培训机制,定期组织服务培训和考核,主要包括服务技能和服务教育培训。

2. 服务技能要求

(1) 持证上岗,定期考核。各单位要严格规定柜面人员的上岗标准,要求持证上岗,定期对在岗人员进行考核,不合格者须离岗接受培训。从事基金、理财产品、保险等销售岗位工作的柜员,应取得相关销售资格及从业人员资格认证。

(2) 业务规章,遵照执行。熟练掌握与柜面业务相关的金融业务知识和规章制度,能够运用并解决实际工作中遇到的问题。

(3) 业务技能,勤学苦练。熟练掌握业务操作技能,准确识别假钞及伪造、变造的票据,熟练操作本岗位的各种机具、设备。

(4) 特殊语言,倡导掌握。倡导掌握外语、哑语等服务语言,实现语言无障碍服务。

(5) 加强学习,善于沟通。灵活掌握柜面服务技巧,具备良好的服务沟通能力。

3. 服务教育培训

(1) 培训形式与对象。服务教育培训应包括上岗前培训和在职教育培训。可采取授课、座谈、交流、问卷、短期脱产培训、集中听课、实地观摩先进网点或个人、集体讨论、撰写体会等多种形式。培训对象包括服务管理人员、柜面人员等。倡导采取建立档案、定期考核等形式强化教育培训的效果。

(2) 培训内容。服务教育培训的内容应包括员工职业道德、职业操守、合规制度、服务规范、服务礼仪与语言技能技巧等。要以预防为主,加强教育培训,建立员工心理保健机制。

(五)投诉处理

1. 明确职责,及时处理

服务管理部门要明确相关人员职责,制定并完善投诉受理流程。服务管理部门负责协调投诉涉及的各部门,全程督促相关部门在规定时限内处理投诉。做好客户投诉档案管理工作,做到有据可查。客户投诉和处理情况作为相关人员绩效考核内容之一。

2. 受理投诉,规范操作

1) 营业网点直接受理的客户投诉

(1) 投诉登记。柜面人员接到客户投诉后,要耐心倾听、详细记录,积极做出正面解释。不与客户争论,避免矛盾升级,产生不良影响。网点负责人应视情况主动出面调解和安抚;若超出网点负责人处理权限,要及时向上级服务管理部门汇报。

(2) 投诉调查。通过询问当事人,了解客户投诉的原因,初步判断是否为有效投诉,形成书面调查及处理结果,必要时向服务管理部门汇报。涉及重大责任事故或案件时,要及时上报有关部门。

2) 服务管理部门受理的客户投诉

(1) 投诉登记。各级服务管理部门接到客户投诉或相关部门转接的投诉,要认真对投诉情况进行登记,及时向负责人汇报。

(2) 投诉调查。服务管理部门要及时调查客户投诉情况,需要相关部门协助调查的,要及时通知相关部门,由相关部门了解投诉原因,形成书面调查结果,报服务管理部门。必要时服务管理部门可对投诉原因进行实地调查。

(3) 投诉处理。服务管理部门根据投诉调查情况,对责任人员提出处理意见,报相关部门进行处理。

3. 及时沟通,反馈结果

规定客户投诉受理及反馈时限。投诉调查结束后,要将调查及处理结果及时通过电话或登门告知客户,并与客户进行有效沟通,求得客户对柜面服务工作的支持。受理客户投诉后,如当天无法给予客户处理解决方案的,应及时告知客户投诉处理的进度,并向客户承诺再次回复的时间。

4. 总结完善，不断改进

要定期对客户投诉处理情况进行总结和分析，针对客户反映比较集中的问题，推动相关部门做好服务改进工作。

【小资料】

"站立服务"和"微笑服务"

实行站立服务和微笑服务是商业银行为实现优质服务对柜面员工提出的具体工作要求。

站立服务是指站立迎接客户和站立送别客户。站立的姿态要符合礼仪要求。通过站立服务体现银行员工对客户的尊重，反映银行员工良好的精神风貌。站立服务的频率要根据柜台高度和业务繁忙程度灵活掌握。

微笑服务是指员工在接待客户时对客户表现出自然的、亲切的、友好的面部表情。

微笑是相对于"冷面孔"而言的，并非一定让客户明显感觉到你在"笑"。通过微笑服务让客户感受到银行员工的亲切友好，与我们进行自然的情感沟通，奠定服务营销的基础。

【课堂讨论】

根据中国银行业协会印发的《中国银行业柜面服务规范》，试讨论我国银行业柜台服务存在哪些不足，如何进一步做好柜台服务？

本 章 小 结

银行柜台服务基本规范	银行柜台业务基本流程	柜面日初操作	安全检查、清洁环境、开启设备、双人接库、系统签到、领取钱箱、碰库
		一般柜面业务处理流程和规定	一般柜面业务处理流程和应遵循的基本规定
		特殊业务处理	特殊业务是指错账、挂账和有权机关的查询、冻结、解冻和扣划业务
		柜面日终操作	柜员平账与签退、网点平账与签退、安全检查
	现金收付业务基本规范	基本规定	现金业务必须坚持的原则和规定
		一般现金收付业务	现金收入和现金付出
		其他现金业务	假币收缴、票币兑换、残损票币的处理、错款处理、现金整点
	柜台服务规范	柜台服务理念	柜台服务和服务理念
		银行柜台服务规范	组织管理、服务环境、服务标准、服务培训、投诉处理

习 题

一、单项选择题

1. 对外营业窗口要提前( )分钟做好营业前的各项准备工作。
   A. 10　　　　　B. 15　　　　　C. 20　　　　　D. 30
2. 现金短款以个人赔付为主，现金长款归( )。
   A. 个人所有　　B. 银行所有　　C. 抵消现金短款　　D. 上交人民银行

二、判断题

1. 柜台办理的特殊业务不必全部由会计主管签字审批。　　　　　　　　　　( )
2. 次日或以后发现的错账，应填制同方向红、蓝字冲正传票办理冲正。　　( )
3. 柜员上柜一律不得化妆。　　　　　　　　　　　　　　　　　　　　　　( )
4. 超限额的存、取款业务需要实时复核。　　　　　　　　　　　　　　　　( )

三、简答题

1. 一般柜面业务应遵循哪些规定？
2. 现金收付要遵循哪些原则和规定？
3. "以客户为中心"具有哪些内涵？
4. 银行柜台业务要遵循哪些标准？

实 训 课 堂

实训项目1：日初和日终操作
　　要求：按规定进行柜面日初和日终操作
　　学时：1学时
实训项目2：假币收缴和残损票币兑换
　　要求：按规定进行假币收缴和残损票币兑换
　　学时：1学时
实训项目3：投诉处理
　　要求：按《中国银行业柜面服务规范》进行投诉处理
　　学时：1学时

第四章

人民币存款业务

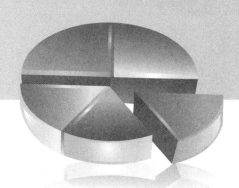

本章精粹：

- 单位人民币存款计息
- 储蓄存款计息
- 单位人民币存款业务规程
- 储蓄业务规程

储户存款

储户张远于 2017 年 8 月 2 日到银行办理新开户并存入一笔活期储蓄存款,存款金额是人民币 10 000 元。

思考:对这笔存款业务应如何规范操作?

单位人民币存款　储蓄存款　计息　业务规程

第一节　人民币存款业务概述

一、单位人民币存款业务

单位人民币存款分活期存款、定期存款、通知存款、协定存款和协议存款等几种。

(1) 单位活期存款是指商业银行吸收存款单位存入的可随时取用的存款。单位活期存款于每季末月 20 日按结息日利率计提利息。

(2) 单位定期存款是指商业银行吸收存款单位存入的长期闲置资金而约定提取期限的存款。单位定期存款不分段计息,利随本清。单位定期存款按存入日利率计提利息,计提日为每季末月 20 日。

(3) 单位通知存款是指存款人在存入款项时不约定存期,支取时提前通知银行,约定支取存款日期和金额方能支取的存款。

单位通知存款分为一天通知期和七天通知期两种,最低起存金额为 50 万元,最低支取金额为 10 万元,按计息日挂牌公告的利率和实际天数计息。

单位通知存款部分支取,留存部分高于最低起存金额的,需重新填写通知存款单或凭证,从原开户日计算存期;留存部分低于起存金额的予以清户,按清户日挂牌公告的活期存款利率计息,或根据存款人意愿转为其他存款。

(4) 单位协定存款是指存款单位与银行通过签订《协定存款合同》约定合同期限,协商确定结算账户需要保留的基本存款额度,超过基本存款额度的存款为协定存款。基本存款按活期存款利率计付息,协定存款按中国人民银行规定的上浮利率计付利息的一种存款种类。

单位协定存款按季结息,在结息期内,单位协定存款结算户内的每日余额低于最低留存额的部分,按活期存款利率计息;超过最低留存额的部分,按协定存款利率计息。

单位协定存款在一个计息期中间到期的,本计息期内均不结计协定存款利息。

二、储蓄业务

储蓄是指居民个人将手中待用或节余的货币有条件地存入储蓄机构的一种信用活动。储蓄机构是指经中国人民银行或其分支机构批准的银行、信用社及邮政企业依法办理个人储蓄业务的机构。

(一)储蓄的政策

我国实行保护和鼓励的储蓄政策。

保护是指居民个人在储蓄机构的合法的储蓄存款受国家法律保护,任何单位和个人都不得侵犯。

鼓励是指鼓励和提倡居民参加储蓄。

(二)储蓄的原则

储蓄机构在办理储蓄业务中必须遵循存款自愿、取款自由、存款有息、为储户保密的原则。

(1) 存款自愿是指由储户自主选择储蓄机构、种类、金额、期限和方式进行储蓄,任何单位和个人都不得强制或变相强制储蓄。

储蓄机构可以进行储蓄创新、提高服务水平、加强储蓄宣传来吸引储户参储。

(2) 取款自由是指储户有照章自由取款的权利,储蓄机构不得留难或限制。

取款自由与照章取款是辩证的统一。

(3) 存款有息是指储户有获取利息收入的权利。

(4) 为储户保密是指储蓄机构及其工作人员对储户的存款情况负有保密责任。

(三)储蓄的种类

1. 活期储蓄

活期储蓄是指不固定存期,随时可以存取,按季计付一次利息的一种储蓄存款。

活期储蓄按存取形式的不同,可以分为活期存折户、活期支票户、活期存单户和活期集体户等。活期存折户是指由储蓄机构发给储户存折,凭存折随时支取的一种活期储蓄形式。

活期单币种账户按币种建立账户,一户一账号,申请通存通兑的账户必须预留密码。活期多币种账户则以人民币为主账户,外币为子账户,如果第一次存入的是外币,则先产生一个余额为 0 的人民币主账户,再产生外币子账户。

活期储蓄本金一元起存，多存不限。活期储蓄每季末月20日结息，次日利息入户。

2. 整存整取定期储蓄

整存整取定期储蓄存款，也叫整整储蓄或双整定期储蓄，是指在开户时将本金一次存入，由储蓄机构发给储户存单，到期凭存单支取存款本金和利息的一种定期储蓄存款形式。整存整取是最基本也是最重要的定期储蓄存款形式。

本金50元起存，多存不限。存期分为3个月、6个月、1年、2年、3年、5年等几档。

整存整取可以全部提前支取或部分提前支取，但部分提前支取只限一次。

整存整取可以约定转存，储户开户时可约定在存款到期日由银行自动将整存整取定期储蓄存款本金连同税后利息，按转存日当日利率自动转存为约定期限的整存整取定期储蓄存款。

3. 零存整取定期储蓄

零存整取定期储蓄存款是指储户开户时约定存期，分次存入本金，积零成整，到期一次支取本息的一种定期储蓄存款。

零存整取一般5元起存，多存不限。存期分1年、3年和5年等几档。

本金每月存入一次，不得漏存。对漏存后的违约处理，目前各家银行的差异性较大。

零存整取定期储蓄存款可以办理全部提前支取，但不办理部分提前支取。

4. 存本取息定期储蓄

存本取息定期储蓄存款是指储户一次存入本金，在存期内按约定期限或频率分次支取利息，到期一次性支取本金的一种定期储蓄存款。

本金一般5000元起存，多存不限；存期分为1年、3年和5年三个档次。

取息期限可由储户与储蓄机构协商确定，利息不得提前支取，延后可以随时支取，但不计复利。

存本取息定期储蓄存款可以全部提前支取，但不得部分提前支取。提前支取全部本金时，应扣回已分期支付给储户的利息。

5. 定活两便储蓄

定活两便储蓄是一种储户在存款时不确定存期，由储蓄机构发给存单，随时可以提取，利率随存期的长短而变动的储蓄存款，即一年以上(含一年)按支取日整存整取一年期利率打六折，一年以下按支取日整存整取定期同档次利率打六折，不足三个月的按支取日挂牌公告的活期利率计算。

6. 个人通知存款

个人通知存款不论实际存期多长，按存款人提前通知的期限长短划分为一天通知存和七天通知存款两个品种。一天通知存款必须提前一天通知约定支取存款,七天通知存款必须提前七天通知约定支取存款。

个人通知存款的最低起存金额为 5 万元,最低支取金额为 5 万元。存款人需一次性存入,可以一次或分次支取。

个人通知存款存入时,存款人自由选择通知存款品种(一天通知存款或七天通知存款),但存单或存款凭证上不注明存期和利率,金融机构按支取日挂牌公告的相应利率水平和实际存期计息,利随本清。

个人通知存款部分支取,留存部分高于最低起存金额的,需重新填写通知存款单或凭证,从原开户日计算存期;留存部分低于起存金额的予以清户,按清户日挂牌公告的活期存款利率计息,或根据存款人意愿转为其他存款。

7. 教育储蓄

教育储蓄对象为小学四年级(含)以上、就读非义务教育的在校学生。

教育储蓄为零存整取定期储蓄存款。存期可分为 1 年、3 年和 6 年。最低起存金额为 50 元,本金合计最高为 2 万元。

储户办理教育储蓄开户后可以选择按月自动供款方式存入,也可根据自身收入情况与银行营业网点协商存入次数(不少于两次)和金额(本金最高不超过 2 万元),并按规定享受教育储蓄的优惠政策。

教育储蓄实行利率优惠政策。1 年期、3 年期的教育储蓄按开户日同期同档次整存整取定期储蓄存款利率计息;6 年期按开户日 5 年期整存整取存款利率计息。教育储蓄在存期内如遇利率调整,仍按开户日利率计息。

储户凭存折和教育储蓄支取证明到期支取存款时享受利率优惠,免征储蓄存款利息所得税。储户不能提供证明的,其教育储蓄不得享受利率优惠,即 1 年期、3 年期按开户日同期同档次零存整取定期储蓄存款利率计息;6 年期按开户日 5 年期零存整取定期储蓄存款利率计息,并按有关规定征收储蓄存款利息所得税。

储户凭存折和学校提供的证明逾期支取时,存期内存款按上述规定执行;逾期部分,按支取日活期储蓄存款利率计付利息,并征收储蓄存款利息所得税。储户不能提供证明的,支取存款时不享受利率优惠,存期内按规定执行;逾期部分,按支取日活期储蓄存款利率计付利息,并征收储蓄存款利息所得税。

教育储蓄提前支取时,必须全额支取,不能部分提前支取。储户凭存折和学校提供的证明提前支取存款时,按实际存期和开户日同期同档次整存整取定期储蓄存款利率计付利息,并免征储蓄存款利息所得税,即不满 3 个月的,按支取日活期储蓄存款利率计付利息;满 3 个月不满 6 个月的,按开户日 3 个月的整存整取定期储蓄存款利率计付利息;满 6 个月不满 1 年的,按开户日 6 个月的整存整取定期储蓄存款利率计付利息;满 1 年不满 2 年的,按开户日 1 年的整存整取定期储蓄存款利率计付利息;满 2 年不满 3 年的,按开户日 2

年的整存整取定期储蓄存款利率计付利息；满 3 年不满 5 年的，按开户日 3 年的整存整取定期储蓄存款利率计付利息；满 5 年不满 6 年的，按开户日 5 年的整存整取定期储蓄存款利率计付利息。不能提供证明的，按实际存期和支取日活期储蓄存款利率计付利息，并征收储蓄存款利息所得税。

教育储蓄支取证明由税务机关统一印制，一式三联。

【小资料】

==================== 存款的意义和种类 ====================

存款业务是银行最基本的负债业务，也是最主要的被动性负债业务，构成了商业银行重要的信贷资金来源，做好存款业务营销，积极拓展存款业务，对商业银行具有十分重要的意义。

传统的存款业务可以分为活期存款、定期存款和储蓄存款。

创新性的存款业务有可转让支付命令账户、超级可转让支付命令账户、货币市场存款账户、自动转账账户等。

【课堂讨论】

试讨论教育储蓄开办的意义，教育储蓄与零存整取有何区别和联系？

第二节　存款利息计算

一、计息基础

利息计算应执行《利率管理规定》《储蓄管理条例》《关于人民币存贷款计结息问题的通知》，以及关于计息范围、利率、结息日期和计息方法的规定，做到事先仔细审核，事中认真复核，事后加强检查，确保利息计算正确。

(一)结息日期

1. 定期结息

根据有关规定和协定分别按月、按季或按年等固定的结息日期结计利息。按月结息日期为每月 20 日；按季结息日期为每季末月 20 日；按年结息日期为每年 12 月 20 日，结计的利息必须于各结息日的次日入账。

2. 到期结息

根据定期存款约定的期限，于存款到期时结计利息。

3. 清户结息

存款账户结清时当即结计利息，并付清。

(二)计息方法

计息方法分为单利计息和复利计息两种，存款计息采用单利计息方法。

$$利息=本金×存期×利率$$

在具体计息中又可以进一步细分为积数计息法和逐笔计息法两种。

1. 积数计息法

积数计息法是从存款的当日起计算计息积数，到清户日或结息日止，计算出账户累计积数，并以累计积数进行计息。

$$利息=累计计息积数×利率$$

2. 逐笔计息法

逐笔计息法是按预先确定的计息公式逐笔计算利息的方法。采用逐笔计息法时，在不同情况下可选择不同的计息公式。

(1) 计息期为整年(月)时，计息公式为利息=本金×年(月)数×年(月)利率。

(2) 计息期有整年(月)又有零头天数时，计息公式为利息=本金×年(月)数×年(月)利率+本金×零头天数×日利率。

目前，主要对定期储蓄账户采取逐笔计息法计算利息。

(三)存期的计算

1. 存期计算的基本公式

存期计算公式有月日化天数法和年差天数法，目前用得最多的是年差天数法。

$$存期=年差天数±月差天数±日差天数$$
$$=年差×360±(支取月-存入月)×30±(支取日-存入日)$$

2. 存期计算方法

存期计算方法有实际天数法和整数计算法两种。实际天数法即按存款期限的实际天数来计算，常用于活期性存款存期利息的计算。整数计算法则按整年整月来计算，不需要化成天数，常用于定期性存款利息的计算。

3. 存期计算规定

(1) 算头不算尾，即从存入日起息，支取日止息。

(2) 按对年对月计到期日。如果没有对日，以到期月的最后一日为对日；如果到期日为节假日,可以在节假日的前一个工作日支取,不作提前支取,但要扣除从支取日到到期日的利息。

(3) 如果是分段计息,各段天数之和等于总天数。

(四)利率种类及换算

利率分为年利率(%)、月利率(‰)和日利率(‱)三种。

利率的换算公式为　　　年利率÷12=月利率

月利率÷30=日利率

年利率÷360=日利率

利率单位不因存期的计算方法变化而变化。

凡遇利率调整,需要分段计息的,必须按照统一规定的利率和调整时间划分阶段,分别计算利息。

二、单位人民币存款计息

(一)活期存款的计息

1. 计息范围

除财政性存款和被法院判决为赃款的冻结户等有特殊规定外,各活期存款账户都必须计算利息。

2. 计息方法

单位活期存款按日计息,按季结息,计息期间遇利率调整分段计息,每季度末月的20日为结息日,次日利息入户。未到结息日清户的,按清户日挂牌公告的活期利率计息到清户前一日止。其计息方法为积累计数计息法。

利息=计息积数(每日存款余额累加数)×日利率

例:某汽车配件厂活期存款账户本期累计计息积数为 4 896 000 元,已知结息日的活期存款年利率为 0.72%,则利息为

4 896 000×0.72%÷360=97.92(元)

(二)单位定期存款的计息

1. 计息方法

单位定期存款到期支取的,按存款存入日挂牌公告的定期存款利率计付利息,遇利率调整,不分段计息。利息只能转账,不付现金。

全部提前支取的,按支取日银行挂牌公告的活期存款利率计息。部分提前支取的,提

前支取部分按支取日挂牌公告的活期存款利率计息，留存部分如不低于起存金额按原存期开具新的证书，按原存款开户日挂牌公告的同档次定期存款利率计息；留存部分不足起存金额则予以清户，按支取日挂牌公告的活期存款利率计息。到期未取的，逾期部分按支取日挂牌公告的活期存款利率计付利息。

单位定期存款计息方法为逐笔计息法。

$$利息=本金×存期×利率$$

例：天安公司2016年8月8日存入1年期定期存款100 000元，开户年利率为4.14%，2017年8月28日逾期支取，支取日挂牌公告活期存款年利率为0.72%。则：

到期利息=100 000×1×4.14%=4140(元)

逾期利息=100 000×20×0.72%÷360=40(元)

利息总额=4180(元)

2. 单位定期存款的利息计提

根据权责发生制的原则，1年期以上的各类定期存款(包括"单位大额可转让定期存款")利息应按季计提应付利息。

计提时，应按定期存款利率档次逐笔分别计算，然后，根据计算的计提金额制作借、贷方记账凭证办理转账。会计分录为

借：利息支出——单位定期存款利息支出户

　　贷：应付利息——单位定期存款利息户

(三)单位通知存款的计息

单位通知存款全部支取时，整个存期按支取日相应档次的通知存款利率计息，利随本清。部分支取时，支取部分按支取日相应档次的通知存款利率计付利息，留存部分从开户日计算存期。对于单位通知存款已办理通知手续而不支取或在通知期限内取消通知的，通知期限内不计息。

单位通知存款如遇以下情况，按活期存款利率计息。

(1) 实际存期不足通知期限的，按活期存款利率计息。

(2) 未提前通知而支取的，支取部分按活期存款利率计息。

(3) 已办理通知手续而提前支取或逾期支取的，支取部分按活期存款利率计息。

(4) 支取金额不足或超过约定金额的，不足或超过部分按活期存款利率计息。

(5) 支取金额不足最低支取金额的，按活期存款利率计息。

单位通知存款计息方法为逐笔计息法。

(四)单位协定存款的计息

单位协定存款按结息日或支取日中国人民银行公布的协定存款利率计息。其计息方法

为积数计息法。

(五)单位协议存款的计息

单位协议存款按签订的《协议存款合同书》中约定的存款金额、存款期限、存款利率计息。其计息方法为逐笔计息法。

三、储蓄存款计息

1. 利息所得税

对 1999 年 11 月 1 日以后产生的利息所得征收 20%的利息所得税,对 2007 年 8 月 15 日以后产生的利息所得征收 5%的利息所得税,从 2008 年 10 月 9 日起暂免征收利息所得税。教育储蓄按规定免征利息所得税。

2. 活期储蓄存款计息

活期储蓄每季末月 20 日结息,次日利息入户。活期储蓄按结息日的活期利率结计利息并入户,如果未到结息日而清户的则按清户日挂牌公告的活期存款利率计息,利随本清。

活期储蓄计息采用日积数计息法。

$$日积数=存款余额×天数$$
$$利息=日积数×利率$$

例:某储户在 2016 年 11 月 17 日开户并存入活期储蓄 2000 元,在 2016 年 12 月 12 日支取 1000 元,在 2017 年 2 月 11 日销户。假设活期利率在 2016 年 11 月 27 日由 0.72%调为 0.36%,则计算如下。

日 期	摘 要	借 方	贷 方	余 额	天 数	日积数
2016.11.17	开户		2 000.00	2 000.00	25	50 000
2016.12.12	支取	1 000.00		1 000.00	9	9 000
2016.12.21	利息		0.59	1 000.59	52	52 000
2017.02.11	销户	1 000.59		0.00		

销户时实付利息为 0.59 元。

3. 定期储蓄存款的一般规定

(1) 在原定存期内按开户日约定的利率计算到期利息。

(2) 如果提前支取,则提前支取部分按支取日银行挂牌公告的活期储蓄存款利率计息。

(3) 如果逾期支取,则逾期部分按支取日银行挂牌公告的活期储蓄存款利率计息。

4. 整存整取定期储蓄存款计息

(1) 在原定存期内按开户日约定的利率计算到期利息。
(2) 如果提前支取，则提前支取部分按支取日银行挂牌公告的活期储蓄存款利率计息。
(3) 如果逾期支取，则逾期部分按支取日银行挂牌公告的活期储蓄存款利率计息。
(4) 部分提前支取时，支取部分按支取日活期利率计息，利随本清；未取部分按原开户日利率原存期计算到期利息。
(5) 约定转存时，依次将整存整取定期储蓄存款本金连同税后利息，按转存日当日利率自动转存为约定期限的整存整取定期储蓄存款。

例：某储户在2006年10月15日存入2年期整10万元，开户利率为3.06%，约定按6个月整整转存，该储户在2009年4月21支取，求全部实付利息。(已知6个月整整利率在2008年10月9日调整为3.58%)

则：

(1) 2006年10月15日—2008年10月15日，2年，利率为3.06%，
则第一次到期利息为100 000×2×3.06%=6120(元)。
其中，2006年10月15日—2007年8月15日，共10个月，应征所得税20%
$$10 个月的利息=100\ 000×10×3.06\%÷12=2550(元)$$
$$利息所得税=2550×20\%=510(元)$$
2007年8月15日—2008年10月9日，共414天，应征所得税5%
$$414 天的利息=100\ 000×414×3.06\%÷360=3519(元)$$
$$利息所得税=3519×5\%=175.95(元)$$
$$税后利息=6120-510-175.95=5434.05(元)$$

(2) 2008年10月15日转存6个月整整存款的本金为10 5434.05元，利率为3.58%。
$$105\ 434×6×3.58\%÷12=1887.27(元)$$

(3) 2009年4月15日转存6个月整整的本金为107 321.32元，由于在2009年4月21日支取，第二次转存期未到期，则按支取日活期利率计。
2009年4月15日—2009年4月21日，共6天，活期利率为0.36%
$$107\ 321×6×0.36\%÷360=6.44(元)$$

(4) 原存入本金10万元，实际支取到的本息和为107 327.76元，该储户多次转存所获得的利息总额为7327.76元。

5. 零存整取定期储蓄存款的计息

零存整取定期储蓄存款的计息方法主要有固定基数法和月积数法。

1) 固定基数法

固定基数法是指以每元存款到期时的应付利息作为固定基数，以累计金额乘以固定基数来计息的方法。

固定基数法的基本原理：零存整取定期储蓄存款时间有先有后，存期有长有短，总存期成一个等差数列，因此，均衡地看，每一次存款都只存了平均存期，根据等差数列特性

$$平均存期=(1+存期)\div 2$$

由此可知，1年期零整的平均存期为6.5个月，3年期零整的平均存期为18.5个月，5年期零整的平均存期为30.5个月。

则，
$$固定基数=平均存期\times 利率$$
$$到期息=累计金额\times 固定基数$$

例：某储户在2016年6月20日存入一笔1年期零存整取，开户时利率为1.65‰，约定月存100元，中途无漏存，则

$$固定基数=6.5\times 1.65‰=0.010\ 725$$
$$到期息=1200\times 0.010\ 725=12.87(元)$$

2) 月积数法

月积数法是指以一定的金额存一个月作为一个月的月积数，计算出累计月积数，最后以累计月积数来计算的方法。

$$某月的月积数=该月结存金额\times 月数$$

其中，月数是指本次存款与下次存款的月份差。

$$利息=累计月积数\times 利率$$

承上例，如果按月积数法进行计算，则其存款账如下：

日期	摘要	存入	结存金额	月数	月积数	累计月积数
2016.06.20	开户	100.00	100.00	1	100	100
2016.07.08	续存	100.00	200.00	1	200	300
2016.08.10	续存	100.00	300.00	1	300	600
2016.09.25	续存	100.00	400.00	1	400	1000
2016.10.10	续存	100.00	500.00	1	500	1500
2016.11.12	续存	100.00	600.00	1	600	2100
2016.12.24	续存	100.00	700.00	1	700	2800
2017.01.03	续存	100.00	800.00	1	800	3600
2017.02.19	续存	100.00	900.00	1	900	4500
2017.03.08	续存	100.00	1000.00	1	1000	5500
2017.04.26	续存	100.00	1100.00	1	1100	6600
2017.05.25	续存	100.00	1200.00	1	1200	7800

其到期息=7800×1.65‰=12.87(元)

6. 定活两便储蓄存款的计息

定活两便储蓄存款的存期不满 3 个月的，按支取日挂牌公告的活期储蓄存款利率计付利息；存期满 3 个月而不满半年的，按支取日挂牌公告的 3 个月整存整取定期储蓄存款利率打六折计算；存期满半年而不满 1 年的，按支取日挂牌公告的 6 个月整存整取定期储蓄存款利率打六折计算利息；存期在 1 年以上的(含 1 年)，无论存期多长，一律按支取日挂牌公告的 1 年期整存整取定期储蓄存款利率打六折计算利息。

例：某储户在 2007 年 9 月 26 日存入一笔定活两便存款 10 000 元，在 2009 年 4 月 27 日支取，已知支取日 1 年期整整利率是 2.25%，求实付利息。

该定活两便实际存期超过一年，须按支取日一年期整整利率打六折，所以，适用的利率为

$$2.25\% \times 60\% = 1.35\%$$

2007 年 9 月 26 日—2009 年 4 月 27 日，共 579 天，利率为 1.35%

$$10\,000 \times 579 \times 1.35\% \div 360 = 217.13(元)$$

其中，2007 年 9 月 26 日—2008 年 10 月 9 日的利息应征所得税 5%

$$10\,000 \times 379 \times 1.35\% \div 360 = 142.13(元)$$

利息所得税 $=142.13 \times 5\% = 7.11(元)$

实付利息 $=217.13 - 7.11 = 210.02(元)$

【小资料】

通知存款的计息

通知存款分一天通知期和七天通知期两种，分别按一天通知存款利率和七天通知存款利率计息。计息方法是逐笔计息法，按实际天数计息。

下列情况按活期计息。

(1) 实际存期不足通知期限的，按活期存款利率计息。
(2) 未提前通知而支取的，支取部分按活期存款利率计息。
(3) 已办理通知手续而提前支取或逾期支取的，支取部分按活期存款利率计息。
(4) 支取金额不足或超过约定金额的，不足或超过部分按活期存款利率计息。
(5) 支取金额不足最低支取金额的，按活期存款利率计息。

通知存款如已办理通知手续而不支取或在通知期限内取消通知的，通知期限内不计息。通知存款部分支取，留存部分高于最低起存金额的，需重新填写通知存款单或凭证，从原开户日计算存期；留存部分低于起存金额的予以清户，按清户日挂牌公告的活期存款利率计息。

【课堂讨论】

为何说复利计息方法反映了利息的本质？

第三节 单位人民币存款业务的核算

一、单位活期存款业务规程

(一)单位活期开户业务规程及操作要点

1. 单位活期开户业务规程

单位活期开户规程如图 4-1 所示。

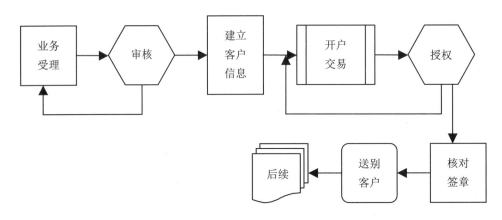

图 4-1 单位活期开户规程

2. 业务操作要点

(1) 业务受理。柜员收下客户提交的开户资料包括：营业执照正本或有权部门批文、同意开户证明、组织代码证、开立单位结算账户申请书、印鉴卡、法定代表人身份证等。

(2) 审核。柜员审核的内容包括：营业执照正本或有权部门批文、同意开户证明、组织代码证的真实齐全，开立单位结算账户申请书内容正确、完整并与开户文件一致，印鉴卡填写合规，预留印鉴清晰。柜员审核无误后，在开户申请书上加盖名章，将开户资料送交主管复审。主管审核无误后签章。

(3) 建立客户信息。柜员根据开户申请书，使用建立客户信息交易，建立客户信息，生成客户号。

(4) 开户交易。柜员使用活期开户交易进行开户，并获得授权。登记"开销户登记簿"，注明开户日期、账户名称、账号、单位地址、联系电话等要素。

(5) 送别客户。柜员将营业执照正本或有权部门批文、同意开户证明、组织代码证、法定代表人身份证等开户文件连同一联开户单位结算账户申请书交给客户，送别客户。

(6) 后续。柜员在印鉴卡上列示账号、加盖印章,开户资料的复印件、一联开户申请书、正本印鉴卡交会计主管专夹保管,副本印鉴卡插入印鉴簿。

(二)单位活期转账业务规程及操作要点

1. 单位活期转账业务规程

单位活期转账业务规程如图 4-2 所示。

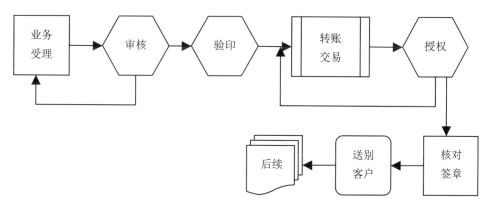

图 4-2　单位活期转账业务规程

2. 业务操作要点

(1) 柜员收下客户所提交的转账凭证。

(2) 柜员审核转账凭证无误:确属本行受理,凭证联数、附件齐全,凭证要素填写正确、完整,票据日期有效,抬头背书相符,账号户名一致,大小写金额规范一致。

(3) 柜员进行转账交易处理,并加盖印鉴。

(4) 柜员将回单联交客户,送别客户。

(5) 柜员将贷方凭证作为机制传票的原始凭证。

(三)单位活期销户业务规程及操作要点

1. 单位活期销户业务规程

单位活期销户业务规程如图 4-3 所示。

2. 业务操作要点

(1) 业务受理。柜员收下客户填写并加盖单位公章的撤销银行结算账户申请书、开户登记证、未使用的重要空白凭证。将收回的未使用重要空白凭证当面剪角进行作废处理。

(2) 审核。柜员审核的内容包括:销户申请书内容正确、完整,核实有无应收未收利息、应收贷款,核实有无未结清的费用。

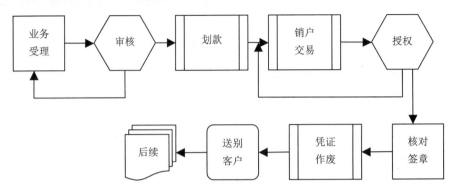

图 4-3 单位活期销户业务规程

(3) 划款。各项费用全部结清后,柜员结计利息后转入客户账户并将账户余额告知客户,请客户填制划款凭证并加盖预留印鉴。柜员审核划款凭证、校验预留印鉴无误后,办理划款手续。

(4) 销户交易。柜员在销户申请书上加盖名章,交主管审核。主管经审核无误,加盖印鉴。柜员使用销户交易进行处理,并获得授权。

(5) 凭证作废。柜员将收回的重要空白凭证进行作废处理。

(6) 送别客户。柜员将一联销户申请书交给客户,送别客户。

(7) 后续。柜员将印鉴卡抽出注明销户日期,加盖"销户"戳记连同开户登记证装订在当日传票后作为附件。另一联销户申请书与开户资料一同保管。

二、单位定期存款业务规程

(一) 单位定期存款开户业务规程及操作要点

1. 单位定期存款开户规程

单位定期存款开户规程如图 4-4 所示。

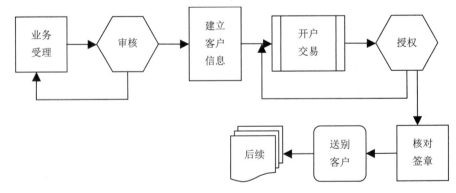

图 4-4 单位定期存款开户规程

2. 业务操作要点

(1) 业务受理。柜员收下客户填写的一式二联的单位定期存款申请书。客户如果从活期存款账户转开单位定期的，还需填交转账支票和进账单。

(2) 审核。柜员审核的内容包括：单位定期存款申请书各项要素填写是否完整、正确，存款金额和期限是否符合规定，支票和进账单的收款人名称与申请书上的名称是否一致，无误后交主管。主管审核无误后签章。

(3) 建立客户信息。柜员查询并建立客户信息。

(4) 开户交易。柜员使用单位定期存款开户交易进行开户处理，打印单位定期存款凭证，交主管审核。主管审核无误后签章。

(5) 送别客户。柜员将单位定期存款凭证客户联交客户，送别客户。

(6) 后续。柜员整理归类凭证。

(二) 单位定期存款销户业务规程及操作要点

1. 单位定期存款销户业务规程

单位定期存款销户业务规程如图 4-5 所示。

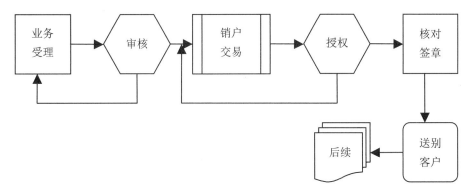

图 4-5　单位定期存款销户业务规程

2. 业务操作要点

(1) 柜员收下客户递交的单位定期存款凭证、进账单或转账凭证，柜员校验印鉴，审核单位定期存款凭证。

(2) 柜员使用单位定期存款销户交易进行销户处理，根据系统提示打印利息清单和销户记录。

(3) 柜员签章后，将利息清单回单联、进账单或转账凭证回单联交客户，送别客户。

(4) 柜员在单位定期存款凭证上加盖"结清"戳记后，整理归类凭证。

三、其他单位存款业务操作要点

(一)单位通知存款业务

1. 单位通知存款开户

(1) 柜员收下客户填写的一式二联的单位通知存款申请书。客户如果从活期存款账户转开单位通知存款的,还须填交转账支票和进账单。

(2) 柜员审核的内容包括:单位通知存款申请书各要素填写是否完整、正确,存款金额和期限是否符合规定,支票和进账单的收款人名称与申请书上的名称是否一致,无误后交主管。主管审核无误后交柜员进行开户处理。

(3) 柜员查询并建立客户信息。

(4) 柜员使用单位通知存款开户交易进行开户处理,并获得授权。柜员打印单位通知存款凭证,并签章。

(5) 柜员将单位通知存款凭证客户联交客户,送别客户。

(6) 柜员整理归类凭证。

2. 单位通知存款取款通知

(1) 柜员收下客户所填制的一式两联的单位通知存款取款通知书。通知书中应注明取款日期和取款金额,并签章。

(2) 柜员审核的内容包括:单位通知存款取款通知书的要素是否完整、正确,支取金额和留存金额是否符合通知存款要求。

(3) 柜员使用通知存款取款通知交易进行处理,并根据系统提示打印交易记录。

(4) 柜员将单位通知存款取款通知书回单联加盖业务公章和名章后交客户,送别客户。

(5) 柜员整理归档凭证。

3. 单位通知存款取款

(1) 客户应于通知日前来办理取款手续,并在通知存款凭证上加盖预留印鉴。

(2) 柜员收下客户所提交的通知存款凭证和取款通知书回单联、进账单或转账凭证。柜员审核通知存款凭证、取款通知书,校验印鉴,审核无误后交主管审核。

(3) 柜员使用通知存款销户交易进行处理,根据系统提示打印利息清单和销户记录,进行签章。

客户如果分次支取的,则进行留存部分开户处理,并提交主管审核。

(4) 柜员将利息清单回单联、进账单或转账凭证回单联交客户,送别客户。

(5) 柜员在通知存款凭证上加盖"结清"戳记,整理归档凭证。

(二)单位协定存款业务

1. 单位协定存款账户登记

(1) 业务部门提交与客户签订的协定存款合同。

(2) 柜员收到协定存款合同后审核的内容包括：协定存款合同签章是否齐全，留存额度是否符合规定。审核无误后交主管审核。

(3) 主管审核无误后交柜员办理。

(4) 柜员使用协定存款登记交易进行处理，并获得授权。

(5) 柜员整理归档凭证。

2. 单位协定存款账户取消

(1) 客户取消协定存款。

(2) 主管审核无误后，授权柜员办理。

(3) 柜员使用协定存款取消交易进行处理，并获得授权。

(4) 柜员签章并进行后续处理。

【小资料】

单位结算账户支付给个人银行结算账户需要的证明

单位从其银行结算账户支付给个人银行结算账户的款项，每笔超过5万元的，应向其开户银行提供下列付款依据。

(1) 代发工资协议和收款人清单；

(2) 奖励证明；

(3) 新闻出版、演出主办等单位与收款人签订的劳务合同或支付给个人款项的证明；

(4) 证券公司、期货公司、信托投资公司、奖券发行或承销部门支付或退还给自然人款项的证明；

(5) 债权或产权转让协议；

(6) 借款合同；

(7) 保险公司的证明；

(8) 税收征管部门的证明；

(9) 农、副、矿产品购销合同；

(10) 其他合法款项的证明。

从单位银行结算账户支付给个人银行结算账户的款项应纳税的，税收代扣单位付款时应向其开户银行提供完税证明。

【课堂讨论】

试讨论单位通知存款与个人通知存款的异同？

第四节　储蓄存款业务的核算

一、一般储蓄业务规程

(一)一般储蓄开户业务规程及操作要点

1. 一般储蓄开户业务规程

一般储蓄开户业务规程如图 4-6 所示。

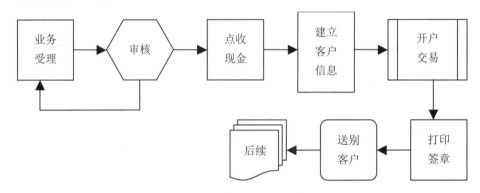

图 4-6　一般储蓄开户业务规程

2. 业务操作要点

(1) 业务受理。客户填写存款凭条，选择储种，填明存期、存款金额、存款人姓名、地址、证件，连同现金和身份证一起提交给柜员。

(2) 审核。柜员审核凭条内容是否正确无误，审核身份证件是否为本人的，如果是他人代理的，还须客户提供代理人的身份证件。

(3) 点收现金。柜员按"三先三后"要求点收现金无误。

(4) 建立客户信息。柜员查询并建立客户信息。

(5) 开户交易。柜员根据储户选择的储种，使用相应的存款开户交易进行处理，在开户交易成功的同时完成表外付出。

(6) 打印签章。柜员打印存款凭条，交客户签字确认；打印存折后，在存款凭条上加盖现金收讫章或清讫章，在存折或存单上加盖储蓄业务专用章(或业务公章)。

(7) 送别客户。柜员与客户唱对后将存折或存单、身份证交客户，并送别客户。

(8) 后续。柜员整理归档凭证。

(二)一般储蓄存款业务规程及操作要点

1. 一般储蓄存款业务规程

一般储蓄存款业务规程如图 4-7 所示。

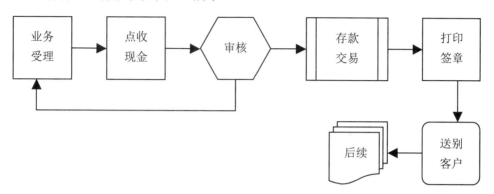

图 4-7　一般储蓄存款业务规程

2. 业务操作要点

(1) 客户进行活期储蓄、零存整取储蓄、教育储蓄续存时,应持存折,将现金和存折交柜员,并告知存款的币种和金额。如果是无折存款,则需填写存款凭条。

(2) 点收现金。柜员根据客户报数,清点现金后回报客户,请客户确认。

(3) 账务核对。柜员刷存折或输入存款账号,调客户存款账进行核对。

(4) 存款交易。柜员根据储种选择相应的存款交易进行处理。

(5) 打印签章。柜员打印存款凭条,请客户在存款凭条上签字确认。柜员打印存折后在存款凭条上加盖现金收讫章或清讫章和名章,存折上加盖柜员名章,如果存折上已经打印柜员号,则不需加盖柜员名章。

(6) 送别客户。柜员与客户唱对存款金额无误后,将存折交客户,送别客户。

(7) 后续。柜员整理归档,将现金入箱,存款凭条作现金收入凭证或机制凭证附件。

(三)一般储蓄取款业务规程及操作要点

1. 一般储蓄取款业务规程

一般储蓄取款业务规程如图 4-8 所示。

2. 业务操作要点

(1) 业务受理。客户将存折、存单或银行卡交柜员,并告知取款币种、金额。如果一次取现超过人民币 5 万元或等值 1 万美元外币的,还需提交居民身份证。

(2) 审核。柜员验单(折或卡)无误后,刷存折或输入存款账号,调客户存款账进行核对。

对取款金额超过人民币 5 万元或等值 1 万美元外币的,还应审核身份证件并摘录身份证件号码。

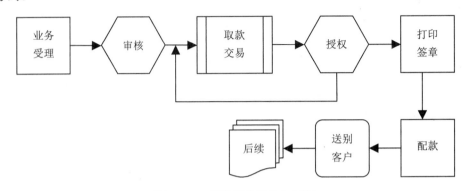

图 4-8 一般储蓄取款业务规程

(3) 取款交易。柜员根据储种选择相应储种的取款交易进行处理,如果取款金额超过柜员限额的或属于大额支付的,还应获得授权。

(4) 打印签章。柜员打印取款凭条,将取款凭条交给客户签字确认。打印存折、存单,在取款凭条上加盖现金付讫章或现金清讫章和名章,存折(单)上加盖柜员名章,如果存折(单)上已经打印柜员号,则不需加盖柜员名章。

如果是整存整取部分提前支取,还需按系统提示打印新存单,并加盖业务公章和名章。

(5) 配款。柜员按取款凭条大写金额配款,小写金额自复平衡,外币取款需换人复核。

(6) 送别客户。柜员与客户唱对取款金额无误,将现金、存折(单、卡)交客户,送别客户。

(7) 后续。柜员整理归档凭证,将取款凭条作现金付出凭证或作当日机制凭证附件。

(四)一般储蓄销户业务规程及操作要点

1. 一般储蓄销户业务规程

一般储蓄销户业务规程如图 4-9 所示。

2. 业务操作要点

(1) 业务受理。客户持已到期或需销户的存折,连同身份证一起交柜员,并将销户内容告知柜员。

(2) 审核。柜员验单(折或卡)无误后,刷存折或输入存款账号,调客户存款账进行核对,并审核身份证件、摘录身份证件号码。

(3) 销户交易。柜员根据储种选择相应的销户交易进行处理,并获得授权。

(4) 打印签章。柜员按顺序打印取款凭条、存折和利息清单,将取款凭条交给客户签字确认。在取款凭条、利息清单上加盖现金付讫章或现金清讫章和名章,在存单、存折上加盖"结清"戳记,并破坏存折磁条。

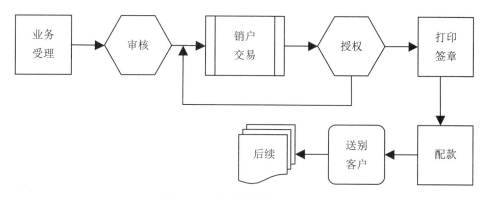

图 4-9 一般储蓄销户业务规程

(5) 配款。柜员按利息清单上实付本息金额配款,人民币取款自复平衡,外币取款需换人复核。

(6) 送别客户。柜员与客户唱对金额无误,将现金和利息清单回单联交客户,送别客户。

(7) 后续。柜员整理归档凭证,将取款凭条、利息清单作现金付出凭证或作当日机制凭证附件,存折、存单也作附件。

二、储蓄存款挂失业务规程

(一)口头挂失业务规程及操作要点

1. 口头挂失业务规程

口头挂失业务规程如图 4-10 所示。

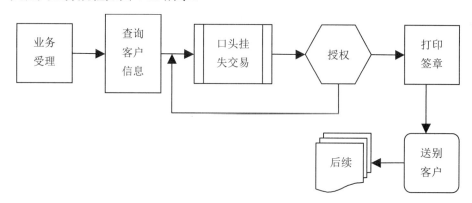

图 4-10 口头挂失业务规程

2. 业务操作要点

(1) 客户按要求填写口头挂失申请书，办理口头挂失。

(2) 柜员使用客户信息查询交易查询客户信息、账号等要素。

(3) 柜员使用口头挂失交易进行处理，并获得授权。

(4) 柜员在口头挂失交易成功后，打印口头挂失交易记录。

(5) 柜员将口头挂失申请书交客户签字后收回。

(6) 柜员在口头挂失申请书上加盖储蓄业务专用章和名章，将一联口头挂失申请书交客户，并送别客户。

(7) 柜员整理归档凭证。

(二)正式挂失业务规程

1. 正式挂失业务规程及操作要点

正式挂失业务规程如图 4-11 所示。

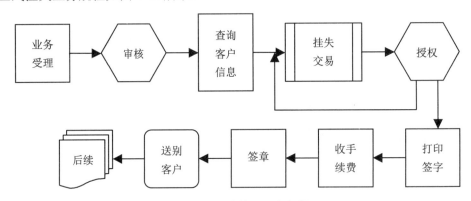

图 4-11　正式挂失业务规程

2. 业务操作要点

(1) 客户持身份证件，按要求填写挂失申请书，办理挂失手续。

(2) 柜员审核身份证和挂失申请书无误后，使用客户信息查询交易查询客户信息、账号等要素，并进行核对。

(3) 柜员使用挂失交易进行处理，登记挂失止付登记簿，并获得授权。

(4) 柜员在挂失交易成功后，打印挂失交易记录。

(5) 柜员将挂失申请书交客户签字后收回。

(6) 柜员填开挂失手续费收据，收取手续费。

(7) 柜员在挂失申请书上加盖储蓄业务专用章和名章，在手续费收据上加盖现金收讫章或清讫章，将一联挂失申请书和手续费收据交客户，并送别客户。

(8) 柜员整理归档凭证。

(三)解除挂失业务规程及操作要点

1. 解除挂失业务规程

解除挂失业务规程如图 4-12 所示。

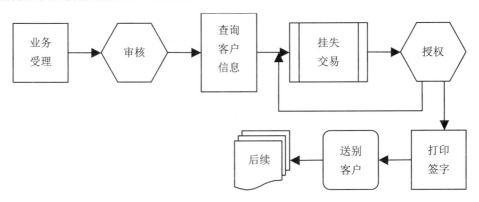

图 4-12　解除挂失业务规程

2. 业务操作要点

(1) 客户持身份证件、存折(单)、挂失申请书，办理解除挂失手续。

(2) 柜员审核身份证和挂失申请书无误后，使用客户信息查询交易查询客户信息、账号等要素，并进行核对。

(3) 柜员在挂失申请书上注明"××××年××月××日撤销挂失"字样，使用挂失交易进行解挂处理，登记挂失止付登记簿，并获得授权。

(4) 柜员在解除挂失交易成功后，打印解除挂失交易记录。

(5) 柜员将挂失申请书交客户签字后收回。

(6) 柜员将身份证和存折(单)交还客户，并送别客户。

(7) 柜员整理归档凭证。

(四)密码挂失、重置业务规程及操作要点

1. 密码挂失、重置业务规程

密码挂失、重置业务规程如图 4-13 所示。

2. 业务操作要点

(1) 客户持身份证件、存折(单)，填密码挂失申请书，办理密码挂失手续。

(2) 柜员审核身份证和挂失申请书无误后，使用客户信息查询交易查询客户信息、账号等要素，并进行核对。

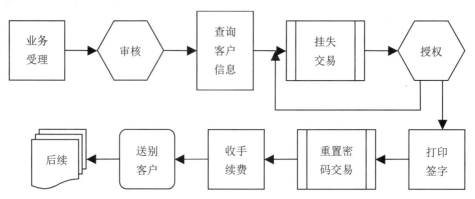

图 4-13 密码挂失、重置业务规程

(3) 柜员使用挂失交易进行密码挂失处理，登记挂失止付登记簿，并获得授权。

(4) 柜员在密码挂失交易成功后，打印密码挂失交易记录。

(5) 柜员将挂失申请书交客户签字后收回。

(6) 柜员使用重置密码交易办理密码重置，由客户输入密码，并获得授权。

(7) 柜员填开挂失手续费收据，收取手续费。

(8) 柜员将存折(单)、身份证交还客户，并送别客户。

(9) 柜员整理归档凭证。

【小资料】

储蓄存款挂失基本规定

储蓄存款挂失方式包括口头挂失、正式挂失、密码挂失三种。

申请挂失的必须是记名式的存单(折)，不记名的存单(折)不能挂失。

挂失必须出示存款人本人有效身份证件，如代理挂失还须同时提供代理人的有效身份证件。挂失时应提供姓名、存款时间、种类、金额、账号、住址、挂失原因等有关情况，营业网点查实存款确未支取方可受理。

如不能出示本人有效身份证件，在账号、户名、地址、密码正确的前提下，可先办理口头挂失。

储户在异地遗失存单(折)，可在异地办理口头或函电挂失，但必须提供户名和账号，在营业网点查实存款后，并即时在分户账上设置"挂失"标志才可受理，储户必须在 5 天内回原开户网点办理正式挂失手续，否则存款自动解挂；已开通储蓄通存通兑的营业网点，可以跨网点办理口头挂失；正式挂失和密码挂失手续必须回原开户所办理。

口头挂失的有效期为 5 天(含挂失当天)，期满账户初笔交易成功后，账户口头挂失自动失效；正式挂失的有效期为挂失后 7～14 天内。

对挂失后客户未在有效期内办理的挂失业务，柜员应要求客户重新办理挂失手续。

【课堂讨论】

存款业务的主要风险点在哪些环节？如何防范存款业务操作风险？

本 章 小 结

人民币存款业务	人民币存款业务概述	单位人民币存款业务	单位人民币存款分活期存款、定期存款、通知存款、协定存款和协议存款等几种
		储蓄业务	储蓄业务主要有活期、整存整取、零存整取、存本取息、定活两便、个人通知存款、教育储蓄等几种
	存款计息基础	计息基础	包括计息日期、计息方法、存款的计算、利率种类及换算等
		单位人民币存款计息	单位活期存款按日计息，按季结息。单位定期存款按存款存入日定期存款利率计付利息，提前支取则按支取日活期存款利率计息
		储蓄存款计息	活期储蓄按结息日或清户日活期存款利率计息。整存整取按开户日约定的利率计算到期利息，提前支取或逾期支取部分，按支取日活期储蓄存款利率计息。零存整取定期储蓄存款的计息方法主要有固定基数法和月积数法。定活两便按支取日相应档次的一年期以内的整存整取利率打六折计息
	单位人民币存款业务的核算	单位活期存款业务规程	包括单位活期开户、转账、销户等业务规程
		单位定期存款业务规程	包括单位定期开户、销户业务规程
		其他单位存款业务操作要点	单位通知存款开户、取款通知、取款操作要点 单位协定存款账户登记、取消操作要点
	储蓄存款业务的核算	一般储蓄业务规程	一般储蓄开户、存款、取款、销户业务规程
		储蓄存款挂失业务规程	口头挂失、正式挂失、解除挂失、密码挂失、重置业务规程

一、单项选择题

1. 个人通知存款的本金起存金额为( )。
   A. 1000 元　　　　　　　　　　B. 5000 元
   C. 10 000 元　　　　　　　　　D. 50 000 元
2. 下列关于"存外币,本息支取外币"的理解错误的是( )。
   A. 储户存入的是某种外币,就应支取该种货币
   B. 储户支取的不是原存款货币,应按外汇买卖处理
   C. 所有本息都必须以原存款货币支付
   D. "存外币,本息支取外币"是外币储蓄核算的基本原则
3. 在多币种账户中,如储户第一次存入的是美元,则产生的主账户是( )。
   A. 美元账户　　　　　　　　　　B. 人民币账户
   C. 余额为 0 的人民币账户　　　　D. 美元账户和人民币账户
4. 教育储蓄本金最高金额为( )。
   A. 1 万元　　　B. 2 万元　　　C. 5 万元　　　D. 10 万元

二、判断题

1. 存本取息储蓄的取息期限可由储蓄机构选定。　　　　　　　　　　( )
2. 办理储蓄业务必须一笔一清。　　　　　　　　　　　　　　　　　( )
3. 单位活期存款的结息日为每年 6 月 30 日。　　　　　　　　　　　( )
4. 教育储蓄的存期有 1 年、3 年和 5 年。　　　　　　　　　　　　　( )
5. 我国于 1999 年 11 月 1 日起实行存款实名制。　　　　　　　　　( )
6. 口头挂失的有效期为 7 天。　　　　　　　　　　　　　　　　　　( )
7. 整存整取定期储蓄是最基本的定期储蓄存款。　　　　　　　　　　( )

三、简答题

1. 单位人民币存款主要有哪些种类?
2. 储蓄存款主要种类有哪些?

实 训 课 堂

实训项目 1：人民币存款计息
　　要求：按规定和要求准确计算人民币存款利息
　　学时：1 学时
实训项目 2：储蓄存款计息
　　要求：按规定和要求准确计算储蓄存款利息
　　学时：3 学时
实训项目 3：单位人民币存款的核算
　　要求：按规定和业务规程完成单位人民币存款业务操作
　　学时：4 学时
实训项目 4：储蓄存款的核算
　　要求：按规定和业务规程完成储蓄存款业务操作
　　学时：4 学时

第五章 贷款业务

本章精粹：

- 一般贷款业务规程
- 贴现业务规程
- 银行承兑汇票业务规程

赵女士住房抵押贷款

2017 年 4 月，赵女士决定另外购买一套位于青年路兴隆家园的房子，但苦于流动资金不够。房屋价格一涨再涨，事情紧迫，在现有房产评估价值为 245 万元的基础上，银行根据赵女士目前房屋价值的 7 成贷款 170 万元，减去原银行按揭剩余贷款 40 万元，赵女士最终贷款 130 万元，成功解决了资金需求。

思考：贷款业务种类有哪些？如何规范操作？

贷款业务　基础知识　计息　贴现　银行承兑汇票

第一节　贷款业务概述

一、贷款业务基础知识

(一)贷款种类

(1) 按期限分短期贷款、中期贷款和长期贷款。

(2) 按贷款方式分信用贷款、担保贷款和票据贴现贷款三种，担保贷款又可分为保证贷款、抵押贷款和质押贷款。

信用贷款是指仅凭借款人的信誉就可以发放的贷款，其特点是不需要担保。

担保贷款是凭借款人、保证人的双重信誉，或者借款人用某种财产作为抵(质)押物而发放的贷款，分为保证贷款、抵押贷款、质押贷款。

保证贷款：指以第三人承诺在借款人不能偿还贷款时，按约定承担连带保证责任而发放的贷款。

抵押贷款：指以借款人或第三人的财产作为抵押而发放的贷款。

质押贷款：指以借款人或第三人的动产或权利作为质物而发放的贷款。权利质押指以可以转让的权利为标的物的质权。动产质押指债务人或者第三人把其动产移交债权人占有，以该动产作为债权的担保，债务人不履行债务时，债权人有权依法以该动产折价或者以拍卖、变卖该动产的价款优先受偿的法律行为。

票据贴现是指贷款人以购买借款人未到期的和未能承兑的票据的所有权为前提而发放

的贷款。

(3) 按贷款的经济责任分自营贷款、委托贷款和特定贷款三种。

(二)贷款程序

1. 贷款申请

借款人需要贷款,应当向主办银行或者其他银行的经办机构提出书面借款申请,填写包括借款币种、金额、期限、用途、担保方式、偿还能力及还款方式等主要内容的《借款申请书》,并提供相关资料。

2. 贷款受理

银行经办部门客户经理受理借款申请,初步接洽有关事项,并在《借款申请书》上签署进行贷款调查的意见,移交给贷款调查人员进行事实认定。

3. 贷款调查

银行经办部门受理借款人申请后,应当对借款人的信用等级以及借款的合法性、安全性、盈利性等情况进行调查,核实借款人基本条件、抵押物、质物、保证人情况,测定贷款的风险度,送交贷款审查人员审查确认。

4. 贷款审批

贷款人应当建立审贷分离、分级审批的贷款管理制度。审查人员应当对调查人员提供的资料进行核实、评定,复测贷款风险度,提出意见,按规定权限报批。

5. 签订借款合同

所有贷款应当由贷款人与借款人签订借款合同。借款合同应当约定借款种类、借款用途、金额、利率、借款期限、还款方式,借、贷双方的权利、义务,违约责任和双方认为需要约定的其他事项。保证贷款、抵押贷款、质押贷款可以单独与保证人、抵押人、出质人签订保证合同、抵押合同、质押合同,并依法办理有关登记。

6. 贷款发放

贷款人要按借款合同的规定按期发放贷款。贷款人不按合同约定按期发放贷款的,应偿付违约金。借款人不按合同约定用款的,也应偿付违约金。

7. 贷后检查

贷款发放后,贷款人应当对借款人执行借款合同情况及借款人的经营情况进行追踪调查和检查。

8. 贷款归还

借款人应当按照借款合同的规定按时足额归还贷款本息。

9. 贷款质量监管

贷款人应当建立和完善贷款的质量监管制度，对不良贷款进行分类、登记、考核和催收。

(三)贷款合同

1. 借款合同

借款合同的内容有：借款种类、币种、用途、数额、利率、期限和还款方式等条款。

贷款经过审批，并办理必要的保证或抵押、质押手续后，就可以根据《借款合同》文本和双方协定的特别条款，签订《借款合同》。

签订合同时应注意项目填写准确，文字清楚工整，不能涂改，借、贷、保三方公章及法人代表签单齐全无误。

借款合同一般一式两份，合同双方各执一份；办理担保手续的借款合同一式三份，借、贷、保三方各执一份。

2. 抵押合同

抵押合同一般包括下列条款。

(1) 被担保债权的种类和数额；
(2) 债务人履行债务的期限；
(3) 抵押财产的名称、数量、质量、状况、所在地、所有权归属或者使用权归属；
(4) 担保的范围。

3. 质押合同

质权合同一般包括下列条款。

(1) 被担保债权的种类和数额；
(2) 债务人履行债务的期限；
(3) 质押财产的名称、数量、质量、状况；
(4) 担保的范围；
(5) 质押财产交付的时间。

(四)贷款五级分类

贷款按偿还的可能性分为正常、关注、次级、可疑和损失五类。

(1) 正常类：借款人能够履行合同，没有足够理由怀疑贷款本息不能按时足额偿还。
(2) 关注类：尽管借款人目前有能力偿还贷款本息，但存在一些可能对偿还产生不利

(3) 次级类：借款人的还款能力出现明显问题，完全依靠其正常经营收入无法足额偿还贷款本息，即使执行担保，也可能会造成一定损失。

(4) 可疑类：借款人无法足额偿还贷款本息，即使执行担保，也肯定要造成较大损失。

(5) 损失类：在采取所有可能的措施或一切必须的法律程序之后，本息仍然无法收回，或只能收回极少部分。

二、贷款计息基础

(一)贷款利息分类

贷款利息分为正常息、罚息和复利三种。
(1) 正常息是对贷款本金形态为正常时结计的利息。
(2) 罚息是对贷款本金形态为逾期、非应计时结计的利息。
(3) 复利是对贷款结欠的正常息和罚息结计的利息。

(二)贷款的提前归还、展期和逾期

(1) 借款人在借款合同到期之前归还借款时，贷款人有权按原贷款合同利率向借款人收取利息。

(2) 贷款展期期限累计计算，累计期限达到新的利率期限档次时，自展期之日起，按展期日挂牌的同档次利率计息；期限达不到新档次利率时按展期日的原档次利率计息。

(3) 逾期贷款从逾期之日起，按罚息利率收取罚息，直到清偿贷款本息为止，遇罚息利率调整时分段计息。

(4) 对贷款的应收未收利息按季按当前执行利率计收复利，并入表外应收未收利息科目核算。

(三)首期还款额的特殊约定

对于分期还款方式的贷款，首期还款额根据信贷部门提供的还款计划表第一期应还总金额输入；对于非分期还款方式下的贷款的首期还款额则遵守以下约定。

(1) 定期结息，其公式为

$$首期还款额 = 贷款本金 + 首月利息$$

$$首月利息 = 贷款本金 \times 贷款执行日利率 \times 30 天$$

(2) 利随本清和还本付息，其公式为

$$首期还款额 = 全部贷款本金 + 到期全部付息额$$

(3) 助学贷款毕业前按季结息，毕业后分期还款，其公式为

$$首期还款额 = 贷款本金 + 首月利息 \times (1 - 贴息比)$$

(四)贷款利率类型

1. 固定利率

固定利率是指贷款在合同期内执行合同利率，利率不随国家的基准利率变动而变动。

2. 分段利率

分段利率是指贷款在合同期内的执行利率随国家的基准利率变动而变动，从变动之日起按新旧执行利率分段计算利息。

3. 浮动利率

浮动利率是指贷款在合同期内的执行利率随上一个浮动周期期满日前基准利率变动而变动。

4. 分期特定利率

分期特定利率是指贷款在合同期内遇国家的基准利率调整时，调整日之前已发放的贷款在次年的1月1日进行利率调整；调整日之后发放的新贷款按调整后新利率执行。分期特定利率主要适用于分期还款的贷款。

三、单位贷款利息计算

单位贷款利息计算分为定期结息、利随本清和还本付息三种结息方式。

(一)定期结息

1. 计算公式

$$贷款利息 = 贷款本金 \times 贷款日利率 \times 累计天数$$

对于结息日贷款利息的计算，应为每次贷款本金变动前的剩余金额与该金额的留存天数以及贷款日利率之积。

2. 还息规则

(1) 自动结计自动扣收。银行系统于定期结息日进行结息后自动扣款。对扣款不成功的利息记录入表内或表外应收未收利息处理，并对该结欠利息开始结计复利。

(2) 自动结计手工扣收。非定期结息日，银行系统根据本次贷款本金归还金额，自动结计出上次结账日至本次结账日利息，由柜员手工扣收利息。对于未在还款日主动扣收的欠息于下一个结息日自动扣收。

(二)利随本清

1. 计算公式

$$贷款利息 = 贷款还款金额 \times 贷款日利率 \times 累计天数$$

2. 还息规则

归还的利息金额必须与归还的贷款本金相匹配。

(三)还本付息

1. 计算公式

$$贷款利息 = 贷款剩余本金 \times 贷款日利率 \times 累计天数$$

2. 还息规则

归还的利息金额必须与本次还款日前的剩余贷款本金相匹配。

四、个人贷款利息计算

(一)利息计算方式

1. 定期结息

结息日日终,由银行系统根据贷款积数,按不同利率档次进行计息。

2. 利随本清

归还贷款本金时,必须同时归还贷款本金相对应的利息。

3. 还本付息

归还本金时,必须结清该笔贷款至还款日所有利息。

4. 等额本息

在利率不变情况下,借款人每期还款额均相等,每期还款额包括本金和利息两部分。利息为结余的本金从上一期还款日至本期还款日前日止所产生的利息,本金为每期还款额减去本次利息额之差额。

$$每期还款额 = \frac{本金 \times 利率 \times (1+利率)^{还款总期数}}{(1+利率)^{还款总期数} - 1}$$

5. 等本递减

在整个还款期,本金等额偿还,每期偿还的利息是结余的本金从上一期还款日起至本期还款日前日止所产生的利息。

$$每月还款额=贷款本金÷贷款期月数+(本金-已归还累计本金)×月利率$$

(二)计息规则

(1) 个人贷款按月归还的每期按 30 天计算,按季归还的每期按 90 天计算,按年归还的每期按 360 天计算,不满一个月的按日历实际天数计算。

(2) 分期还款的贷款,还款日为贷款对应日,即采取"对日还款"方式,计息天数为整期的按期计算,不满整期的按实际天数计算。

(3) 公积金贷款及数据集中前发放的存量贷款可采用定日还款方式。

第二节 一般贷款业务

一、贷款业务的核算要求

(一)一般原则

商业银行发放贷款主要应遵循安全性、流动性和盈利性原则。而在进行贷款核算时,尤其是中长期贷款核算的主要应遵循以下原则。

1. 本息分别核算

商业银行发放的中长期贷款,应当按照实际贷出的贷款金额入账。期末,应当按照贷款本金和适用的利率计算应收取的利息,贷款本金和利息分别进行核算。

2. 商业性贷款与政策性贷款分别核算

政策性贷款也叫政策性银行贷款,它由各政策性银行在人民银行确定的年度贷款总规模内,根据申请贷款的项目或企业情况按照相关规定自主审核,确定贷与不贷。效益也是政策性银行贷款需要考虑的要素之一。政策性贷款是目前中国政策性银行的主要资产业务。

3. 自营贷款和委托贷款分别核算

自营贷款是指商业银行以合法方式筹集资金,自主发放的贷款,其风险由商业银行承担,并由商业银行收取本金和利息。委托贷款是指委托人提供资金,由商业银行根据委托人确定的贷款对象、用途、金额、期限、利率等而代理发放、监督使用并协助收回的贷款,其风险由委托人承担。商业银行发放委托贷款时,只收取手续费,不得代垫资金。

4. 应计贷款和非应计贷款应分别核算

非应计贷款是指贷款本金或利息逾期 90 天没有收回的贷款。应计贷款是指非应计贷款以外的贷款。当贷款的本金或利息逾期 90 天时，应单独核算。当应计贷款转为非应计贷款时，应将已入账的利息收入和应收利息予以冲销。从应计贷款转为非应计贷款后，在收到该笔贷款的还款时，首先应冲减本金；本金全部收回后，再收到的还款则确认为当期利息收入。

(二)贷款账户管理

(1) 按借款凭证逐笔开立贷款账户，并在业务系统中建立利息登记簿进行贷款利息管理。
(2) 根据放款凭证及补充信息清单等相关资料在发放贷款时自动开立贷款账户。
(3) 贷款账户不能通存通兑。
(4) 客户全部归还贷款本金和利息或贷款全部核销后，由系统对该贷款账户设置为"结清"或"核销"状态。

(三)贷款客户信息管理

(1) 单位贷款、贴现、个人贷款、委托贷款业务的客户服务标识是单位结算账号、个人结算账号或银行卡卡号；个人质押贷款业务的客户服务标识是身份证件号；转贴现融资业务和同业拆借业务的客户服务标识是银行代码或行号。
(2) 根据业务情形，柜员先进行"客户信息登记"交易，或由系统在放款交易时联动登记。

(四)贷款形态转移

1. 联机形态转移

根据信贷部门提交的通知书，经审核无误后，柜员可对未到期贷款提前执行形态转移处理。

2. 批量形态转移

(1) 贷款到期日的次日日终，系统对未收回的贷款本金从正常贷款科目转入逾期贷款科目。
(2) 贷款本金逾期超过 90 天的次日日终，系统将未收回的贷款本金自动转入非应计贷款科目。
(3) 正常或逾期的贷款表内应收未收利息逾期超过 90 天的次日日终，系统自动冲减利息收入和表内应收未收利息，并转入表外应收未收利息。同时将贷款本金从正常贷款科目或逾期贷款科目转入非应计贷款科目。
(4) 贷款转非应计后，对于未到期的贷款按正常执行利率计息。对于到期的贷款则从到期日次日起，按超期执行利率计息。

(5) 对计息方式为利随本清或还本付息的贷款账户,从正常形态转为逾期形态后,其所欠利息全部转入表内应收利息;对贷款从正常贷款科目、逾期贷款科目转入非应计贷款科目核算的,则应及时冲减利息收入和表内应收未收利息,并转入表外应收未收利息。

3. 联机形态逆转移

对于已纳入非应计科目核算的正常或逾期形态的单位贷款,在结清表外应收利息后,对于仍未满足纳入非应计科目核算要求的贷款,柜员通过联机交易将贷款转回正常或逾期形态。

(五)注意事项

(1) 对贷款业务,柜员必须按规定认真审核有关借款凭证及相关资料,对填写要素不全、缺少有权人签章等不符合规定的借款资料,应退回给信贷部门,严禁按不符合规定的借款凭证违规发放贷款。

(2) 授权人员和复核人员必须根据原始凭证认真核对柜员输入的贷款日期、利率代码及执行利率、计息方式、会计科目、金额等关键要素,避免引起资金风险。

(3) 在定期结息日、批量扣款日、利率调整日等特殊日期的次日,营业机构必须按规定打印有关贷款结息清单、贷款自动收回本息清单、个人贷款成功(未成功)扣款清单、资产要素调整流水清单、个人贷款利率调整成功(失败)清单、公积金收回情况表等,并按计息方式分类抽查贷款结息、利率调整、批量扣款等情况。

(4) 会计主管应指定专人对贷款业务进行日常核对。对核对不一致的,柜员必须及时查明原因,经会计主管审核并登记工作日志后进行相应处理。

二、一般贷款发放规程及操作要点

1. 一般贷款发放规程

一般贷款发放规程如图 5-1 所示。

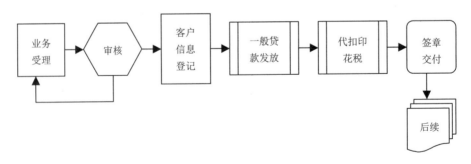

图 5-1 一般贷款发放规程

2. 业务操作要点

(1) 柜员收下信贷部门交来的有关资料包括：借款凭证、贷款审批书、贷款申请书等。

(2) 柜员认真审核的内容包括：借款凭证是否一次套写并有借款编号，借款凭证客户账号、户名是否正确，借款用途、期限、利率等要素是否完整，客户是否在借款凭证上加盖预留印鉴，信贷部门是否在借款凭证上加盖贷款审批专用章，借款凭证有权人签字是否齐全，贷款审批书是否经有权人签字，借款凭证、贷款审批书的相关内容是否一致，包括金额、期限、利率、入账账号等。

(3) 柜员使用一般贷款发放交易进行贷款发放和入账处理，并代扣印花税。

(4) 柜员在借款凭证上签章：借贷方凭证上加盖转讫章，入账凭证上加盖业务公章(一联交信贷部门，一联为客户的入账通知)。

(5) 柜员整理归档凭证：借贷方凭证为记账的传票，贷款审批书作为机制传票的原始凭证和附件，贷款卡专夹保管，定期核对。

三、一般贷款抵(质)押规程及操作要点

1. 一般贷款抵(质)押规程

一般贷款抵(质)押规程如图 5-2 所示。

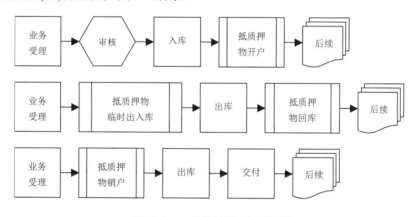

图 5-2　一般贷款抵(质)押规程

2. 业务操作要点

(1) 抵(质)押品经审批并公证后，客户经理依据贷款合同填制保管品封签，办理抵(质)押品入库保管手续。管库员收到保管品后在凭证保管栏签章，并将有关凭证交柜员。

(2) 柜员使用抵(质)押物开户交易办理开户，并将抵(质)押物编号告诉客户经理。

(3) 柜员收到业务部门提交的抵(质)押物临时出库单据时，认真审核签字和签章，无误后，使用抵(质)押物临时出库交易处理，使用后入库时，再使用抵(质)押物临时入库交易办

理回库手续。

(4) 柜员收到业务部门的书面通知和保管品付出凭证时,使用抵(质)押物销户交易办理。

(5) 柜员将抵(质)押物交客户经理。

(6) 柜员整理归档凭证。

四、一般贷款收回规程及操作要点

1. 一般贷款收回规程

一般贷款收回规程如图 5-3 所示。

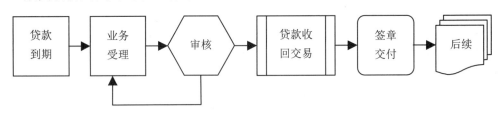

图 5-3　一般贷款收回规程

2. 业务操作要点

(1) 贷款到期,系统自动结息并扣收本息。

(2) 柜员收下信贷部门所提交的还款凭证。

(3) 柜员认真审核还款凭证:还款凭证是否一次套写,还款凭证上原借据凭证与贷款卡是否一致,还款凭证上大小写金额是否一致,还款凭证上有关签字和签章是否齐全。

(4) 柜员使用贷款还款交易进行还款处理。

(5) 柜员在还款凭证上签章后,将有关联交信贷部门。

(6) 柜员在贷款卡上做还款记录,还款凭证的借贷凭证作为入账的依据,如果贷款全额还清,则将贷款卡作为传票附件。

五、一般贷款的逾期、呆滞、呆账规程及操作要点

1. 一般贷款的逾期、呆滞、呆账规程

一般贷款的逾期、呆滞、呆账规程如图 5-4 所示。

2. 业务操作要点

(1) 借款合同到期,借款人无力还款,贷款到期日转为逾期贷款,逾期 6 个月后转为呆滞贷款。

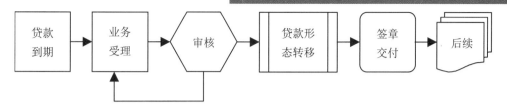

图 5-4　一般贷款的逾期、呆滞、呆账规程

(2) 柜员受理信贷部门所提交的贷款形态转移通知书。

(3) 柜员审核通知书：是否有有权人签字，金额、期限、利率、贷款人账号、借据号是否与贷款管理卡一致。

(4) 柜员使用贷款形态转移交易进行处理。

(5) 柜员在借款凭证上签章后，按联别分别送交信贷部门和客户，有关资料专夹保管。

【小资料】

不得抵押的财产

下列财产不得抵押。

(1) 土地所有权；

(2) 耕地、宅基地、自留地、自留山等集体所有的土地使用权，但法律规定可以抵押的除外；

(3) 学校、幼儿园、医院等以公益为目的的事业单位、社会团体的教育设施、医疗卫生设施和其他社会公益设施；

(4) 所有权、使用权不明或者有争议的财产；

(5) 依法被查封、扣押、监管的财产；

(6) 法律、行政法规规定不得抵押的其他财产。

【课堂讨论】

试结合《物权法》讨论抵押权及顺位？

第三节　贴现业务

一、贴现知识

1. 贴现的种类

一般而言，票据贴现可以分为三种，分别是贴现、转贴现和再贴现。

贴现：指银行承兑汇票的持票人在汇票到期日前，为了取得资金，贴付一定利息将票据权利转让给银行的票据行为,是银行为持票人融通资金的一种方式。

转贴现:指商业银行在资金临时不足时,将已经贴现但仍未到期的票据,交给其他商业银行或贴现机构给予贴现,以取得资金融通。

再贴现:指中央银行通过买进商业银行持有的已贴现但尚未到期的商业汇票,向商业银行提供融资支持的行为。

贴现的性质:贴现是银行的一项资产业务,汇票的支付人对银行负债,银行实际上与付款人有一种间接贷款关系。

贴现的利率:在人民银行现行的再贴现利率的基础上进行上浮,贴现的利率是市场价格,由双方协商确定,但最高不能超过现行的贷款利率。

贴现利息的计算:贴现利息是汇票的收款人在票据到期前为获取票款向贴现银行支付的利息。

2. 贴现申请人必须具备的条件

(1) 在贴现行开立存款账户的企业法人或其他经济组织;

(2) 与出票人或直接前手之间有真实的商品交易关系;

(3) 能够提供与其直接前手之间的增值税发票(按规定不能出具增值税发票的除外)和商品发运单据复印件。

3. 贴现申请人需提供的资料

持票人办理汇票贴现业务时,需填写《商业汇票贴现申请书》,加盖公章和法定代表人章(或授权代理人章)后提交开户行,并提供以下资料。

(1) 未到期且要式完整的银行承兑汇票;

(2) 贴现申请人的《企业法人营业执照》或《营业执照》复印件;

(3) 持票人与出票人或其直接前手之间的增值税发票(对因《中华人民共和国增值税暂行条例》所列不得出具增值税发票的商品交易除外,无增值税发票作附件的,可由申请人提交足以证明其具有真实商品交易关系的其他书面材料)和商品发运单据复印件;

(4) 贴现银行认为需要提供的其他资料。

4. 贴现利息计算

(1) 计息天数。贴现计息天数从贴现之日起至汇票到期日的前一天止。异地票据,可加计三天的划款邮程。

(2) 计算公式为

贴现利息=贴现票据票面金额×贴现利率×贴现日至贴现票据到期日前一日的累计天数

二、贴现发放规程及操作要点

1. 贴现发放规程

贴现发放规程如图 5-5 所示。

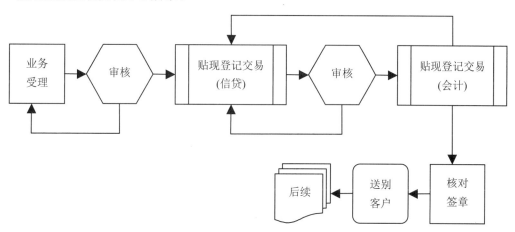

图 5-5 贴现发放规程

2. 业务操作要点

(1) 柜员收到信贷部门交来的"贴现票据查询申请书"和待贴现票据,应认真审查票据的纸张是否与人民银行规定格式、纸质、水印、防伪标识等一致,票据要素是否符合《票据法》的要求,对银行承兑的商业汇票,其汇票专用章的签章是否与统一的汇票专用章印模一致;经双人交叉复审并在"贴现票据查询申请书"上分别签章后,交主管审核签章。

对审核合格的票据予以收存,开具一式三联的待查贴现票据收据并加盖业务公章,第一、二联交信贷部门(其中一联由信贷部门转交贴现申请人收执),第三联留存,并即时向承兑人发出查询书;待查票据日终入库或入保险箱保管。

对查询无误的票据,通知信贷部门并收回给信贷部门和贴现申请人的待查贴现票据收据,将票据交信贷部门转交贴现申请人办理票据的贴现手续,收回的待查贴现票据收据第一、二联注明"作废"字样后与会计部门留存的第三联待查贴现票据收据一起配套专夹保管,按季(年)装订入库。

(2) 信贷部门根据审批意见书、贴现合同,填制贴现凭证,进行贴现登记交易处理,在贴现凭证上签章后交柜员。

(3) 柜员收到经信贷部门审批同意办理贴现的票据、票据复印件、一式五联贴现凭证时,应认真审查以下内容。

① 贴现票据是否已经过查询、是否与原查询的票据为同一票据,票据上是否已向本行作贴现背书;

② 贴现凭证填写是否齐全、日期是否为当前日期；贴现凭证上的汇票金额是否为票据的金额，大小写金额是否一致；

③ 贴现利息及实付贴现金额的计算是否正确，其公式为

$$贴现利息 = 汇票金额 \times 贴现天数 \times 日贴现率$$

$$实付贴现金额 = 汇票金额 - 贴现利息$$

贴现天数=贴现日至票据到期日的实际天数(承兑人为异地的票据须加3天)

④ 贴现申请人与票据的持票人名称是否一致；

⑤ 贴现申请人在贴现凭证上持票人签章处的签章以及票据的贴现背书是否符合有关规定；

⑥ 贴现凭证是否经有权人签章同意。

(4) 柜员审核无误交主管签章后，进行贴现发放交易处理。

(5) 交易成功后，签章交付：贴现凭证第一联作借方凭证，第二联作存款户贷方凭证，第三联作利息收账贷方凭证，第四联加盖转讫章作客户收账通知。

同时，填制一式三联的贴现票据入库单，一联贴现票据入库单随第五联贴现凭证(票据复印件作第五联贴现凭证附件)一起专夹保管，其余两联入库单随同贴现票据送库房管理员入库保管，一联贴现票据入库单由管库员留存，一联贴现票据入库单由管库员签章后作表外科目收入(贷方)凭证附件。

如贴现票据为商业承兑汇票，应填制表外收入(贷方)凭证，登记"商业承兑汇票贴现"表外科目。

(6) 办理贴现后，应在贴现日以电报(或通过资金汇划系统)向承兑人发出票据已贴现通知。

三、贴现到期业务规程及操作要点

1. 贴现到期业务规程

贴现到期业务规程如图5-6所示。

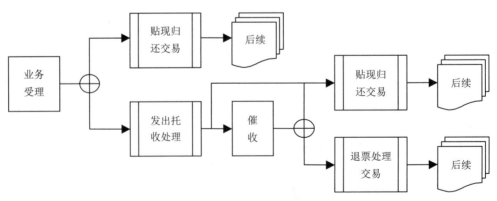

图 5-6 贴现到期业务规程

2. 业务操作要点

（1）柜员对贴现的商业汇票应每天检查贴现凭证上票据的到期日。对到期的贴现，应将贴现凭证底卡联和贴现汇票抽出。

（2）付款人如果在本行开户的，柜员通过贴现归还交易进行处理，同时进行代保管品出库交易处理。

交易成功后，柜员将贴现凭证底卡联和汇票作为机制凭证附件，并打印一联客户扣款回单。

（3）如果票据付款人不在本行开户，则通过托收处理。

① 发出托收。

对贴现的银行承兑汇票应根据承兑汇票的到期日匡算委托收款凭证邮寄的邮程时间，提前向承兑人发出委托收款，贴现的商业承兑汇票应根据承兑汇票的到期日匡算委托收款凭证邮寄的邮程时间和3个工作日的承付期，提前向承兑人发出委托收款。

柜员对需发出委托收款的已贴现票据，填制一式三联的出库单，经有权人签字后向管库员办理贴现票据的出库手续，出库单一联由管库员收执，一联由管库员签章后作贴现凭证第五联的附件。在发出委托收款的票据背面背书栏加盖结算专用章和柜员名章，注明"委托收款"字样，填制委托收款凭证(电委凭证)，在"委托收款凭证凭据名称"栏注明"商业承兑汇票"或"银行承兑汇票"字样及其汇票号码，连同贴现票据向承兑人办理委托收款；委托收款凭证第一联附贴现凭证第五联后配套保管。

② 催收。

逾期未划回的贴现票据资金(同城票据到期后2个工作日、异地票据到期后5个工作日内仍未划回款项)，应及时通知信贷部门并发出催收公函。

③ 款项划回。

柜员收到票据承兑人划回的票据款项，抽出专夹保管的贴现凭证第五联，原划回款项的贷方凭证作贴现凭证第五联的附件，销记贴现科目，并填制表外付出(借方)凭证进行账务处理。

如贴现票据为商业承兑汇票，填制表外商业承兑汇票贴现付出(借方)凭证。

④ 承兑人退票。

柜员收到承兑人开户银行或承兑银行退回的委托收款凭证、票据和拒绝付款理由书或付款人未付款通知书后，应及时通知信贷部门追索票款。

A. 对承兑银行无理拒付的承兑汇票。

对承兑银行无理拒付的承兑汇票应经主管签批后再次发出委托收款，并随寄催收公函，要求其支付延期利息及有关费用，同时在第五联贴现凭证上注明"无理拒付(退票)重新托收"字样和重托日期。

重托收回款项的，有关延期利息及费用记入相关账户。

B. 从贴现申请人账户扣收。

贴现申请人存款户足以支付贴现票款追索金额的，抽出专夹保管的贴现凭证第五联，填制一式三联特种转账凭证，在转账原因栏注明"未收到××号贴现票据款及延付利息、追索费用从你账户扣收"字样，并经有权人签章。一联特种转账凭证加盖转讫章作支款通知随同票据和拒付理由书或付款人未付款通知书交贴现申请人签收，一联作贴现申请人存款户借方凭证，一联作第五联贴现凭证的附件，同时填制利息收入账户和追索费用户的转账贷方凭证，进行账务处理。

贴现申请人账户余额不足时，应按照逾期贷款的规定处理。

C. 向贴现申请人的前手和承兑人追索贴现票据。

柜员对不获承兑人付款由信贷部门办理追索的贴现票据，应填制一式三联特种转账凭证将贴现资金从票据贴现户转入待追索贴现票据户，同时填制一式三联的贴现票据入库单，将不获付款的已贴现票据交管库员入库保管，并经主管签批。

柜员收到信贷部门因追索不获承兑人付款的已贴现票据款项，需借用已贴现票据的，应填制一式三联出库单，审查出库单是否经行长或有权人审批签章，无误后，一联出库单交库房管理员办理出库手续，将票据交信贷部门签收。

对信贷部门经追索后收回贴现资金的，应另填制转账凭证和利息收入凭证，经主管签批后进行账户处理。

柜员收到信贷部门退回借用的票据时，应填写一式三联入库单办理票据入库手续，经审查贴现票据无误后，根据票据入库单编制表外科目收(贷)、付(借)凭证，一联贴现票据入库单作表外科目收入凭证的附件，一联贴现票据入库单由管库员留存，一联贴现票据入库单由管库员签章后交信贷部门作收到票据的收执。

【小资料】

贴现的性质

贴现是商业汇票的持票人在汇票到期日前，为了取得资金贴付一定利息将所拥有的贴现票据权利转让给金融机构的票据行为。贴现是金融机构为持票人融通资金的一种方式。贴现具有以下性质。

(1) 贴现是持票人向金融机构卖出票据的行为。

在我国，并不是任何人都可以买入票据进行贴现，办理票据贴现业务的机构，必须经中国银行业监督管理委员会或其下属机构批准。

(2) 贴现行为是商业银行短期融资的一种形式。

票据贴现的实质是贴现申请人以支付贴现利息为条件，在票据到期日前向金融机构筹措货币资金的短期融资行为。在目前实际操作中，票据贴现已成为各商业银行向企业提供短期融资的一种资产业务，在一定程度上已成为企业流动资金贷款的补充和替代品。

如果贴现银行取得该票据但其票据权利被否认而不能要求票据债务人承担责任，仍然有权要求贴现申请人返还资金。而且所有票据债务人都对到期未能够清偿款项承担连带责任,因此是一种比较安全的资产业务。

(3) 贴现是持票人的融通行为。

一般情况下,持票人通过商品销售取得票据,需要在票据到期日才可行使票据权利,取得票款。票据贴现可以使持票人在票据到期前通过转让票据获得资金,从而解决持票人急需资金的问题,因此,相当于提前获得了扣除利息后的票据金额,是一种比较便捷的融通方式。

【课堂讨论】

贴现是一种贷款方式,如何防范贴现业务风险?

第四节　银行承兑汇票业务

一、银行承兑汇票知识

(一)承兑的原则

办理银行承兑汇票应遵循以下几方面的原则。

(1) 银行承兑汇票必须以真实合法的商品交易为基础,严禁办理无真实贸易背景的银行承兑汇票;

(2) 银行承兑汇票最长期限不得超过 6 个月;

(3) 银行承兑汇票业务仅限于人民币,单张汇票金额一般不超过 500 万元;

(4) 银行承兑汇票承兑总量不能超过银行上年度各项存款余额的 8%;

(5) 单户企业的银行承兑汇票总量不能超过银行资本总额的 10%;

(6) 银行承兑汇票纳入统一综合授信管理。

(二)承兑的条件

申请签发银行承兑汇票的客户必须具备下列条件。

(1) 必须是在银行开立基本或一般存款账户、依法设立并从事经营活动的法人及其他经济组织;

(2) 具有支付汇票金额的可靠资金来源;

(3) 近三年无不良贷款、欠息及其他不良信用记录;

(4) 申请承兑的票据具有真实的商品交易关系。

(三)申请承兑应提交的资料

申请承兑应提交下列资料。

(1) 申请汇票承兑时，承兑申请人应提交下列资料。

① 银行承兑汇票承兑申请书(如果出票人为有限责任公司、股份有限公司、合资合作及承包经营企业，还须提供董事会或发包人有权签字人同意申请票据承兑的决议文件)；

② 营业执照、机构代码证书、贷款卡及法定代表人(实际经营者)身份证复印件；

③ 法人授权委托书；

④ 真实的商品交易合同或增值税发票原件及复印件；

⑤ 拟提供担保的相关资料(包括质押、抵押及保证)；

⑥ 银行要求提供的其他相关资料。

(2) 如申请人属第一次向商业银行申请办理银行承兑汇票业务的，还须填写银行承兑汇票业务申请书，并向申请人咨询如实反映在书面调查报告中的以下内容。

① 出票人的基本情况及法定代表人或实际经营者的主要经历；

② 企业生产经营活动(包括产、供、销、存)的基本情况；

③ 资金周转安全情况；

④ 近期财务状况；

⑤ 担保情况。

(3) 同时还应要求出票人提交下列材料作为调查报告的附件。

① 具备出票人资格的证明文件(包括营业执照及公司成立章程、验资报告、纳税登记证等)；

② 承兑业务项下的相关业务资料，包括产品、原材料、电力、运输、工程承包或其他贸易及服务合同、单据及相应的增值税发票；

③ 本月及上年度资产负债表、损益表等财务报表；

④ 担保证明文件(包括保证人的营业执照等资格证明文件、财务报表、拟提供担保的承诺文件、抵押物和质押物清单及其权属证明)；

⑤ 银行要求的其他文件。

二、承兑业务规程

1. 银行承兑汇票承兑的业务流程

银行承兑汇票承兑的业务流程如图 5-7 所示。

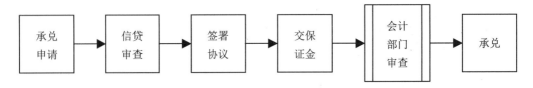

图 5-7 银行承兑汇票承兑的业务流程

2. 业务操作要点

(1) 客户按规定向信贷部门提交资料，申请签开银行承兑汇票。

(2) 信贷部门按规定进行审查。

(3) 信贷部门代表银行与出票人签署《银行承兑协议》(一式三份)和保证合同或抵押合同、质押合同；对需要办理登记、转移占有或设置背书转让的，应及时办妥有关手续。

(4) 客户按规定交纳保证金。

(5) 信贷部门向会计部门提交商品交换合同复印件、保证金进账单、承兑协议、业务调查审批书、出账通知书等资料和清单。

(6) 会计部门审查，其审查的内容包括以下几方面。

① 《银行承兑汇票业务调查审批书》是否已经审查批准且《银行承兑协议》是否正式签署生效；

② 《银行承兑协议》项下的担保合同是否正式签署生效；

③ 出票人是否实际履行了《银行承兑协议》和担保合同中约定的在承兑前应履行的义务，包括将抵押物权属证书、抵押物登记证明、质押物及质押权利凭证等相关文件资料交由银行网点实际占有，交存保证金等；

④ 出票人是否已履行了其他约定的义务。

(7) 会计部门向出票人出售空白银行承兑汇票。

(8) 出票人当场签发银行承兑汇票。

(9) 会计部门承兑，将第二、三联汇票和一联承兑协议交出票人。

三、承兑到期的处理

1. 银行承兑汇票到期处理的业务流程

银行承兑汇票到期处理的业务流程如图 5-8 所示。

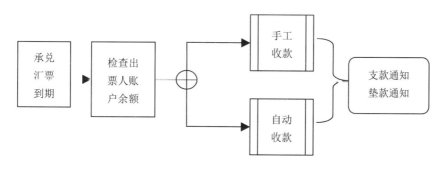

图 5-8　银行承兑汇票到期处理的业务流程

2. 业务操作要点

(1) 柜员应每天查看专夹保管的银行承兑汇票卡片的到期情况。对到期的汇票应于到期日(法定节假日顺延)向承兑申请人收取票款。

(2) 柜员检查出票人保证金及结算账户余额的合计是否够支付汇票款项，如不足支付，通知出票人及时补足款项。

(3) 柜员填制三联或四联特种转账凭证，在"转账原因"栏注明"根据××号承兑汇票划转票款"字样，其中一联特种转账凭证作承兑申请人存款户的借方凭证，一联作保证金科目的借方凭证，一联作应解汇款科目待支付到期银行承兑汇票户的贷方凭证，一联加盖转讫章交承兑申请人作扣款通知，第一联银行承兑汇票作应解汇款科目的账卡专夹保管。

当到期日承兑申请人账户无款或不足支付时，应通知信贷部门发放贷款电子许可证，转入该承兑申请人的逾期贷款户。填制三联特种转账凭证，在"转账原因"栏注明"××汇票无款支付转逾期贷款户"字样，其中一联特种转账凭证作承兑申请人贷款户的借方凭证，一联作应解汇款科目待支付到期银行承兑汇票户的贷方凭证，一联加盖转讫章交承兑申请人作贷款回单，第一联银行承兑汇票作应解汇款科目的账卡专夹保管。

【小资料】

申请汇票承兑应交纳的保证金比例

申请汇票承兑必须交存规定比例以上的承兑保证金，并做好保证金以外部分承兑金额的担保。

(1) AAA 级以上客户一般收取 30%(含)以上的保证金；

(2) AA 级客户收取 50%(含)以上的保证金；

(3) A 级客户收取 70%(含)以上的保证金；

(4) A 级以下客户收取 100%的保证金；

(5) 对其他客户及部分特殊业务均收取 100%的保证金；

(6) 对经营管理好、信用程度高、还款来源有保障且对银行贡献度高的优良客户要实行保证金减免的，必须经过贷款审查委员会批准。

【课堂讨论】

银行承兑汇票的业务风险点在哪里？

本 章 小 结

贷款业务	贷款业务概述	贷款业务基础知识	包括贷款种类、贷款程序、贷款合同、贷款五级分类等知识
		贷款计息基础	包括贷款利息分类、贷款的提前归还、展期和逾期、首期还款额的特殊约定、贷款利率类型
		单位贷款利息计算	单位贷款利息计算分为定期结息、利随本清和还本付息三种结息方式
		个人贷款利息计算	包括利息计算方式和计息规则
	一般贷款业务	贷款业务的核算要求	包括一般原则、贷款账户管理、贷款客户信息管理、贷款形态转移、注意事项
		一般贷款发放规程	包括业务规程和业务操作要点
		一般贷款抵(质)押规程	包括业务规程和业务操作要点
		一般贷款收回规程	包括业务规程和业务操作要点
		一般贷款的逾期、呆滞、呆账规程	包括业务规程和业务操作要点
	贴现业务	贴现知识	包括贴现种类、条件、资料、计息等
		贴现发放规程	包括业务规程和业务操作要点
		贴现到期业务规程	包括业务规程和业务操作要点
	银行承兑汇票业务	银行承兑汇票知识	包括承兑的原则、承兑的条件、申请承兑应提交的资料
		承兑业务规程	包括业务规程和业务操作要点
		承兑到期的处理	包括业务规程和业务操作要点

习 题

一、单项选择题

1. 对1年期以内的个人贷款所采取的还款方式是(   )。
   A. 利随本清   B. 分期还款
   C. 等本还款   D. 等额还款
2. 小额质押贷款最长期限为(   )。
   A. 3个月   B. 6个月   C. 1年   D. 2年

3. 贷款五级分类是按( )分类的。
   A. 贷款风险程度　　　　　　　B. 贷款流动性
   C. 贷款偿还可能性　　　　　　D. 贷款质量

二、判断题

1. 个人小额质押贷款的还本付息采取等额本息还款方式。　　　　　　　( )
2. 按揭贷款发放时，在选择利率调整方式时，应选择特定日期调整即次年 1 月 1 日调整。　　　　　　　　　　　　　　　　　　　　　　　　　　　　　( )
3. 贴现是一种贷款方式。　　　　　　　　　　　　　　　　　　　　( )
4. 贴现票据如果到期不能获得承兑，则转入逾期贷款。　　　　　　　( )

三、简答题

1. 贷款的基本程序是什么？
2. 贴现的条件和需要提交的资料有哪些？
3. 办理银行承兑汇票需要具备什么条件？应提供哪些资料？
4. 按五级分类法，贷款分为哪几类？

实 训 课 堂

实训项目 1：贷款计息
　　要求：按规定和要求准确计算贷款利息
　　学时：2 学时
实训项目 2：一般贷款的核算
　　要求：按规定和业务规程完成一般贷款业务操作
　　学时：1 学时
实训项目 3：贴现业务的核算
　　要求：按规定和业务规程完成贴现业务操作
　　学时：1 学时
实训项目 4：银行承兑汇票的核算
　　要求：按规定和业务规程完成银行承兑汇票业务操作
　　学时：1 学时

第六章

中间业务

本章精粹：

- 基金业务
- 国债业务
- 代理业务

我国银行业中间业务集中度仍较高

2013年上半年,在16家上市银行的中间业务净收入中,前4家银行占比达到71.0%,而前10家银行占比已达到94.1%,行业市场集中度相当高。不过,随着近年来中小型银行的快速发展,2013年上半年行业集中度已较往年同期略有下降。在16家上市银行年报内,民生银行在资产托管业务方面取得了重大突破;兴业银行优势则体现在融资顾问费;中信银行把发力重点放在投资银行和银行卡业务上;华夏银行在理财业务方面优势较为明显;北京银行凭借区域优势,在投行业务外拓展了清算、结算业务。因此,股份制商业银行虽然在产品规模、资源分配上无法与国有大行抗衡,但能充分发挥其地区优势,紧抓地区对公业务,同时发挥"船小好掉头"的灵活优势,提高产品的收益能力和风险控制能力,做到百花齐放,建设各自银行的特色品牌,以扩大市场影响力。

中间业务 基金业务 国债业务 代理业务

第一节　中间业务概述

一、中间业务特点

中间业务是指商业银行在资产业务和负债业务的基础上,利用技术、信息、机构网络资金和信誉等方面的优势,不运用或较少运用自己的资财,以中间人或代理人的身份替客户办理收付、咨询、代理、担保、租赁和其他委托事项,提供各类金融服务,并收取一定费用的经营活动,英文为Intermediary Business,意为中介的、代理的业务,因此中间业务也可称为中介业务、代理业务。中间业务具有以下特点。

1. 不运用或较少运用自己的资金

银行不为客户垫款,不运用自己的资金,如结算业务。但在办理某些中间业务时,虽然不直接运用自己的资金,却要间接地运用自己的资金。

2. 以接受客户委托的方式开展业务

商业银行办理中间业务,通常是以接受客户委托的方式进行的,尤其是在办理代理、担保、承兑、承诺、委托买卖等中间业务时。

3. 风险较小

中间业务最基本的性质是商业银行在办理中间业务时,不直接作为信用活动的一方出现,即不直接以债权人或债务人的身份参与,参与中间业务主要是接受客户的委托,以中介人或代理人身份开展业务,其风险主要由委托人来承担,银行通常不承担什么责任。

4. 收益较高

商业银行在办理中间业务时,通常以收取手续费的方式获得收益,中间业务的发展,为银行带来了大量的手续费收入和佣金收入,却不增加银行的资产,因而银行的报酬率大为提高。

二、中间业务的分类

(一)支付结算类中间业务

支付结算类业务是指由商业银行为客户办理因债权债务关系引起的与货币支付、资金划拨有关的收费业务。

(1) 结算工具。结算业务借助的主要结算工具包括银行汇票、商业汇票、银行本票和支票。

(2) 结算方式,主要包括同城结算方式和异地结算方式。

汇款业务,是由付款人委托银行将款项汇给外地某收款人的一种结算业务。汇款结算分为电汇、信汇和票汇三种形式。

托收业务,是指债权人或售货人为向外地债务人或购货人收取款项而向其开出汇票,并委托银行代为收取款项的一种结算方式。

信用证业务,是由银行根据申请人的要求和指示,向收益人开立的载有一定金额,在一定期限内凭规定的单据在指定地点付款的书面保证文件。

(3) 其他支付结算业务,包括利用现代支付系统实现的资金划拨、清算,利用银行内外部网络实现的转账等业务。

(二)银行卡业务

银行卡是由经授权的金融机构向社会发行的具有消费信用、转账结算、存取现金等全部或部分功能的信用支付工具。

(三)代理类中间业务

代理类中间业务指商业银行接受客户委托、代为办理客户指定的经济事务、提供金融服务并收取一定费用的业务,包括代理政策性银行业务、代理中国人民银行业务、代理商业银行业务、代收代付业务、代理证券业务、代理保险业务、代理其他银行银行卡收单业务等。

(四)担保类中间业务

担保类中间业务指商业银行为客户债务清偿能力提供担保，承担客户违约风险的业务。主要包括银行承兑汇票、备用信用证、各类保函等。

(1) 银行承兑汇票，是由收款人或付款人(或承兑申请人)签发，并由承兑申请人向开户银行申请，经银行审查同意承兑的商业汇票。

(2) 备用信用证，是开证行应借款人要求，以放款人作为信用证的收益人而开具的一种特殊信用证，以保证在借款人破产或不能及时履行义务的情况下，由开证行向收益人及时支付本利。

(3) 各类保函业务，包括投标保函、承包保函、还款担保保函、借款保函等。

(4) 其他担保业务。

(五)承诺类中间业务

承诺类中间业务是指商业银行在未来某一日期按照事前约定的条件向客户提供约定信用的业务，主要指贷款承诺，包括可撤销承诺和不可撤销承诺两种。

(1) 可撤销承诺附有客户在取得贷款前必须履行的特定条款，在银行承诺期内，客户如没有履行条款，则银行可撤销该项承诺。可撤销承诺包括透支额度等。

(2) 不可撤销承诺是指银行不经客户允许不得随意取消的贷款承诺，具有法律约束力，包括备用信用额度、回购协议、票据发行便利等。

(六)交易类中间业务

交易类中间业务指商业银行为满足客户保值或自身风险管理等方面的需要，利用各种金融工具进行的资金交易活动，主要指金融衍生业务。

(1) 远期合约，是指交易双方约定在未来某个特定时间以约定价格买卖约定数量的资产，包括利率远期合约和远期外汇合约。

(2) 金融期货，是指以金融工具或金融指标为标的的期货合约。

(3) 互换，是指交易双方基于自己的比较利益，对各自的现金流量进行交换，一般分为利率互换和货币互换。

(4) 期权，是指期权的买方支付给卖方一笔权利金，获得一种权利，可于期权的存续期内或到期日当天，以执行价格与期权卖方进行约定数量的特定标的的交易。按交易标的的分，期权可分为股票指数期权、外汇期权、利率期权、期货期权、债券期权等。

(七)基金托管业务

基金托管业务是指有托管资格的商业银行接受基金管理公司委托,安全保管所托管的基金的全部资产,为所托管的基金办理基金资金清算款项划拨、会计核算、基金估值、监督管理人投资运作等,包括封闭式证券投资基金托管业务、开放式证券投资基金托管业务和其他基金的托管业务。

(八)咨询顾问类业务

咨询顾问类业务指商业银行依靠自身在信息、人才、信誉等方面的优势,收集和整理有关信息,并通过对这些信息以及银行和客户资金运动的记录和分析,形成系统的资料和方案提供给客户,以满足其业务经营管理或发展的需要的服务活动。

(1) 企业信息咨询业务,包括项目评估、企业信用等级评估、验证企业注册资金、资信证明、企业管理咨询等。

(2) 资产管理顾问业务,指为机构投资者或个人投资者提供全面的资产管理服务,包括投资组合建议、投资分析、税务服务、信息提供、风险控制等。

(3) 财务顾问业务,包括大型建设项目财务顾问业务和企业并购顾问业务。大型建设项目财务顾问业务指商业银行为大型建设项目的融资结构、融资安排提出专业性方案。企业并购顾问业务指商业银行为企业的并购双方提供的财务顾问业务,银行不仅参与了企业兼并与收购的过程,而且作为企业的持续发展顾问,参与了公司结构调整、资本充实和重新核定、破产和困境公司的重组等策划和操作过程。

(4) 现金管理业务,指商业银行协助企业,科学合理地管理现金账户头寸及活期存款余额,以达到提高资金流动性和使用效益的目的。

(九)其他类中间业务

其他类中间业务包括保管箱业务以及其他不能归入以上八类的业务。

【小资料】

中间业务的审批制和备案制

适用审批制的业务主要为形成或有资产,或有负债的中间业务,以及与证券、保险业务相关的部分中间业务;适用备案制的业务主要为不形成或有资产,或有负债的中间业务。

1. 适用审批制的中间业务品种

(1) 票据承兑;

(2) 开出信用证;

(3) 担保类业务,包括备用信用证业务;

(4) 贷款承诺;

(5) 金融衍生业务;
(6) 各类投资基金托管;
(7) 各类基金的注册登记、认购、申购和赎回业务;
(8) 代理证券业务;
(9) 代理保险业务。

2. 适用备案制的中间业务品种

(1) 各类汇兑业务;
(2) 出口托收及进口代收;
(3) 代理发行、承销、兑付政府债券;
(4) 代收代付业务,包括代发工资、代理社会保障基金发放、代理各项公用事业收费(如代收水电费);
(5) 委托贷款业务;
(6) 代理政策性银行、外国政府和国际金融机构贷款业务;
(7) 代理资金清算;
(8) 代理其他银行银行卡的收单业务,包括代理外卡业务;
(9) 各类代理销售业务,包括代售旅行支票业务;
(10) 各类见证业务,包括存款证明业务;
(11) 信息咨询业务,主要包括资信调查、企业信用等级评估、资产评估业务、金融信息咨询;
(12) 企业、个人财务顾问业务;
(13) 企业投融资顾问业务,包括融资顾问、国际银团贷款安排;
(14) 保管箱业务。

【课堂讨论】

中间业务的发展对商业银行具有什么意义?

第二节 代 理 业 务

一、代理业务的分类

代理业务是指商业银行接受客户委托,代为办理客户指定的经济事务、提供金融服务并收取一定费用的业务。

1. 按委托单位不同分

(1) 代理政策性银行业务,指商业银行接受政策性银行委托,代为办理政策性银行因服务功能和网点设置等方面的限制而无法办理的业务,包括代理贷款项目管理等。

(2) 代理中国人民银行业务,指根据政策、法规的规定应由中央银行承担,但由于其机构设置、专业优势等方面的限制,由中央银行指定或委托商业银行承担的业务,主要包括财政性存款代理业务、国库代理业务、发行库代理业务、金银代理业务等。

(3) 代理商业银行业务,指商业银行之间相互代理的业务,例如为委托行办理支票托收等。

(4) 代收代付业务,指商业银行利用自身的结算便利,接受客户的委托代为办理指定款项的收付事宜的业务,例如代理各项公用事业收费、代理行政事业性收费和财政性收费、代发工资、代扣住房按揭消费贷款还款等。

(5) 代理证券业务是指银行接受委托办理的代理发行、兑付、买卖各类有价证券的业务,还包括接受委托代办债券还本付息、代发股票红利、代理证券资金清算等业务。此处有价证券主要包括国债、公司债券、金融债券、股票等。

(6) 代理保险业务是指商业银行接受保险公司委托代其办理保险业务的业务。商业银行代理保险业务,可以受托代个人或法人投保各险种的保险事宜,也可以作为保险公司的代表,与保险公司签订代理协议,代保险公司承接有关的保险业务。代理保险业务一般包括代售保单业务和代付保险金业务。

(7) 其他代理业务,包括代理财政委托业务、代理其他银行银行卡收单业务等。

2. 按资金清算方向不同分

(1) 代收类业务,是指银行与代理业务单位签订相关协议,又与客户建立相应的委托支付关系,从客户指定的账户上转账付出指定金额后,转入单位账户的一种代理单位收取、代理客户支付的中间业务。

(2) 代付类业务,是指银行与代理业务单位签订相关协议,将代理业务单位划来的款项转入其指定的客户账上的一种代理单位支付业务。

(3) 转账类业务,是指银行与代理业务单位签订合作协议,又与其客户签订转账协议,在建立相应的转入、转出账号对照表的基础上,使客户能在两个或两个以上的不同性质的账户中进行资金转账功能的业务。

(4) 代理发行类业务,是指银行利用现有网点和网络资源,代理发行国家财政和其他机构的金融业务产品的业务。

二、代收代付业务

(一)一般代收业务

1. 前台现金缴费

(1) 单位提前将收费数据提供给银行,银行导入数据库里,或者采用联网方式,直接与收费单位联网。

(2) 客户提供业务种类及用户编号，柜员选择相应交易，系统显示应缴金额，柜员告知客户并收取现金，清点无误后，输入实缴金额。

(3) 现金缴费成功后，系统提示打印发票或收据，将发票或收据加盖个人名章和业务清讫章后交客户。

2. 前台转账缴费

(1) 与现金缴费不同的是，客户除了提供业务种类及用户编号外，还需提供相应的个人结算账户。

(2) 柜员选择相应交易，系统显示应缴金额，划卡(折)，柜员输入实缴金额、客户输入密码后，直接从账户上扣款。

(二)代收学费业务

代收学费业务通过代收学费服务系统进行，可向院校提供代扣、代收、汇兑、现场缴款、网上自助缴费等多种服务方式。

收费代理行柜员应根据学生所属的院校代码和通知书编号或学号，联机查询该学生的姓名和金额，核对无误后收妥款项，使用缴费交易录入相关收费信息，打印缴费凭条及缴费凭证，缴费凭证加柜员名章和业务清讫章后交学生。

(三)代发工资业务

(1) 银行与单位签订代发工资协议，设立"代发工资户"，单位可通过清单或电子数据的形式将明细传给银行。

(2) 银行柜员将代发单位转划的代发款项转入"代发工资户"账户，抽取该代发单位卡片核对上传金额一致后，借记"代发工资户"，贷记代发工资的"批量代发工资清算专户"。

(3) 次日查询该内部账户余额，余额为零表示昨日代发工资全部成功；如有余额表示有出错户，应进行出错户处理。

三、银证通业务

(一)基本规定

(1) 银证通业务以银行借记卡为客户证券交易的资金账户，建立资金账户、股东账户和证券营业部的一一对应关系，客户买入证券后，资金直接从借记卡清算；卖出证券后，资金直接清算到客户借记卡上。证券买卖委托交易由客户通过券商端提供的途径自助发起。

(2) 银证通柜面业务原则上不允许他人代理。

(3) 客户申请银证通销户，必须满足以下条件。

① 投资者当日没有任何交易；
② 没有未到期申购、配售；
③ 没有托管的股票；
④ 当日没有指定交易；
⑤ 股东账户状态正常。

若存在托管的股票，客户须先到证券公司办理股票转托管；若存在指定交易，客户须先到证券公司办理撤销指定交易。

(4) 客户申请换银行卡业务，必须在换卡当日无股票交易。

客户若遗失借记卡，除及时口头挂失外，还需持客户本人股东卡、身份证，新办一张借记卡，申请银证通换卡业务，然后将原借记卡挂失。

(5) 客户若遗失股东账户，可先到银行开户网点办理银证通股东账户挂失后，再到当地证券登记公司(或代理机构)办理挂失及补办新股东账户。客户补办好新的股东账户后到银行原网点办理解挂，并重新建立银证通关系。

(二)业务规程

1. 银证通开户

(1) 业务受理。客户办理银证通开户时，须持本人有效身份证件、股东账户、借记卡，及身份证件、股东账户复印件各两联，填写协议书和申请表。

(2) 业务审核。柜员通过相应交易查询借记卡账户姓名，再审核客户的身份证件、股东账户、借记卡账户的姓名是否一致；审核协议书、申请表填写的内容与身份证件、股东账户、借记卡原件是否一致。

(3) 交易处理。柜员审核无误后，选择开户交易录入客户信息，为客户开通银证通业务功能，成功后在申请表上打印资金账户及股东账户开户信息。

(4) 交易确认。柜员将打印的开户信息与客户填写的申请表要素进行核对，重点核对借记卡账号、户名、股东账户的姓名，核对一致后将协议书和申请表交客户签字确认。分别在协议书和申请表上加盖业务公章和经办人员名章，将协议书、申请表的客户联交客户收执。

2. 指定交易

(1) 业务受理。客户办理指定交易时，需持本人身份证、股东账户卡、借记卡原件及复印件到开户网点，并填写申请表。

(2) 业务审核。柜员审核客户的身份证件、股东账户卡、借记卡的姓名是否一致，审核申请表填写的内容与身份证件、股东账户卡、借记卡原件是否一致。

(3) 交易处理。柜员审核无误后，进入业务系统选择相应交易，将信息输入电脑，业务成功后在申请表上打印指定交易信息。

(4) 交易确认。柜员将打印指定交易信息的申请表交客户确认，客户确认后在申请表上签字。柜员在申请表上加盖业务公章和经办人员名章，并将申请表的客户联交客户收执。

3. 银证通销户

(1) 业务受理。客户办理银证通销户时，需持本人身份证、股东账户、借记卡原件，及身份证、股东账户复印件，并填写申请表。

(2) 业务审核。柜员审核客户的身份证件、股东账户、借记卡的姓名是否一致，审核申请表填写的内容与身份证件、股东账户、借记卡原件是否一致。

(3) 交易处理。柜员审核无误后，选择销户交易，将客户销户信息录入，业务成功后在申请表上打印销户信息。

(4) 交易确认。柜员将打印的销户信息与客户填写的申请表要素进行核对，重点核对借记卡账号、户名、股东账户的姓名，核对一致后将打印销户信息的申请表交客户签字确认。柜员在申请表上加盖业务公章和经办人员名章，并将申请表的客户联交客户收执。

【小资料】

━━━━━━━━━━━ 代理业务主要种类 ━━━━━━━━━━━

(1) 代收业务主要有移动公司移动话费、联通公司通话费、电信通话费、供电公司电费、自来水公司水费、各大学校学杂费、网通公司网络使用费、物业管理公司的物业管理费、各保险公司的保险费、管道煤气费、有线电视费、代理行政事业收费等。

(2) 代付业务主要有代发薪水、代发养老金、代发红利、代发奖金等。

(3) 转账业务主要有银证转账、银期转账、银税转账、银烟转账、银证通、银证宝和教育储蓄自动转存业务、小额移动支付业务等。

(4) 代理发行业务主要有代理发行凭证式国债、记账式国债，代理开放式基金业务，代卖各类保险、代售火车、轮船、飞机票、代订报纸等。

【课堂讨论】

试讨论代理业务与中间业务的联系与区别。

第三节 国债业务

一、凭证式国债业务

(一)基本规定

凭证式国债是指由财政部发行的，有固定面值及票面利率，通过纸或电子媒介记录债权债务关系的国债。

(1) 凭证式国债发行金额以一百元为起点,金额超过一百元的按百元的整数倍销售。

(2) 凭证式国债采取记名式,可以挂失、办理质押贷款,但不得更名或上市转让。

(3) 发行期结束到国债到期前半年之间,对剩余额度或持券人提前兑付部分,可在其总额度内继续面向社会发行。对二次买卖国债的计息期,从购买之日起最长计算至该期次发行终止日的到期年份的对应日。

(4) 凭证式国债可以办理提前兑付。提前兑付时,必须全额兑付,按兑付本金的1‰收取手续费(对2002年以前发行的凭证式国债收取2‰的手续费)。提前兑取应提供有效身份证件,按财政部的公告中有关凭证式国债提前兑付时所规定的分档次利率执行。

(5) 逾期兑付时,逾期部分不计付利息。

(6) 国债利息不征收个人利息所得税。

(二)业务规程

1. 开户

1) 业务受理

客户办理凭证式国债的开户业务时应提供下列资料或办理下列手续。

(1) 填写存款凭条;

(2) 提供本人有效身份证件,代理开户的还应提供代理人有效身份证件;

(3) 提交现金或转账凭证。

2) 业务审核

(1) 客户填写的存款凭条字迹是否清楚,填写的身份证件种类及号码、电话、地址等要素是否齐全,与客户提交的资料是否相符。

(2) 身份证件是否符合实名制要求,对于代理开户的是否同时提供了代理人有效身份证件。

(3) 对现金开户的,应当面清点现金,对转账开户的,应审核相应款项是否收到并已转入账户。

(4) 审核所收现金或转账凭证与存款凭条上金额是否相符,对于核对不符的应当面告知客户并交客户复核。

(5) 对于客户要求凭印鉴支取的,应在"印鉴卡"上加盖客户预留印鉴印模。

3) 交易处理

柜员选择相应交易,联动客户信息系统,查询核对建立修改客户资料,按申请书内容输入相关要素。交易成功后,依次打印存款凭条、国债收款凭证。

4) 交易结果确认

(1) 核对国债收款凭证上打印的户名、金额与存款凭条上客户填写的内容是否相符。

(2) 核对存款凭条上打印的凭证种类、凭证号码与国债收款凭证实物是否相符。

(3) 检查存款凭条传票号是否连续。

(4) 以上核对均无误后，柜员将存款凭条交客户签字确认，收回后加盖印章，国债收款凭证上加盖储蓄业务专用章及经办人员名章。

5) 后续处理

柜员将国债收款凭证和开户证件等一并交付客户，并提醒客户核对，其他凭证分类保管。

2. 销户

1) 业务受理

客户办理凭证式国债的销户业务时应提供以下资料或办理以下手续。

(1) 提交凭证式国债收款凭证。

(2) 提前支取、大额取款的，必须提供有效身份证件，属代理支取的，还需提供代理人的有效身份证件。

(3) 凭印支取的，必须提供预留印鉴。

2) 业务审核

(1) 柜员审查凭证式国债收款凭证要素、印章是否清晰，是否有伪造痕迹。

(2) 对提前支取的，要核对取款人的(属代理的还应审核代理人的)有效身份证件，并在国债收款凭证背面作详细记录。

(3) 对凭印鉴支取的，其签章必须与预留印鉴核对相符。

(4) 对非以密码作为支控方式的，提示客户只能到原开户网点办理。

3) 交易处理

柜员选择相应交易，按操作界面提示输入交易信息。交易成功后，根据系统配钞并打印销户记录、国债兑付信息、利息清单。

4) 交易结果确认

(1) 柜员核对销户记录、国债兑付信息、利息清单打印要素是否正确。

(2) 核对打印的传票号是否连续。

(3) 现金实物与支付款项是否相符。

(4) 审核无误后，由客户在销户记录上签字确认。柜员在国债凭证和利息清单上加盖业务付讫章和经办人员名章。

5) 后续处理

柜员将现金(或入账通知)、身份证件及利息清单等交客户收执，并提醒客户核对其他凭证分类保管。

二、记账式国债业务

(一)基本规定

记账式国债是指经中国人民银行批准在商业银行柜台发行和交易，以记账方式登记债权的政府债券。记账式国债按计息方式分为固定利率债券和浮动利率债券;按付息方式分为附息债券和零息债券。

(1) 债券交易投资人是指通过银行营业网点买卖债券的个人和单位。金融机构不得通过营业网点买卖债券。

(2) 投资人应按照实名制原则开立债券账户,投资人开立的债券账户与其相对应的资金账户资料必须保持一致。

(3) 债券面值以人民币元为单位,债券交易单位以百元面值为一份,实行整份倍数交易。资金清算单位为元,保留两位小数。

(4) 债券交易价格由银行根据银行间债券市场各券种的双边报价及债券市场需求状况确定。

(5) 债券交易报价以每百元债券的全价、净价和应计利息额分别列示,其公式为

全价=净价+应计利息额

应计利息额=面值×已计息天数×票面利率÷365

① 净价是指不含有自然增长应计利息的价格。

② 票面利率。固定利率债券的利率是指发行票面利率,浮动利率债券的利率是指本付息期计息利率。

③ 年度天数及已计息天数。1 年按 365 天计算,闰年 2 月 29 日不计算利息;已计息天数是指起息日至交割当日实际日历天数。

(6) 柜台交易营业日为每周一至周五,法定节假日除外,通常为 10:00~15:30。

(7) 机构投资者必须在原借记卡开卡网点开立债券账户,并进行债券交易。

(8) 网上注册投资者可通过网上银行进行债券交易。

(二)业务规程

1. 开户

1) 业务受理

(1) 个人投资者开立债券账户,需向银行提供本人有效身份证件及借记卡,并与银行签订《柜台记账式国债交易协议书》。

(2) 机构投资者开立债券账户,需向银行提供企业法人营业执照原件及复印件、机构代码证;事业法人和社团法人需提供民政部门或主管部门颁发的注册登记证书原件及复印件、法人代表和经办人有效身份证件及复印件、单位借记卡。开户单位为分支机构的,还应提交法人授权开户的书面证明,并与银行签订《柜台记账式国债交易协议书》。

(3) 投资者填写"债券开/销户申请表"。

(4) 投资者交纳开户手续费。

2) 业务审核

(1) 客户提供的开户资料是否完整,借记卡与提供的证件资料核对是否相符。

(2) 协议书、申请表填写的账号、户名、证件种类及号码、联系电话、地址等要素是否完整、正确。

3) 交易处理

柜员选择相应交易，刷卡读入借记卡卡号，由投资者输入借记卡支付密码、输入投资者性质、投资者名称、投资者证件种类、证件号码、地址、邮编、电话等。

交易成功后，根据系统提示打印申请表，收取手续费并打印手续费凭证。

4) 交易结果确认

(1) 核对打印的申请表是否与投资者填写的内容一致。

(2) 核对无误后将申请表交投资者签名，收回后加盖业务公章和经办人员名章，手续费凭证加盖业务清讫章及经办人员名章。

5) 后续处理

将申请书、收费凭证、协议书的客户联和身份证件等相关资料交还投资人，其他凭证分类保管。

2. 债券买入、认购

(1) 业务受理。投资者填写"债券委托买入受理凭证"，并提供借记卡。

(2) 业务审核。柜员审核凭证填写内容是否完整、正确，借记卡内是否有足够的可用资金余额。

(3) 交易处理。柜员选择相应交易，输入投资者需要买入的债券代码，读取当天债券交易价格、应计利息等信息，刷卡读入借记卡卡号、借记卡密码、申请数量、申请净价格。交易成功后，打印凭证。

(4) 交易结果确认。柜员核对打印的买入受理凭证是否与投资者填写的内容一致，核对无误后将买入受理凭证交投资者签名，机构投资者需加盖公章，收回后加盖业务公章和经办人员名章。

(5) 后续处理。将买入受理凭证的客户联和借记卡交还投资人，并提醒投资者于买卖交易次日来银行通过打印交割单等方式进行确认，买入受理凭证银行联订入当天传票。

3. 债券卖出

(1) 业务受理。投资者填写"债券委托卖出受理凭证"，并提供借记卡。

(2) 业务审核。柜员审核凭证填写内容是否完整、正确，借记卡内是否有足够的债券可卖余额。

(3) 交易处理。柜员选择相应交易，输入卖出债券代码，读取当天债券卖出价格、应计利息等信息，刷卡读入借记卡卡号、借记卡密码、申请数量、申请净价格。交易成功后，打印凭证。

(4) 交易结果确认。柜员核对打印的卖出受理凭证是否与投资者填写的内容一致，无误后将卖出受理凭证交投资者签名,机构投资者需加盖公章,收回后加盖业务公章和经办人员名章。

(5) 后续处理。将卖出受理凭证的客户联和借记卡交还投资人,并提醒投资者于买卖交易次日来银行通过打印交割单等方式进行确认,卖出受理凭证银行联订入当天传票。

4. 销户

1) 业务受理

(1) 个人投资者需凭本人有效身份证件及借记卡到原开户网点办理销户。

(2) 机构投资人凭机构代码证和营业执照、事业法人和社团法人需提供民政部门或主管部门办理的注册登记证书、开户单位为分支机构的应提交法人授权销户的书面证明、法人代表和经办人有效身份证件及复印件、法人代表授权书、单位借记卡到原开户网点办理销户。

(3) 投资者填写"债券开/销户申请表"。

2) 业务审核

(1) 申请销户的债券账户是否在本网点开户、债券账户是否还有余额或是否当日发生过交易;对于债券账户有余额和当日发生过交易、转托管业务在中央结算公司未确认之前的,债券账户不能销户。

(2) 提交的资料是否齐全,证件是否真实有效。

(3) 申请表填写内容是否完整、正确。

3) 交易处理

柜员选择相应交易,刷卡读入借记卡卡号,由投资者输入借记卡支付密码、输入投资者证件种类、投资者证件号码等。交易成功后,根据系统提示打印。

4) 交易结果确认

核对打印的申请表是否与投资者填写的内容一致,无误后将申请表交投资者签名,机构投资者需加盖公章,收回后加盖业务公章和经办人员名章。

5) 后续处理

将申请书的客户联和身份证件等相关资料交还投资人,申请书银行联及客户身份证件等相关资料的复印件订入当天传票。

【小资料】

我国的国债分类

从债券形式来看,我国发行的国债可分为凭证式国债、无记名(实物)国债和记账式国债三种。

(1) 凭证式国债是一种国家储蓄债,可记名、挂失,以"凭证式国债收款凭证"记录债权,不能上市流通,从购买之日起计息。在持有期内,持券人如遇特殊情况需要提取现金的，可以到购买网点提前兑取。提前兑取时，除偿还本金外，利息按实际持有天数及相应的利率档次计算，经办机构按兑付本金的规定比例收取手续费。

(2) 无记名(实物)国债是一种实物债券，以实物券的形式记录债权，面值不等，不记名，不挂失，可上市流通。发行期内，投资者可直接在销售国债机构的柜台购买。在证券交易所设立账户的投资者，可委托证券公司通过交易系统申购。发行期结束后，实物券持有者可在柜台卖出，也可将实物券交证券交易所托管，再通过交易系统卖出。

(3) 记账式国债以记账形式记录债权，通过证券交易所的交易系统发行和交易，可以记名、挂失。投资者进行记账式证券买卖，必须在证券交易所设立账户。由于记账式国债的发行和交易均无纸化，所以效率高，成本低，交易安全。

【课堂讨论】

国债能不能作为权利凭证进行质押？有什么规定？

第四节 基 金 业 务

一、基本规定

开放式证券投资基金(以下简称基金)是指基金发行总额不固定，基金单位总数可随时增减，投资者可按基金的报价在规定的营业场所申购或赎回基金单位的一种基金。

(1) 基金代理销售的对象是持有中华人民共和国居民身份证、护照的中国居民和中华人民共和国境内合法注册或经有关政府部门批准设立的企业法人、事业法人、社会团体或其他组织。

(2) 基金单位面值为 1.00 元人民币。

(3) 基金交易时间为上海、深圳证券交易所交易时间(9:30～15:00)，或基金契约规定的其他时间。

(4) 个人投资者申请建立客户资料开立基金账户须本人亲自办理，不得由他人代理。

(5) 机构投资者申请任何交易须到开立基金账户网点办理。

(6) 柜员为投资者办理任何交易均须通过磁条读卡器刷卡读入银行卡信息。

(7) 投资者认购基金时，为基金契约默认的分红方式，一般为现金分红。

(8) 基金交易需打印《交割单》，基金的《交割单》为投资者的交易确认凭证。《交割单》的信息在系统中保留期限为交易确认后两个月。

二、日常业务规程

(一) 开户

1. 客户资料登记

1) 业务受理

个人投资者开户需本人亲自到基金经办网点办理，填写《基金客户资料登记表》(一式两联)并提供基本规定中的资料。

机构投资者开户需要填写《基金客户资料登记表》(一式两联)并由经办人签字及加盖单位公章，同时提供基本规定中的资料。

2) 业务审核

柜员审核《基金客户资料登记表》的填写是否规范、内容是否完整，证件和资料是否齐全、有效，机构投资者的盖章是否与预留印章一致。审核借记卡客户资料中的证件种类、号码与客户提供的证件种类、号码是否一致。对于个人投资者应审核经办人是否为投资者本人。

3) 交易处理

选择相应交易，根据客户提交的资料将其信息录入系统并提交，通过建立客户资料，产生一个客户号，并与借记卡建立一一对应的关系。交易成功后打印《基金客户资料登记表》；收到受理不成功信息时须向客户说明原因，并将客户提交的资料交还投资者。

4) 交易结果确认

柜员核对《基金客户资料登记表》上打印的户名、证件类型、证件号码、卡号与基金客户资料登记表是否一致，核对无误后交投资者签字确认，并加盖业务公章和经办人员名章。

5) 后续处理

柜员将《基金客户资料登记表》的客户联连同借记卡、证件等资料交还投资者。客户资料复印件(法人代表授权委托书原件)及《基金客户资料登记表》银行联专夹保管、定期装订。

2. 开立基金账户

1) 业务受理

个人投资者开户需本人亲自到基金经办网点办理，填写《基金开销户申请书》(一式两联)，并提供个人有效身份证件、借记卡。

机构投资者开户需填写《基金开/销户申请书》(一式两联)并由经办人签字及加盖单位公章，同时提供基本规定中的资料。

2) 业务审核

柜员审核《基金开/销户申请书》填写是否规范、内容是否完整，证件和资料是否齐全、有效，机构投资者的盖章是否与预留印章一致。审核借记卡客户资料中的证件种类、号码与客户提供的证件种类、号码是否一致。对于个人投资者应审核经办人是否为投资者本人。

3) 交易处理

柜员选择基金开户交易，刷卡读入卡号并输入相关内容，成功后打印《代理基金开/销户申请书》。

4) 交易结果确认

柜员对《代理基金开/销户申请书》上打印的内容与投资者填写内容进行核对，并交投资者核对签字确认，核对无误后加盖业务公章和操作人员名章。

5) 后续处理

柜员将《代理基金开/销户申请书》的客户联连同借记卡、证件等资料原件交还投资者。客户资料复印件(法人代表授权委托书原件)及《代理基金开/销户申请书》银行联专夹保管、定期装订。

(二)认购与申购

1. 业务受理

投资者认购或申购基金时，填写《代理基金申/认购申请表》(一式两联)，连同借记卡提交柜员审核，投资者必须先将款项存入借记卡后才能办理。

2. 业务审核

柜员审核借记卡是否已开立对应基金账户，柜员审核客户填写的申请表是否规范、完整，与客户提交的借记卡等资料是否相符。

3. 交易处理

认购基金选择认购交易，申购基金选择申购交易。成功后，打印《代理基金申/认购申请表》。

4. 交易结果确认

柜员核对《代理基金申/认购申请表》上打印的申、认购金额，基金代码是否与客户填写的一致，并交投资者核对签字确认，核对无误后加盖业务公章和操作人员名章。

5. 后续处理

柜员将申请表客户联交投资者，申请表银行联专夹保管，定期装订。认购日系统自动冻结投资人认购所需资金，确认日系统自动对资金开户网点有效认购资金进行扣款，同时解冻无效认购。

(三) 赎回

1. 业务受理

基金正式成立后,在基金开放(赎回)日,投资者可办理正常赎回基金,需填写《代理基金赎回申请表》(一式两联),连同借记卡提交柜员。

2. 业务审核

柜员审核投资者填写的申请表内容是否规范、完整,基金代码填写是否正确,账户内是否有足够的基金供赎回。

3. 交易处理

赎回基金选择赎回交易,刷卡读磁,校验密码,输入基金代码、赎回份额、顺延标志后提交。成功后,打印《基金赎回申请表》。

4. 交易结果确认

柜员核对基金赎回《基金赎回申请表》上打印的金额、基金代码是否与客户填写的一致,并交投资者核对签字确认,核对无误后加盖业务公章和操作员名章。

5. 后续处理

柜员将申请表客户联及借记卡交投资者,申请表银行联专夹保管,定期装订。

(四) 基金销户

1. 基本规定

基金销户是投资者申请撤销基金账户和投资者资料的行为。下列情况不得撤销基金账户。

(1) 投资者基金账户内有基金单位时不得撤销基金账户;
(2) 投资者账户处于非正常(冻结、待确认等)状态时,不得撤销基金账户;
(3) 投资者账户当日发生交易的不受理销户。

2. 业务受理

投资者将填写的《基金客户资料登记表》、《代理基金开/销户申请书》与借记卡、其他销户材料一并交柜员。

3. 业务审核

柜员审核《基金开/销户申请书》填写是否规范、内容是否完整,证件和资料是否齐全、有效,机构投资者的盖章是否与预留银行印鉴一致,并确认投资者已无基金在账户中。

柜员审核《基金客户资料登记表》填写是否规范、内容是否完整，证件和资料是否齐全、有效，机构投资者的盖章是否与预留银行印鉴一致，投资者基金账户是否已销户。投资者的资料必须等基金账户销户后才能撤销。

4. 交易处理

选择查询交易查询投资者需销账户的所有基金账户明细；选择基金销户交易，刷卡读磁，校验密码，输入代码、投资者名称、证件种类、证件号码后提交，系统提示打印《代理基金开/销户申请书》；选择销客户资料交易，刷卡读磁，校验密码，输入投资者名称、证件种类、证件号码后提交；系统提示打印基金客户资料登记表。

5. 交易结果确认

柜员核对打印的户名、证件类型、证件号码、卡号与基金客户资料登记表是否一致；核对打印的申请人、证件种类、证件号码、借记卡号、业务种类与开/销户申请书上的是否一致。

代理基金开/销户申请书、基金客户资料登记表交投资者签字确认后收回；加盖业务公章、经办人员名章。

6. 后续处理

将登记表、申请书客户联、借记卡交还投资者。将基金客户资料登记表、申请书专夹保管，定期装订，投资者提供的资料复印件作附件。

【小资料】

基金的特点

1. 集合理财，专业管理

基金将众多投资者的资金集中起来，委托基金管理人进行共同投资，表现出一种集合理财的特点。通过汇集众多投资者的资金，积少成多，有利于发挥资金的规模优势，降低投资成本。基金由基金管理人进行投资管理和运作。基金管理人一般拥有大量的专业投资研究人员和强大的信息网络，能够更好地对证券市场进行全方位的动态跟踪与分析。将资金交给基金管理人管理，使中小投资者也能享受到专业化的投资管理服务。

2. 组合投资，分散风险

为降低投资风险，我国《证券投资基金法》规定，基金必须以组合投资的方式进行基金的投资运作，从而使"组合投资、分散风险"成为基金的一大特色。"组合投资、分散风险"的科学性已为现代投资学所证明。基金通常会购买几十种甚至上百种股票，投资者购买基金就相当于用很少的资金购买了一篮子股票，某些股票下跌造成的损失可以用其他股票上涨的盈利来弥补。因此可以充分享受到组合投资、分散风险的好处。中小投资者由于资金量小，一般无法通过购买不同的股票分散投资风险，基金的出现也使中小企业进行"组合投资,分散风险"成为可能。

3. 利益共享,风险共担

基金投资者是基金的所有者。基金投资人共担风险,共享收益。基金投资收益在扣除由基金承担的费用后的盈余全部归基金投资者所有,并依据各投资者所持有的基金份额进行分配。为基金提供服务的基金托管人、基金管理人只能按规定收取一定的托管费、管理费,并不参与基金收益的分配。

4. 严格监管,信息透明

为切实保护投资者的利益,增强投资者对基金投资的信心,中国证监会对基金业实行比较严格的监管,对各种有损投资者利益的行为进行严厉的打击,并强制基金进行较为充分的信息披露。在这种情况下,严格监管与信息透明也就成为基金的一个显著特点。

5. 独立托管,保障安全

基金管理人负责基金的投资操作,本身并不经手基金财产的保管。基金财产的保管由独立于基金管理人的基金托管人负责。这种相互制约、相互监督的制衡机制对投资者的利益提供了重要的保护。

【课堂讨论】

封闭式基金和开放式基金有什么区别?

本 章 小 结

中间业务	中间业务概述	中间业务特点	不运用或较少运用自己的资金,以接受客户委托的方式开展业务,风险较小、收益较高
		中间业务分类	可分为支付结算类中间业务、银行卡业务、代理类中间业务、担保类中间业务、承诺类中间业务、交易类中间业务、基金托管业务、咨询顾问类业务、其他类中间业务
	代理业务	代理业务的分类	代理业务是指商业银行接受客户委托,代为办理客户指定的经济事务,提供金融服务并收取一定费用的业务
		代收代付业务	一般代收业务、代收学费业务、代发工资业务
		银证通业务	基本规定和业务规程
	国债业务	凭证式国债业务	基本规定和业务规程
		记账式国债业务	基本规定和业务规程
	基金业务	基本规定	开放式证券投资基金(以下简称基金)是指基金发行总额不固定,基金单位总数可随时增减,投资者可按基金的报价在规定的营业场所申购或赎回基金单位的一种基金
		日常业务规程	包括开户、认购与申购、赎回、基金销户等

习 题

一、单项选择题

1. 《商业银行中间业务暂行规定》中定义的中间业务是指不构成商业银行表内资产表内负债,形成银行( )收入的业务。
   A. 非利息　　　　　B. 表外业务　　　C. 收费业务　　　　D. 利差业务
2. 交易类中间业务主要是指( )。
   A. 金融衍生业务　　B. 存款业务　　　C. 贷款业务　　　　D. 结算业务
3. 发展( )的实质是推动银行经营模式的转型。
   A. 中间业务　　　　B. 资金业务　　　C. 个贷业务　　　　D. 结算业务

二、判断题

1. 按交易标的分,期权可分为股票指数期权、外汇期权、利率期权、期货期权、债券期权等。　　　　　　　　　　　　　　　　　　　　　　　　　　　　　( )
2. 为鼓励产品创新,银行可研发、开办新的中间业务品种,但需要向当地监管部门申请。　　　　　　　　　　　　　　　　　　　　　　　　　　　　　　( )
3. 国债是指国库券。　　　　　　　　　　　　　　　　　　　　　　　　( )
4. 柜台基金业务办理的是开放式基金业务。　　　　　　　　　　　　　　( )

三、简答题

1. 中间业务有哪些意义和种类?
2. 代理业务的分类有哪些?

实 训 课 堂

实训项目:代理业务
　　要求:按规定和业务规程完成代理业务处理
　　学时:2学时

第七章

结算业务

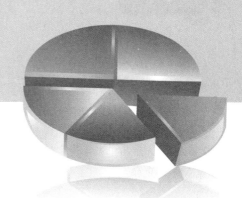

本章精粹：

- 票据知识
- 支票业务
- 汇票业务
- 汇兑业务

利用汇票诈骗

2014年10月,通过中行惠州仲恺开发区支行的朋友黎某介绍,李明认识了尚联达公司老板杨波。黎某告诉李明,杨波是个优质客户,在支行贷了一笔款,建议其借款给杨波,待开出980万承兑汇票后再拿回本金及利息。

2014年10月17日,李明与尚联达公司签订借款合同。杨波以向谷奔公司借款人民币490万元用以开具中行承兑汇票的保证金,另一笔290万元借款用作杨波短期资金周转,待开具980万元银行承兑汇票时归还借款,借款期限为2014年10月20日起至2014年10月29日。

这类借款在民间借贷中被称作"过桥借款",借贷双方协商,利息高昂。本案中,谷奔公司出借780万元,根据合同约定,于2014年10月29日前获得822万元还款,其中利息收入42万元。

根据"过桥借款"的惯例,为了保障本次借款的资金安全,尚联达公司同意将要汇入款项账户的网银、印章及收票人的印章等可以转走款项的技术手段交由谷奔公司控制。

2014年10月24日,杨波和黎某提出为保证资金的安全性,要求李明将款项直接打入其保证金账户。

黎某向李明承诺,该账户是银行专管的保证金账户,尚联达公司没有网银等控制该账户的条件,打入款项只能用于开具银行承兑汇票,就算不开票也须退回原转入账户。

李明在深信了黎某承诺的保证金账户的资金必须"原路退回"后,遂将490万元于当日下午14时转入上述保证金账户。然而,仅在转账成功数十分钟后,尚联达公司即前往中行将保证金账户资金转到其基本账户。

与黎某告知的"原路退回"相反,借款经中行仲恺开发区支行操作直接转至尚联达基本账户。随后,该款项立即又被尚联达公司转到第三账户(用途是还款)。

钱借出去了,对方却不愿给承兑汇票,李明意识到不对劲,随后向公安局报案。

思考:结算业务中如何规范操作?

结算业务　票据知识　票据结算　汇兑

第七章 结算业务

第一节 结算业务概述

一、结算种类

支付结算是指单位、个人在社会经济活动中使用票据、信用卡、汇兑、托收承付、委托收款等结算方式进行货币支付及其资金清算的行为。

结算种类有：汇票、本票、支票、信用证、汇兑、委托收款、托收承付等。

银行汇票是出票银行签发的，由其在见票时按照实际结算金额无条件支付给收款人或者持票人的票据。

银行本票是银行签发的，承诺自己在见票时无条件支付确定的金额给收款人或者持票人的票据。

信用证是一种银行有条件保证付款的凭证，是开证银行根据申请人(进口商)的要求和指示向出口商(受益人)开立的一定金额、在一定期限内凭议付行寄来的规定的单据付款或承兑汇票的书面承诺，进出口双方则利用银行信用担保，进行发货与结算的结算方式。

托收承付，是根据购销合同由收款人发货后委托银行向异地付款人收取款项，由付款人向银行承认付款的结算方式。

二、结算的原则

结算应遵守以下原则。
(1) 恪守信用，履约付款；
(2) 谁的钱进谁的账，由谁支配；
(3) 银行不垫款。

三、结算纪律

(一)办理结算业务银行应遵守的纪律

(1) 不准以任何理由压票、任意退票、截留挪用客户和他行资金；
(2) 不准无理拒绝支付应由银行支付的票据款项；
(3) 不准无理拒付、不扣少扣滞纳金；
(4) 不准违章签发、承兑、贴现票据，套取银行资金；
(5) 不准签发空头银行汇票、银行本票和办理空头汇款；
(6) 不准在支付结算制度之外规定附加条件，影响汇路畅通；
(7) 不准违反规定为单位和个人开立账户；

(8) 不准拒绝受理、代理他行正常结算业务；
(9) 不准放弃对企事业单位和个人违反结算纪律的制裁；
(10) 不准逃避向人民银行转汇大额汇划款项。

(二)办理结算业务单位和个人应遵守的纪律

(1) 不准签发没有资金保证的票据或远期支票，套取银行信用；
(2) 不准签发、取得和转让没有真实交易和债权债务的票据，套取银行和他人资金；
(3) 不准无理拒绝付款，任意占用他人资金；
(4) 不准违反规定开立和使用账户。

四、支付结算的基本规定

1. 票据和结算凭证的规定

票据和结算凭证的金额、出票或签发日期、收款人名称不得更改，更改的票据无效，更改的结算凭证，银行不予受理。对票据和结算凭证上的其他记载事项，原记载人可以更改，更改时应当由原记载人在更改处签章证明。

2. 办理支付结算需要交验的证件

办理支付结算需要交验的个人有效身份证件是指居民身份证、护照等符合法律、行政法规以及国家有关规定的身份证件。

3. 票据上的签章

票据上的签章为签名、盖章或签名加盖章。单位、银行在票据上的签章和单位在结算凭证上的签章，为该单位、银行的盖章加其法定代表人或其授权的代理人的签名或盖章，个人在票据和结算凭证上的签章，应为该个人本名的签名或盖章。

4. 办理支付结算业务应收费用

办理各项支付结算业务应分别收取手续费、凭证工本费、挂失手续费、电子汇划费或邮电费，除财政金库全部免收、存款不计息账户、救灾、抚恤金等款项免收邮电费、手续费外，对其他单位和个人都要按照规定收取费用。邮电费、手续费应按规定标准收费，采取当时计收和定期汇总计收两种方法。除支票的手续费由经办银行向领购人收取，其他结算的邮电费和手续费一律由经办银行向委托人收取。

5. 票据期限

票据期限最后一日是法定休假日的，以休假日的次日为最后一日。按月计算期限的，按到期月的对日计算；无对日的，月末日为到期日。

【小资料】

支付结算的法律特征

(1) 支付结算必须通过中国人民银行批准的金融机构或其他机构进行。

支付结算包括票据、银行卡和汇兑、托收承付、委托收款等结算行为，银行是支付结算和资金清算的中介机构，未经中国人民银行批准的非银行金融机构和其他单位不得作为中介机构经营支付结算业务，但法律、行政法规另有规定的除外。

(2) 支付结算是一种要式行为，即法律规定必须依照一定形式进行的行为。如果该行为不符合法定的形式要件，即为无效。有关形式要件的规定如下。

① 单位、个人和银行办理支付结算，必须使用按中国人民银行统一规定印制的票据凭证和统一规定的结算凭证，否则银行不予受理。

② 单位和银行的名称应当记载全称或者规范化的简称。

③ 单位、银行在票据上的签章和单位在结算凭证上的签章，为该单位、银行的盖章加其法定代表人或其授权的代理人的签名或盖章。

④ 个人在票据和结算凭证上的签章，应为该个人本名的签名或盖章。

⑤ 票据和结算凭证的金额、出票或签发日期、收款人名称不得更改，更改的票据无效，更改的结算凭证，银行不予受理。

⑥ 票据和结算凭证金额须以中文大写和阿拉伯数字同时记载，两者必须一致，两者不一致的票据无效，两者不一致的结算凭证，银行不予受理。

⑦ 少数民族地区和外国驻华使领馆根据实际需要，金额大写可以使用少数民族文字或外国文字记载。

【课堂讨论】

试讨论支付结算对现代社会经济发展的重要意义？

第二节　票据基础知识

一、票据特征

票据就是指出票人依票据法签发的，由自己或委托他人于到期日或见票时无条件支付一定金额给收款人或持票人的一种有价证券，包括汇票、本票和支票。

票据的特征有以下几点。

(1) 设权性，即票据权利的发生，必须以票据的设立为前提。

(2) 无因性，票据是一种无须过问原因的证券。原因是指票据的权利和义务发生的原因。

(3) 要式性，票据是一种要式不要因的有价证券，票据的做成必须具备法定形式，才能产生法律效力，其所记载的必要项目必须合乎规范。

(4) 文义性，指票据上的一切权利义务均以票据上记载的文字为依据，不受票据所载文字范围以外的事由的影响。

(5) 流通转让性，票据的权利可以背书或交付转让。票据的转让不必要通知债务人，票据的受让人获得票据的同时取得票据的全部权利。

所有的特征中，特别是票据的流通转让性、无因性和要式性，强调和保护了持票人的权利，促进了票据的流通，也使票据成为国际贸易结算的主要工具。

二、票据行为、权利和责任

票据行为，是指引起票据权利义务关系发生的法律行为，包括出票、背书、承兑、保证四种。

票据权利是指持票人向票据债务人请求支付票据金额的权利。

票据权利具体包括两种：一是付款请求权，二是追索权。

票据责任是指票据债务人向持票人支付票据金额的义务。

票据责任与民事责任的性质不同，票据责任的实质是票据债务人按票据上的记载事项履行支付票款的义务，它是基于债务人特定的票据行为(如出票、背书、承兑等)而应当承担的义务，不具有制裁性质。

票据责任就是票据债务，具有付款责任和担保付款责任的双重性质。

三、票据日期和时效

票据出票日期，是指出票人在票据上记载的签发票据的日期。票据上记载的出票日期必须是按公历确定的日期，不得记载公历上没有的日期。即使票据上记载的出票日期与实际出票日期不相符合，也应以票据上记载的日期为准。

票据付款日期，又称到期日，是指支付票据金额的日期，它既是付款人应该履行付款义务的日期，也是收款人或者持票人行使付款请求权的日期。

票据时效是指持票人在法定期限内不行使票据权利，即引起持票人对票据债务人的票据权利丧失的制度。其目的在于促使持票人在规定期限内及时行使票据权利，以免其长期持有票据，久不提示付款，使票据关系长期不能正常消灭，并使票据债务人处于不利地位。同时，持票人久不提示付款，可能会由于债务人偿债能力的恶化，影响票据权利的实现。

四、背书

背书是支票、汇票和本票公有的行为。背书是指在票据背面或者粘单上记载有关事项并签章的票据行为。

(1) 背书人应在票据背面记载：背书人签章，被背书人栏填写被背书人名称，背书日期(未填日期的视为到期日前背书)。

委托收款背书和票据质押背书的,除背书人签章和记载背书日期外,还应在被背书人栏填写持票人的开户银行名称或填写质权人名称,同时在背书人签章栏记载"委托收款"或"质押"字样。

(2) 票据可以背书转让,但填明"现金"字样的银行汇票、银行本票、用于支取现金的支票和正面记载"不得转让"字样的票据均不得背书转让。区域性银行汇票仅限于在本区域内背书转让。银行本票、支票仅限于在其票据交换区域内背书转让。

(3) 背书转让的票据,背书应当连续。背书连续,是指票据第一次背书转让的背书人是票据上记载的收款人,前次背书转让的被背书人是后一次背书转让的背书人,依次前后衔接,最后一次背书转让的被背书人是票据的最后持票人。背书栏不够使用的,可以使用统一格式的粘单,粘单上的第一记载人,应当在票据和粘单的粘接处签章。

【小资料】

票据丧失的处理

> 票据丧失,失票人可以及时通知票据的付款人挂失止付,但是,未记载付款人或者无法确定付款人及其代理付款人的票据除外;收到挂失止付通知的付款人,应当暂停支付;失票人应当在通知挂失止付后 3 日内,也可以在票据丧失后,依法向人民法院申请公示催告,或者向人民法院提起诉讼。

【课堂讨论】

票据与证券之间是什么关系?

第三节 票据结算业务

一、支票业务

(一)支票的基本规定

支票是出票人签发的,委托办理支票存款业务的银行在见票时无条件支付确定的金额给收款人或持票人的票据。

(1) 现金支票只能用于支取现金;转账支票,只能用于转账;未印有"现金"或"转账"字样的为普通支票,可以支取现金,也可转账;普通支票左上角划两条平行线的,为划线支票,只能用于转账。

(2) 支票可用于单位和个人在同一票据交换区域的各种款项的结算。

(3) 签发支票应用碳素墨水或墨汁填写,人民银行另有规定的除外。

(4) 支票提示付款期限为10天，委托开户行收款的，以持票人向开户行提交支票日为准，人民银行另有规定的除外。

(5) 支票在提示付款期限内可以转让，但其背书必须连续。现金支票、未填写金额和收款人名称、支票正面填明"不得背书转让"字样、填明"委托收款"字样的支票不得背书转让。

(6) 现金支票或支取现金的普通支票的收款人向出票人开户行提示付款时，应在支票背面"收款人签章"处签章，持票人为个人的，还需交验本人有效身份证件，并在支票背面注明证件名称、号码及发证机关，不得委托代取。

(7) 出票人签发存款不足的空头支票、与预留印鉴不符或支付密码错误的支票，出票人开户行应退票并按票面金额处以5%但不低于1000元的罚款。

(8) 支票没有金额起点也没有最高限额。

(二)支票防伪特征

(1) 行徽、"现金支票"字样和省的简称：用红色荧光油墨印制，在紫外灯光下发橘红色荧光。

(2) 红水线：用水溶性红色荧光油墨印制，正常红水线在紫外灯光下有微弱的红色荧光反应，涂改后的红水线表面会发生变化。

(3) 渗透号码：用棕黑色渗透性油墨印制，正面棕黑，背面有红色渗透效果。

(4) 微缩文字：由汉语拼音字母"ZHIPIAO"组成。

(5) 纸张：现金、转账支票使用满版人民币符号和汉语拼音图案的专用水印纸；清分机支票使用专用防涂改纸，具有防涂改功能。

(三)现金支票业务

1. 现金支票业务规程

现金支票业务规程如图7-1所示。

2. 业务操作要点

(1) 柜员收到客户提交的现金支票，将支票上的对号单交收款人后，应认真审查以下内容。

① 是否使用了统一规定印制的凭证，是否真实，是否超过了提示付款期限；

② 支票填明的收款人名称是否为该收款人的名称，收款人是否在支票背面"收款人签章"处签章，其签章是否与收款人名称一致；

③ 核对出票人在支票上的签章与预留签章是否相符，使用支付密码的其密码是否正确；

④ 支票大小写金额是否一致；

⑤ 必须记载的事项是否齐全，支票的出票金额、出票日期、收款人名称是否有更改，其他更改事项是否由原记载人签章证明；

⑥ 支取的现金是否符合国家现金管理的规定。

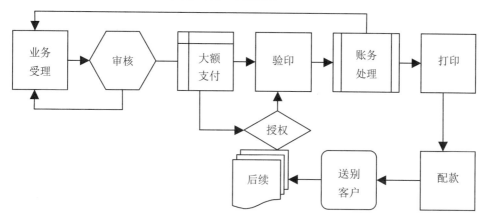

图 7-1 现金支票业务规程

收款人为个人的还应审查其身份证件，摘录其证件类型、号码及发证机关。

(2) 柜员审核其交易是否为大额支付，如果是还需获得授权。

(3) 柜员验印无误后采取相应交易进行付款账务处理，并打印相关业务凭证。

(4) 柜员根据现金支票的大写金额配款，根据小写金额自复平衡。

(5) 柜员对号、对数、对户名后，收回对号单，将款项交客户。

(6) 将对号单粘贴于支票上，将支票加盖个人名章、现金清讫章后作借方凭证。

(四)转账支票业务

1. 转账支票业务规程

转账支票业务规程如图 7-2 所示。

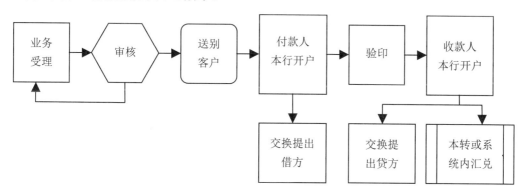

图 7-2 转账支票业务规程

2. 业务操作要点

(1) 柜员收到客户(出票人或持票人)提交的支票及进账单(持票人提交的为二联式进账单，出票人提交的为三联式进账单)或通过同城交换提入的支票(或进账单)时，应认真审查以下内容。

① 出票人主动委托银行付款的是否提交了当地人行规定的结算证、IC 卡、预留密码中的一种或支付密码；

② 支票是否使用了统一规定印制的凭证，是否真实，是否为本交换区域内可使用的支票；

③ 是否超过了支票提示付款期限；

④ 支票必须记载的事项是否齐全，支票的出票金额、出票日期、收款人名称是否有更改，其他更改事项是否由原记载人签章证明，客户提交的支票上的收款人(背书转让后的为最后的被背书人名称)、金额和进账单中的收款人户名、大小写金额是否一致；

⑤ 背书转让的支票是否是按规定范围转让的，背书是否连续；

⑥ 持票人提交或通过交换提入的支票，持票人是否在支票的背面做成委托收款背书；

⑦ 出票人在支票上的签章与预留鉴章是否相符，使用支付密码的其密码是否正确。

(2) 柜员经审查无误后，在进账单第一联上加盖"受理章"交客户，送别客户。

(3) 柜员分别就不同情况进行以下处理。

① 出票人、收款人账户为本网点或网内通存通兑账户的，使用本转或系统内汇兑交易进行记账处理。记账成功后，第二联进账单作贷方凭证，出票人提交三联进账单的第三联加盖转讫章后作收账通知，支票作借方凭证。通存通兑转账的，支票、第二联进账单作代理行的凭证，三联式的进账单的第三联通过事后监督交接或邮寄给被代理行。

② 出票人、收款人(或持票人)一方为本网点，另一方为网内非通存通兑账户或网外的，应通过同城票据交换提出处理。

(4) 交换提回。柜员收到交换提回的转账支票后，应审核的内容包括以下几方面。

① 支票是否是统一印制的凭证，是否真实，是否超过了提示付款期限；

② 支票的出票人是否在本行开户；

③ 支票必须记载的事项是否齐全，出票金额、出票日期、收款人名称是否更改，其他事项的更正是否由原记载人签章证明；

④ 背书转让的支票是否是按规定范围转让的、其背书是否连续、签章是否符合规定、背书使用的粘单是否按规定在粘接处签章；

⑤ 支票的背面是否做成委托收款背书。

审核无误后，柜员作交换提回处理，否则作退票处理。

二、银行汇票业务

(一)银行汇票的基本规定

银行汇票是出票银行签发的,由其在见票时按照实际结算金额无条件支付给收款人或持票人的票据。

(1) 银行汇票必须记载以下事项:表明"银行汇票"的字样、无条件支付的承诺、出票金额、收付款人名称、出票日期及出票人签章。欠缺上列记载事项之一的,银行汇票无效。

(2) 区域性银行汇票仅限于向本区域内的收款人出票,且仅限于在本区域内背书转让。

(3) 持票人向银行提示付款时,必须同时提交银行汇票和解讫通知,缺少任何一联的,银行不予受理;申请人缺少解讫通知联要求退款的,出票行应在汇票提示付款期满一个月后办理。

(4) 签发转账银行汇票的一律不指定代理付款行,签发现金银行汇票的必须指定代理付款行。

(5) 银行汇票在提示付款期限内可以背书转让,其背书必须连续;现金银行汇票、正面填明"不得转让"字样的银行汇票不得背书转让。

(6) 银行汇票的提示付款期限为自出票日起1个月。持票人超过付款期限提示付款的,代理付款行不予受理。

(7) 汇票的出票日期和出票金额必须大写;申请书备注栏内注明"不得转让"的,出票行应在汇票正面的备注栏内注明。

(8) 签发现金银行汇票的,申请人和收款人必须均为个人,并交存现金。对于金额在一万元以下的,应认真审查其身份证件,并留存复印件备查;对于金额在一万元以上的要摘录其身份证件名称、发证机关、号码备查。

(9) 三省一市银行汇票、系统内的全国银行汇票见票即付,跨系统的全国银行汇票收妥抵用。

(10) 银行汇票没有金额起点,也没有最高限额。但签发现金银行汇票时金额超过30万元或同一日对同一收款人签发两张以上现金银行汇票的,须经开户银行上级行批准,并报人民银行当地分支机构备案。

(二)银行汇票防伪特征

银行汇票防伪特征如下所述。

(1) 行徽:用红色荧光油墨印制,在紫外灯光下发橘红色荧光。

(2) 红水线:用水溶性红色荧光油墨印制,正常红水线在紫外灯光下有微弱的红色荧光反应,涂改后的红水线表面会发生变化。

(3) 号码：用棕黑色渗透性油墨印制，正面棕黑，背面有红色渗透效果。

(4) 微缩文字：由汉语拼音字母"HUIPIAO"组成。

(5) 有色纤维：随机分布在纸张表面的红、兰两色纤维。

(6) 无色荧光纤维：随机分布在纸张表面的无色荧光纤维，该纤维在日光下不可见，在紫外灯光下清晰可见。

(7) 暗记：用无色荧光油墨印制，图案为各行行徽，在日光下不可见，在紫外灯光下可见。

(8) 纸张：为黑白水印纸，具有防涂改功能。

(三)银行汇票的签发

1. 银行汇票签发的业务规程

银行汇票签发的业务规程如图7-3所示。

2. 业务操作要点

(1) 客户提交汇票申请书及个人有效身份证件交柜员。

(2) 柜员收到后认真审核。

① 申请书必须记载事项是否齐全，内容有无更改痕迹，金额、出票日期、收款人名称是否有更改，其他更改事项是否由原记载人签章证明，各联次内容是否一致，大小写金额是否一致；

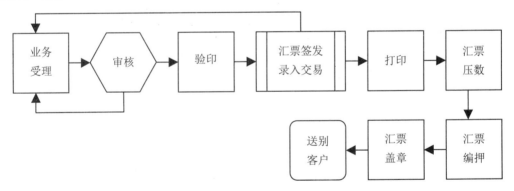

图7-3　银行汇票签发业务规程

② 申请书上的签章与预留签章是否相符，使用支付密码的其密码是否正确；

③ 办理现金银行汇票的，是否符合条件；

④ 申请人要求汇票不得转让的，是否在汇票申请书的"备注栏"注明"不得转让"字样。

审核无误后，发给客户对号单或将申请书第一联加盖柜员名章交给客户。交现金办理汇票的，申请书第二联注销。

(3) 柜员使用汇票签发录入交易进行账务记载和签发数据录入。汇票申请书第二联作借方传票。汇票申请书第三联由录入柜员签章后交复核柜员进行复核。申请书备注栏内注明"不得转让"的，出票行应在备注栏内注明。

(4) 复核柜员根据汇票申请书第三联使用汇票签发复核交易，输入流水号进行复核。若发现录入有误的，可中途选择功能键进行修改或按原录入内容录完后选择转修改，退原录入柜员使用汇票签发修改交易修改后再进行复核处理。其中收付款账号和金额有误不能进行修改的，必须做删除或记账冲正处理。

(5) 复核、授权后，柜员使用汇票签发打印交易，据申请人的不同要求，选择相应的空白银行汇票打印汇票。打印时，需输入空白汇票号码，该号码必须是本柜员当前可用号码，不能跳号，且必须与空白银行汇票号码一致。打印后，系统自动登记汇票登记簿。

对打印出错或打印后发现内容有误的，原打印柜员可使用汇票打印作废交易，输入该笔汇票流水号，核对有关内容后，选择相应的处理方向，并由系统自动将汇出汇款登记簿中该笔汇票进行作废处理。

(6) 打印出的银行汇票核对无误后，进行压数和编押，手工写密押的应在汇票第一联下方、第二联"多余金额"栏上方的空格内书写，密押前必须写大写的"J"。

(7) 专用章保管员核对汇票与申请书的各项要素一致、压数机压印的金额准确、汇票确已编押后，在汇票第二联上加盖汇票专用章。

(8) 柜员审查汇票要素是否齐全、清晰、无误后，收回客户提交的对号单；使用申请书第一联的，核对第一联申请书内容与汇票是否一致，并在申请书第一联上注明"汇票已付字样"或划销柜员的个人名章。将汇票第二联汇票联连同第三联解讫通知联交客户。申请书第三联与第一联汇票卡片配套专夹保管，定期装订，作为会计档案保管。

(四)银行汇票的付款

1. 银行汇票付款业务规程

银行汇票付款业务规程如图 7-4 所示。

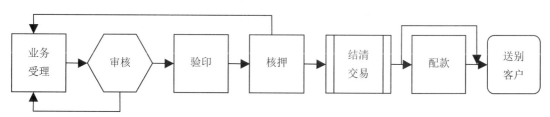

图 7-4　银行汇票付款业务规程

2. 业务操作要点

(1) 持票人(客户)提交汇票、解讫通知、三联进账单。

(2) 柜员受理后审查。

① 汇票和解讫通知是否齐全，汇票号码和记载的内容是否一致；

② 汇票真实性：是否为按统一规定印制的凭证，是否超过了提示付款期限；

③ 汇票填明的持票人是否在本行开户，持票人名称是否为该持票人，与进账单上的名称是否相符；

④ 出票行的签章是否符合规定，加盖的汇票专用章是否与印模相符；

⑤ 使用密押的，密押是否正确；压数机压印的金额是否由统一制作的压数机压印，是否与大写的出票金额一致；

⑥ 汇票的实际结算金额大小写是否一致，是否在出票金额以内，与进账单所填金额是否一致，多余金额的结计是否正确。如果全额进账，必须在汇票和解讫通知的实际结算金额栏内填入全部金额，多余金额栏填写"--0--"；

⑦ 汇票必须记载的事项是否齐全，出票金额、实际结算金额、出票日期、收款人名称是否更改，其他记载事项的更改是否由原记载人签章证明；

⑧ 持票人是否在汇票背面"持票人向银行提示付款签章"处签章，背书转让的汇票是否是按规定的范围转让的，其背书是否连续，签章是否符合规定，背书使用粘单的是否按规定在粘接处签章。

(3) 审核无误后，柜员进行账务处理和网上实时解付处理。

(五)银行汇票的退款

1. 申请人要求退款的处理

申请人由于超过付款期限或其他原因要求退款的，应向出票行交回银行汇票、解讫通知。申请人为单位的，应由单位出具说明原因的正式公函，申请人为个人的，应出示有效身份证件。

柜员收到客户提交的银行汇票、解讫通知按解付汇票要求审核无误后，在汇票和解讫通知的实际结算金额大写栏内填写"未用退回"字样。申请人为单位的，票款只能退回原申请人账户；申请人为个人且交存现金的，可凭本人身份证件支取现金。使用汇票结清交易销记汇票卡片。

销卡成功后，填制两联特种转账传票，使用转账交易进行账务处理。一联特种转账传票作记账凭证，另一联特种转账传票作客户的入账通知。

申请人为个人并交存现金签发汇票的，应填制支款凭证、摘录身份证件的名称、号码和发证机关，使用现金支付交易向申请人支付现金。

申请人由于缺少解讫通知要求退款的，应当备函向出票行说明原因、并交回持有的汇票，出票行于提示付款期满一个月后比照退款手续办理退款。

2. 持票人超过提示付款期限付款的处理

持票人超过提示付款期限未获付款的，在票据权利时效内，应备函说明原因，向出票行请求付款，并提交汇票及解讫通知。持票人为个人的，应出示有效身份证件并要求留存身份证件复印件备查。

柜员按解付汇票要求对汇票及进账单审核无误后，在汇票第二、三联的备注栏内填写"逾期付款"字样，经主管签批后办理付款手续。其余手续比照未用退回操作，将汇票款项支付给持票人。

三、银行本票业务

(一)基本规定

银行本票是银行签发的，承诺自己在见票时无条件支付确定的金额给收款人或者持票人的票据。银行本票分为不定额本票和定额本票。

(1) 单位和个人在同一票据交换区域内需要支付的各种款项，均可以使用银行本票。

(2) 本票的出票日期必须大写。

(3) 银行本票可以用于转账，注明"现金"字样的银行本票可以用于支取现金。用于支取现金的本票，须在"人民币大写"栏内先填写"现金"字样，后填写大写金额，并在代理付款行栏内填明指定的同一票据区域范围内的代理付款行名称。

(4) 提示付款期限为自出票日起最长不得超过 2 个月。持票人超过付款期限提示付款的，代理付款行不予受理。

(5) 本票在付款期限内可以转让，但其背书必须连续。现金本票、未填写金额和收款人名称、本票正面填明"不得背书转让"字样的本票不得背书转让。申请书的备注栏内注明"不得转让"的，出票行应当在本票正面注明。

(6) 银行本票见票即付。跨系统银行本票的兑付，持票人开户银行可根据中国人民银行规定的金融机构往来利率向出票银行收取利息。

(7) 签发现金银行本票时，申请人和收款人应均为个人，并交存现金才能办理。申请人或收款人为单位的，不得签发现金银行本票。

(8) 不能签发本票的网点，申请人需要使用本票的，应将款项划付管辖支行办理。申请人开户行向出票行申请办理银行本票时，要重新填写申请书，并在申请书的用途或备注栏内注明原申请人的名称和账号。

(9) 代理跨系统银行付款的，应填制垫付利息凭证，参加二级交换的网点在系统内交换过程中所占用的时间不计收利息。

(10) 持票人因本票超过提示付款期限不获付款的，在票据权利时效内请求付款时，应当向出票行说明原因、出具证明，并将本票交给出票行。持票人为个人的，还应交验本人身份证件。

(二)现金本票出票业务

1. 现金本票出票业务规程

现金本票出票业务规程如图 7-5 所示。

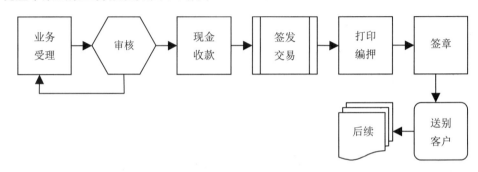

图 7-5　现金本票出票业务规程

2. 业务操作要点

(1) 客户填写一式三联的"本票申请书"，连同身份证件提交给柜员。

(2) 柜员收到申请书后审核。

① 申请书各项要素是否齐全、清晰、规范；

② 申请书是否填明"现金"字样，申请人和收款人是否均为个人；

③ 查询身份证件。

(3) 柜员审核无误后，摘录身份证件，将身份证件交回客户，发给对号牌，作现金收款处理。

(4) 柜员使用本票签发交易进行出票处理。

(5) 复核员对本票进行复核，打印本票，并进行收费处理。

(6) 柜员核对本票各要素无误后交相关业务人员进行压数(金额栏用压数机压印小写金额)或编押。

(7) 专用章保管人员核对本票、申请书内容，审核压数或编押无误后，在本票第二联上加盖本票专用章。

(8) 柜员审核已压数或编押、签章的本票，经审查无误后，叫号对牌，将申请书第一联加盖转讫章连同收费凭证和本票第二联交客户，并送别客户。本票第一联交本票保管员，申请书第二、三联作机制传票附件。

(三)转账银行本票出票业务

1. 转账银行本票出票业务流程

转账银行本票出票业务规程如图7-6所示。

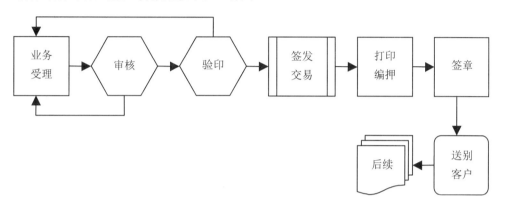

图7-6 转账银行本票出票业务规程

2. 业务操作要点

(1) 客户填写一式三联的"本票申请书",连同身份证件提交给柜员。

(2) 柜员收到申请书后审核。

① 申请书各项要素是否齐全、清晰、规范;

② 本票申请人要求本票不得转让的,是否在本票申请书上注明"不得转让"字样;

③ 查询身份证件。

(3) 柜员审核无误后,摘录身份证件,将身份证件交回客户,发给对号牌。

(4) 柜员进行验印处理。

(5) 柜员使用本票签发交易进行出票处理,使用支付密码的验证支付密码是否正确。

(6) 复核员对本票进行复核,打印本票,并进行收费处理。

(7) 柜员核对本票各要素无误后交相关业务人员进行压数(金额栏用压数机压印小写金额)或编押。

(8) 专用章保管人员核对本票、申请书内容,审核压数或编押无误后,在本票第二联上加盖本票专用章。

(9) 柜员审核已压数或编押、签章的本票,经审查无误后,叫号对牌,将申请书第一联加盖转讫章连同收费凭证和本票第二联交客户,并送别客户。本票第一联交本票保管员,申请书第二、三联作机制传票附件。

(四)银行本票解付业务

1. 银行本票解付业务规程

银行本票解付业务规程如图 7-7 所示。

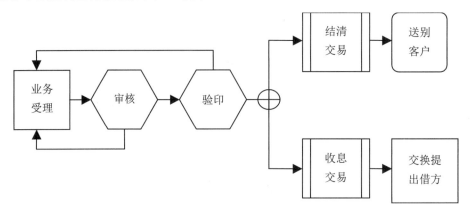

图 7-7　银行本票解付业务规程

2. 业务操作要点

(1) 柜员收到在本行开立账户的持票人直接交来的本票和二联进账单时,应认真审查的内容有以下几方面。

① 本票是否是按统一规定印制的凭证,本票是否真实,是否超过了提示付款期限。

② 本票填明的持票人是否在本行开户,持票人名称是否为该持票人,与进账单上的名称是否相符;现金本票是否属本行解付的,本票上填写的申请人和收款人是否为个人,收款人的身份证件是否与本人相符。

③ 出票行的签章是否符合规定,加盖的本票专用章是否与印模相符。

④ 使用密押机的,密押是否正确,大小写金额是否相符;使用压数机的,是否有压数机压印的金额,与大写的出票金额是否一致。

⑤ 本票必须记载的事项是否齐全,出票金额、出票日期、收款人名称是否更改,其他记载事项的更改是否由原记载人签章证明。

⑥ 持票人是否在本票背面"持票人向银行提示付款签章"处签章,背书转让的本票是否是按规定的范围转让的,其背书是否连续;现金本票的收款人在本票背面"持票人向银行提示付款签章"处是否签章和注明身份证件名称、号码及发证机关,并要求提交收款人身份证复印件留存备查。

⑦ 现金本票收款人委托他人向代理付款行提示付款的,必须查验收款人和被委托人的身份证件,以及在本票背面是否作委托收款背书,是否注明收款人和被委托人的身份证件名称、号码及发证机关,并要求提交收款人和被委托人身份证件复印件留存备查。

(2) 审查无误后，柜员判断所提交的银行本票是否为本行所签发，并进行相应的处理。

① 如果是本行所签发的银行本票，则使用本票结清交易进行处理，进账单第一联加盖业务公章做回单交付持票人，是现金银行本票的，还应根据现金银行本票的大写金额配款，并自复平衡。

② 如果不是本行所签发的，第一联进账单加盖转讫章作收账通知交给持票人，本票加盖业务公章通过票据交换提交出票行。代理跨系统银行付款的，柜员还应同时填制计收利息凭证，借方利息凭证加盖转讫章后通过同一场票据交换向出票行划收垫付资金利息。

(五)银行本票交换提回业务

柜员收到票据交换提回的本票时，抽出专夹保管的本票卡片，经核对相符，确属本行出票的，本票作借方凭证，本票卡片作附件，使用本票结清交易进行处理。如果审核有误的则作退票处理。

(六)银行本票退票、逾期付款业务

1. 银行本票退票、逾期付款业务规程

银行本票退票、逾期付款业务规程如图 7-8 所示。

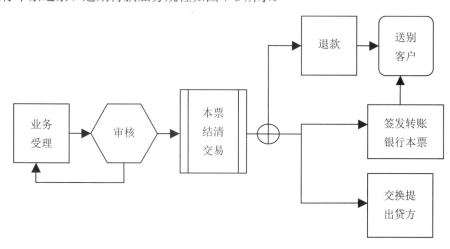

图 7-8　银行本票退票、逾期付款业务规程

2. 业务操作要点

(1) 柜员收到持票人所提交的银行本票、进账单、逾期提示付款的书面说明和本人的身份证件时，按规定进行审核。

(2) 柜员在本票上注明"未用退回"字样，并使用本票结清(未用退回)交易进行处理。

① 持票人在本行开户的，本票款项转入持票人账户，第二联作贷方凭证，本票作借

方凭证,本票卡片或存根作附件,第一联进账单加盖转讫章作收账通知交给持票人。

② 持票人不在本行开户的,则本票款项转入应解汇款及临时存款账户,并重新签发银行本票,或通过同城交换提交持票人开户银行。

四、票据的挂失业务

(一)基本规定

(1) 已承兑的银行承兑汇票、支票、填明"现金"字样和代理付款人的银行汇票以及填明"现金"字样的银行本票丧失,可以由失票人通知付款人或者代理付款人挂失止付。未填明"现金"字样和代理付款人的银行汇票以及未填明"现金"字样的银行本票丧失,不得挂失止付。

(2) 允许挂失止付的票据丧失,失票人需要挂失止付的,应填写挂失止付通知书并签章。挂失止付通知书应当记载下列事项:票据丧失的时间、地点、原因,票据的种类、号码、金额、出票日期、付款日期,付款人名称、收款人名称,挂失止付人的姓名、营业场所或者住所以及联系方式。

欠缺上述记载事项之一的,银行不予受理。

(3) 付款人或者代理付款人收到挂失止付通知书后,查明挂失票据确未付款的,应立即暂停支付。付款人或者代理付款人自收到挂失止付通知书之日起 12 日内没有收到人民法院的止付通知书的,自第 13 日起,持票人提示付款并依法向持票人付款的,不再承担责任。

(二)业务规程

1. 票据挂失业务规程

票据挂失业务规程如图 7-9 所示。

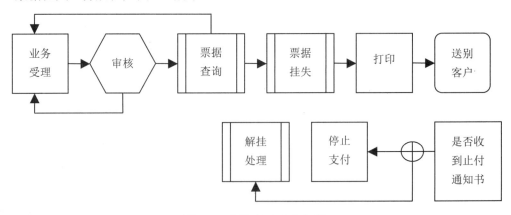

图 7-9　票据挂失业务规程

2. 业务操作要点

(1) 内容填写齐全的支票丧失后，失票人可到付款行办理挂失，办理挂失时，应填写挂失止付通知书并签章后交柜员。

(2) 柜员收到失票人提交一式三联的"挂失止付通知书"后，应审查通知书的内容(丧失时间、地点、原因、支票号码、金额、出票日期、出票人开户行名称、收款人名称、地址或工作单位及联系方式)、签章是否齐全，缺一不予受理。

(3) 柜员使用相关交易查询该支票是否已使用或挂失，确未使用、付款或挂失的，"通知书"经主管签批后，使用票据挂失交易进行挂失，并根据系统提示打印挂失记录。

(4) 柜员在通知书第一联上加盖"业务公章"作受理回单交客户，并提示客户应在 3 日内到法院申请公示催告和停止支付。第二、三联挂失止付通知书专夹保管，凭以掌握止付，同时登记"挂失(止付)登记簿"。

(5) 自受理挂失之日起 12 日内，如果收到法院对该票据的停止支付通知书，则办理停止支付手续，如果没有收到则办理解挂手续。

【小资料】

汇票的防伪

(1) 银行汇票、银行承兑汇票、商业承兑汇票的大小都是 10cm×17.5cm。

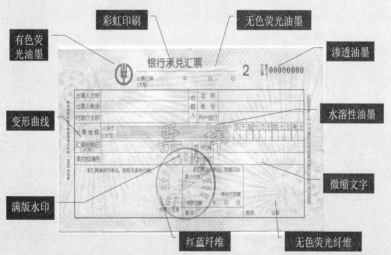

(2) 银行汇票、承兑汇票的纸张都为专用防涂改纸张，含有无色荧光纤维、有色纤维、满版"HP"和梅花图案的黑白水印。

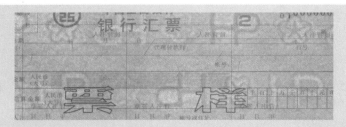

(3) 银行汇票、承兑汇票的大写金额栏采用水溶性红色荧光油墨印制的十条水平线，在紫外的光下发出微弱的红色荧光，涂改后的红水线表面会发生变化。

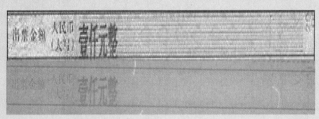

(4) 银行汇票、承兑汇票的号码采用棕黑色渗透性油墨印制，号码的正面为棕黑色，背面有红色渗透效果。采用了凸版印刷技术，放大观察有明显的油墨挤压效果。

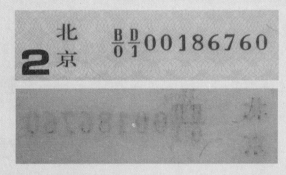

(5) 银行汇票、承兑汇票的行徽采用棕红色荧光油墨印制，在紫外灯光下发出橘红色荧光。

(6) 银行汇票、承兑汇票在紫外灯光下无色荧光油墨印制的暗记。

【课堂讨论】

试谈对"三票一卡"是最常用的结算工具的理解?

第四节 其他结算业务

一、汇兑业务

(一)汇兑业务规定

汇兑是指汇款人委托银行将款项汇给异地收款人的一种结算工具。汇兑包括信汇和电汇,使用时由汇款人选择。

1. 签发汇兑凭证必须记载的事项

(1) 表明"信汇"或"电汇"字样;
(2) 无条件支付的委托;
(3) 确定的金额;
(4) 收款人名称;
(5) 汇款人名称;
(6) 汇入地点、汇入行名称;
(7) 汇出地点、汇出行名称;
(8) 委托日期;
(9) 汇款人签章。

汇兑凭证上欠缺上列记载事项之一的,银行不予受理。

2. 签发汇兑业务应遵守的规定

(1) 汇兑方式不规定最低结算金额。
(2) 汇兑结算区域原只适用于异地,从 1997 年 12 月之后,异地与同城不受限制。用途可适用于商品交易、劳务供应、资金调拨、清理旧欠等。具有适用面广，使用手续简便，划拨灵活的特点。在商品交易中，允许先款后货，也允许先货后款。

(3) 汇兑结算解付时，分为直接入账和不直接入账。根据收款人在收款地是否开立账户，分别使用。

(4) 需要在汇入行支取现金的，必须在汇款金额栏内填写"现金"字样，同时要求汇款人和收款人必须均为个人。只要有一方为单位就不可填制现金汇兑凭证。

(二)汇出款项的处理

1. 汇出款项业务规程

汇出款项业务规程如图 7-10 所示。

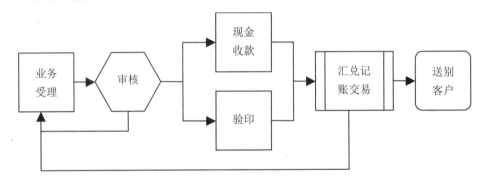

图 7-10　汇出款项业务规程

2. 业务操作要点

(1) 客户提交电汇或信汇凭证。

(2) 柜员审核凭证日期、金额等是否正确完整，收付款人名称、收付款人账号、汇入汇出地点、汇入汇出行名称是否完整。

(3) 转账交易进行验印处理，现金交易进行现金收款处理。

(4) 柜员使用汇兑记账交易进行记账，并收取手续费。

(5) 柜员在凭证回单联上加盖受理章后交客户，并送别客户。

(6) 复核柜员进行汇兑复核。

(三)汇入款项的处理

1. 汇入款项业务规程

汇入款项业务规程如图 7-11 所示。

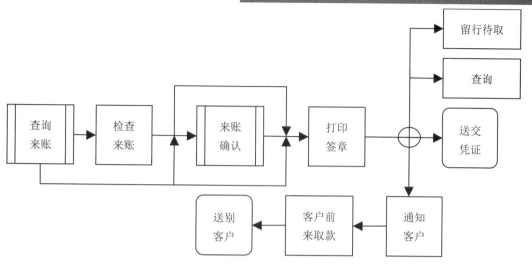

图 7-11 汇入款项业务规程

2. 业务操作要点

（1）柜员查询来账，检查来账报文是否已经入账，未入账报文的收款人账号名称是否相符，要素是否齐全，查询无误后，确认来账。

（2）柜员打印来账凭证和来账通知，并加盖业务用章。

（3）将收账凭证送交客户，或根据来账凭证上的收款人地址，填写通知单邮寄客户。

（4）如果个人客户来取款时，编制现金付款凭证，进行审核后办理付款手续。

二、托收承付

托收承付是指根据购销合同由收款人发货后委托银行向异地付款人收取款项，由付款人向银行承认付款的结算方式。托收承付结算按款项的划回方法分为邮寄和电报两种。

（1）使用托收承付结算方式的收款单位和付款单位，必须是国有企业、供销合作社以及经营管理较好，并经开户银行审查同意的城乡集体所有制工业企业；办理托收承付，必须是商品交易，以及因商品交易而产生的劳务供应的款项。代销、寄销、赊销商品的款项，不得办理托收承付。

（2）托收承付结算每笔金额起点为 1 万元，新华书店系统每笔金额起点为 1 千元。

（3）签发托收承付必须记载下列事项：使用统一规定的凭证格式、确定的金额、收付款人名称及账号、收付款人开户银行名称、托收附寄单证张数和合同名称号码、委托日期和收款人签章。

（4）承付货款分为验单付款和验货付款两种。验单付款的承付期为 3 天，从付款人开户银行发出承付通知的次日算起；验货付款的承付期为 10 天，从运输部门向付款人发出提货通知的次日算起。对收付双方在合同中明确规定,并在托收凭证上注明验货付款期限的,银行从其规定。

(5) 付款人开户银行对付款人逾期支付的款项,应当根据逾期付款金额和逾期天数,按每天万分之五计算逾期付款赔偿金;赔偿金实行定期扣付,每月计算一次,于次月3日内单独划给收款人;付款人开户银行对逾期未付的托收凭证,负责扣款的期限为3个月(从承付期满日算起)。

(6) 对付款人逾期不退回单证的,开户银行应当自发出通知的第3天起,按照该笔尚未付清欠款的金额,每天处以万分之五但不低于50元的罚款,并暂停付款人对外办理结算业务,直到退回单证时止。

(7) 未经开户银行批准使用托收承付结算方式的城乡集体所有制工业企业,收款人开户银行不得受理其办理委托;付款人开户银行对其承付的款项除按规定支付外,还要对该付款人按结算金额处以百分之五的罚款。

三、委托收款

委托收款是收款人委托银行向付款人收取款项的结算方式。

(1) 单位和个人都可以办理委托收款结算,其范围限于:已承兑的商业汇票(含商业承兑汇票和银行承兑汇票)、债券、存单等付款人债务证明。

(2) 签发委托收款必须记载下列事项:使用统一规定的凭证格式,表明"委托收款"字样、确定的金额、收付款人名称、委托收款凭据名称及附寄单证张数、委托日期、收款人签章。

(3) 委托收款结算在同城、异地都可以办理,没有金额起点和最高限额;收款人办理委托收款应向银行提交委托收款凭证和有关的债务证明。

(4) 委托收款以银行为付款人的,银行应在当日或到期日将款项主动支付给收款人;以单位为付款人的,银行应及时通知付款人,需要将有关债务证明交给付款人并签收。付款人应于接到通知的当日书面通知银行付款,付款人未在接到通知日的次日起3日内通知银行付款的,视同付款人同意付款,银行应于付款人接到通知日的次日起第四日上午开始营业时,将款项划给收款人。

(5) 付款人审查有关债务证明后,对收款人委托收取的款项需要拒绝付款的,可以办理拒绝付款。

(6) 委托日期、收款人名称和金额不得更改,更改的委托收款凭证,银行不予受理。

(7) 在同城范围内,收款人收取公用事业费或根据国务院的规定,可以使用同城特约委托收款。收取公用事业费,必须具有收付双方事先签订的经济合同,由付款人向开户银行授权,经开户银行同意后,报经中国人民银行当地分支行批准。

第七章 结算业务

【小资料】

异地托收承付结算应具备的条件

(1) 结算的款项必须是商品交易,以及因商品交易而产生的劳务供应的款项。代销、寄销、赊销商品的款项,不得办理托收承付结算。

(2) 收付双方使用托收承付结算必须签有符合《合同法》的购销合同,并在合同上订明使用异地托收承付结算方式。

(3) 收付双方办理托收承付结算,必须重合同、守信用。

(4) 收款人办理托收,必须有商品确已发运的证件(包括铁路、航运、公路等运输部门签发的运单、运单副本和邮局包裹回执等)。

(5) 对于下列情况,如果没有发运证件的,可凭有关证件办理托收手续。

① 内贸、外贸部门系统内的商品调拨、自备运输工具发送或自提的、易燃、易爆、剧毒、腐蚀性的商品,以及电、石油、天然气等必须使用专用工具或线路、管道运输的,可凭付款单位确已收到商品的证明(粮食部门可凭提货单及发货明细表)。

② 铁道部门的材料厂向铁道系统供应专用器材,可凭其签发的注明车辆号码和发运日期的证明。

③ 军队使用军列整车装运物资,可凭证明车辆号码和发运日期的单据;军用仓库对军内发货,可凭总后勤部门签发的提货单副本,各大军区、省军区也可比照办理。

④ 收款单位承造或大修理船舶、锅炉或大型机器等,生产周期长,合同证明按工程进度分次结算的,可凭工程进度完工证明书。

⑤ 付款单位购进的商品,在收款单位所在地转厂加工、配套的,可凭付款单位和承担加工、配套单位的书面证明。

⑥ 合同订明商品由收款单位暂时代为保管的,可凭寄存证及付款单位委托保管商品的证明。

⑦ 使用铁路集装箱或零担凑整车发运商品的,由于铁路只签发一张运单,可凭持有发运证件单位出具的证明。

⑧ 外贸部门进口商品,可凭国外发来的账单、进口公司开出的结算账单。

【课堂讨论】

汇兑结算要注意些什么?

本 章 小 结

结算业务	结算业务概述	结算种类	结算种类有：汇票、本票、支票、信用证、汇兑、委托收款、托收承付
		结算的原则	恪守信用，履约付款；谁的钱进谁的账，由谁支配；银行不垫款
		结算纪律	办理结算业务银行应遵守的纪律、办理结算业务单位和个人应遵守的纪律
		支付结算的基本规定	票据和结算凭证规定、办理支付结算需要交验证件、票据上的签章、办理支付结算业务应收费用、票据期限
	票据基础知识	票据特征	设权性、无因性、要式性、文义性、流通转让性
		票据行为、权利和责任	票据行为，是指引起票据权利义务关系发生的法律行为。票据权利是指持票人向票据债务人请求支付票据金额的权利。票据责任就是票据债务
		票据日期和时效	票据出票日期、票据付款日期、票据时效
		背书	背书是指再票据背面或者粘单上记载有关事项并签章的票据行为
	票据结算业务	支票业务	支票的基本规定、支票防伪特征、现金支票业务、转账支票业务
		银行汇票业务	银行汇票的基本规定、汇票防伪特征、银行汇票的签发、银行汇票的付款、银行汇票的退款
		银行本票	银行本票是银行签发的，承诺自己在见票时无条件支付确定的金额给收款人或者持票人的票据
		票据的挂失	基本规定、业务规程和业务操作要点
	其他结算业务	汇兑业务	汇兑业务规定、汇出款项的处理、汇入款项的处理
		托收承付	托收承付是指根据购销合同由收款人发货后委托银行向异地付款人收取款项，由付款人向银行承认付款的结算方式
		委托收款	委托收款是收款人委托银行向付款人收取款项的结算方式

第七章 结算业务

习　题

一、单项选择题

1. 支付结算制度中规定，委托收款凭证第三联应加盖(　　)。
   A. 业务公章　　B. 结算专用章　　C. 转讫章　　D. 汇票专用章
2. 银行承兑汇票提示付款期最长是(　　)。
   A. 10 天　　B. 1 个月　　C. 2 个月　　D. 6 个月
3. 办理商业汇票的再贴现和转贴现时，应将汇票做成(　　)。
   A. 委托收款背书　　　　　　　　B. 转让背书
   C. 质押背书　　　　　　　　　　D. 再贴现背书
4. 票据的保证人应当与被保证人对持票人承担(　　)责任。
   A. 一般　　B. 票据　　C. 连带　　D. 付款
5. 票据行为必须按照法定记载事项和记载方法记载于票据上并签章，这种规定体现的就是票据行为的(　　)。
   A. 要式性　　B. 文义性　　C. 无因性　　D. 设权性

二、判断题

1. 支票上的金额可以由出票人授权补记，未补记前的支票，不得使用。(　　)
2. 申请人和收款人必须均为个人，且交存现金的，才能办理现金银行汇票。(　　)
3. 汇票的出票日期和出票金额都必须使用中文大写。(　　)
4. 票据挂失后，付款人收到挂失止付通知书之日起 13 日内未收到法院止付通知书时可以向持票人付款。(　　)
5. 背书未记载日期的，视为票据到期日前背书。(　　)

三、简答题

1. 银行办理结算业务应遵守的纪律有哪些？
2. 票据具有哪些特征？
3. 支票的防伪特征有哪些？
4. 汇票的防伪特征有哪些？

实 训 课 堂

实训项目 1：票据结算业务
  要求：按规定和业务规程完成支票、汇票和本票业务操作
  学时：6 学时
实训项目 2：汇兑业务
  要求：按规定和业务规程完成汇兑业务操作
  学时：2 学时

第八章

银行卡与电子银行业务

本章精粹：

- 网上银行
- 电子支付
- 银行卡柜台业务规程

银行排队问题

有人经常抱怨说:"每次到银行办理业务,都要排队等很长时间,真急人。"但是,在每个家庭都有电话和电脑的条件下,为什么不注册电话银行或网上银行呢?只要注册了电话银行或网上银行,就再也不用去银行排队,坐在家里就可以轻松办理银行业务了。

思考:电子银行有哪些种类?

电子银行　电子支付　银行卡　业务规程

第一节　电子银行业务概述

根据中国银行业监督管理委员会 2016 年新编的《电子银行业务管理办法》的有关定义,电子银行业务是指金融机构利用面向社会公众开放的通信渠道和公众网络,以及银行为特定自助服务设施或客户建立的专用网络提供的银行业务。

电子银行业务包括利用计算机和互联网开展的银行业务(网上银行业务),利用移动电话和互联网开展的银行业务(手机银行业务),以及利用其他外部电子服务设备提供的由客户自助服务的银行业务。

一、自助银行

自助银行是近年来商业银行为满足客户的理财需求而进行的金融创新的成果,它借助现代化的自助服务设备,为客户提供方便、高效的多种金融服务,属于银行柜台业务处理电子化与自动化的一部分。

(一)自助银行的形式

目前自助银行主要有两种形式,一种是混合式自助银行,一种是隔离式自助银行。

混合式自助银行,指的是在现有的银行分支机构的营业大厅内划分出一个区域,放置各种自助式电子设备,提供 24 小时的自助银行服务。该区域在日常营业时间内与营业大厅相连通,能够分担网点的部分银行业务,缓解柜台压力。在柜台营业时间外,营业大厅关门时,该区域被人为地与营业大厅隔离,又变成了独立的自助银行。

隔离式自动银行又称全自动自助银行，这种形式的自助银行与银行分支机构和营业网点完全独立。一般是设立在商业中心、人口密集区或高级住宅区内，全天候开放。

(二)自助银行模式

1. 社区模式

在居民区、厂矿企业、办公楼及其附近提供银行服务的分行模式，强化中间业务服务及营销，是一种类型的"自助银行增强型"设计，即以自助设备为主，并不定时的配合必要的人工服务，以期同时达到高效率服务和业务推广的双重业务目标。

2. 商业区模式

在商业区、闹市区提供快速现金服务的自助银行，强化快速取现服务和银行卡发行，以自助银行或自助银行增强型为主。

3. 校园模式

在校园及其附近提供简单存取款服务，其交易特征为"频度高、单次交易额小"，以特殊形式自助银行为主，如网吧银行、书吧银行等。

4. 店中行模式

在便利店、机场、加油站、商场、酒店等其他行业的营业厅内提供银行服务；这些营业场所也是银行客户较常光顾的场所，在这些场所提供银行服务显然给银行储户提供了最大的方便。可以结合所在营业场所的具体情况设计成咖啡吧银行、超市银行、专卖店银行等。

5. 顾问银行模式

顾问银行又称 VIP 分行，一种专门为其附近的 VIP 客户提供专业理财服务的网点。

(三)自助银行的设备和功能

自助银行设备一般包括自动存取款机、自动存款机、自动取款机、多媒体信息查询系统、全自动保管箱和夜间金库等。此外还有外币自动兑换机、存折自动打印机、IC 卡圈存机、电话银行自助理财服务设备、点钞机、验钞机等。

(1) 自动存取款机集现金存取款于一身，并且可以办理缴纳费用业务。

(2) 自动存款机提供存款服务。

(3) 自动取款机提供取款、缴纳费用、查询余额和修改密码服务。

(4) 多媒体自动终端可以全方位介绍金融知识和银行业务信息，并可查询、打印所有账户的历史交易明细，缴纳各种费用，办理卡间转账、卡内转账、外汇买卖、银证转账、质押贷款、国债买卖、提醒服务、打印发票、口头挂失等业务。

(5) 全自动保管箱则提供自助式保管箱服务，客户存取物品不受时间限制，亦无须银行人员陪同，也能确保客户隐私。

(6) 夜间金库业务，经过申请，提供24小时自由存放现金或物品的服务。

二、网上银行

网上银行包括个人网上银行和企业网上银行。

(一)个人网上银行

个人网上银行服务是指利用因特网技术，通过因特网站点向个人客户提供全面、高效、安全服务的一种综合性的银行服务。

1. 业务特点

(1) 申办简便。只要登录相应银行网站，进入个人网上银行页面，填写几项要素，即可成为个人网上银行客户，享受查询、缴费、投资理财等服务。亲临营业网点进行签约认证后即可享受全面的网上银行服务。

(2) 方便快捷。不用跑网点排长队，不再发愁错过网点营业时间，享受 7×24 小时全天候个人金融服务。

(3) 功能丰富。账户统一管理，摆脱地域限制束缚，集中管理资金，客户足不出户即可享受各项个人金融服务。

(4) 友好易用。站内邮件、信息通知服务、常见问题解答、导航条、操作提示、功能介绍、相关问题链接等操作简洁明了，无须学习即会使用；页面设计人性化、个性化，使用时给予客户舒适的感受。

(5) 节约成本。申请免费，还省去了办理业务的奔波成本、可享受办理业务的手续费打折等优惠。

(6) 安全可靠。采用USBKEY存储证书、动态口令等多种安全技术，为客户提供短信通知、身份认证、预留防伪信息验证、私密问题设置、多个密码验证、各项限额控制等特色安全措施，重重保护，保障客户的资金安全。

2. 开通和终止

1) 开通条件

在商业银行开设有银行账户，或持有银行卡，具备使用因特网的网络条件，使用IE6.0以上版本的浏览器，就可申请开通网上银行业务。

2) 开通方式

自助开通：登录银行网站，通过"网上银行注册向导"功能，输入客户账户和身份信息后，通过网上银行申请，成为普通客户，享受网上银行部分功能。

柜台开通：先通过网上银行申请，然后持有效证件到网点办理签约手续，签约指定账户，或直接持本人有效证件到建设银行网点签约指定账户。

3) 终止

第一种方法：在网上银行登录界面点击"网上银行终止向导"，输入客户的姓名、证件号码、账号或卡号、账户密码等信息，校验成功后，即可进入销户页面，办理销户。

第二种方法：登录网上银行后，进入"我的账户"菜单中的"其他账户服务"，选择"账户终止"。

第三种方法：携带客户的有效证件，到银行网点办理终止网上银行服务。

3. 基本业务

(1) 账户管理。为客户提供所有网上银行登记账户的查询、管理及设置等综合类服务功能。

(2) 转账汇款。实现多种账户之间的转账汇款，包括活期、定期和全国各地各大银行之间的以及国内外汇款。

(3) 信用卡服务。为个人网上银行客户提供在线办理信用卡开卡、余额查询、消费积分查询、账单查询、信用卡还款、购汇还款、账户挂失等服务。

(4) 个人贷款。为客户提供贷前试算、贷款信息查询、归还贷款、贷款维护等服务。

(5) 缴费支付。缴费支付功能是商业银行向个人网上银行客户提供的网上缴费支付服务，可以缴纳包括水费、电费、煤气费、手机话费、市话费、学费等多种费用，并可在缴费完成后，通过短信通知缴费结果。

(6) 投资理财。投资理财服务包括基金业务、外汇买卖、黄金业务、债券业务、银证业务、银行存管、证券管理、理财产品等。

(7) 客户服务。网上银行为客户提供了体现个性化的设置、日志查询、邮件帮助服务、安全管理服务、软件下载等服务功能，主要包括用户昵称设置、日志查询、个人资料修改、网页定制、邮件服务、 定制快速通道、网银积分查询等。

(二)企业网上银行

企业网上银行是以互联网为基础，以银行资金清算系统和核心系统为依托，使用相应技术认证的商业银行网络服务系统。企业网上银行为企业客户提供账户信息查询、资金划转、全国代发代扣等服务，充分满足了企业客户提高财务操作效率、加强财务管理、集中资金运作的需求。

1. 业务特点

(1) 功能强大。企业网上银行提供查询、转账、代发代扣、网上支付、公积金、集团理财、客户端、外联平台等丰富的服务了功能,适合各类型的企业客户,能够减少企业财务现金使用,实时查询、实时划转,彻底解决企业与个人之间的资金划付瓶颈。

(2) 多人操作。可设置制单、复核、制单/复核、副主管、主管等五种角色,角色不同,操作权限不同,就形成了相互制约的机制。

(3) 流程灵活。按照不同账户、不同限额自行设定最少 1 级、最多可达 10 级的转账流程,也可设置一人操作的单一授权流程,根据转账金额、人员分配自行灵活设置转账的流程,增强操作灵活性与安全监管度。

(4) 友好易用。以因特网为载体,操作简单,提供了友好提示、常见问题解答以及在线客户留言辅助功能,实现了银企之间良好的在线互动。

(5) 方便快捷。企业网上银行流程管理、账户查询、行内转账支持及系列辅助功能支持全天候 24 小时服务。

(6) 节约成本。节省客户来回网点的时间和成本,提高资金运转速度,同时通过企业网上银行办理业务的还可享受手续费打折等优惠。

(7) 安全可靠。使用中国金融认证中心颁发的证书,并且必须采用 USBKEY 或 IC 卡作为证书介质、限额设置、流程定制等特色安全措施,保障客户操作和资金安全。

2. 开通和终止

开通:企业客户经办人与银行客户经理联系,获取并填写申请表、签署服务协议,然后携带申请表、服务协议、企业证件、经办人有效身份证件及企业授权书,到银行开户网点申请开通企业网上银行。

终止:企业客户经办人与银行客户经理联系,获取并填写客户服务终止申请书,然后携带申请书、企业证件、经办人有效身份证件及企业授权书,到银行开户网点申请注销企业网上银行服务。

3. 基本业务

(1) 查询。为客户提供账户信息查询、交易流水查询、不确定交易查询、定时批量查询、异步查询等服务。

(2) 转账。为客户提供快速制单、自由制单、批量付款、主动收款、倒进账、封闭转账等服务。

(3) 网上支付。企业的采购人员可在商户网站上购买企业所需的货物后,填写企业的客户识别号,然后再通知企业的财务人员登录网银系统进行转账支付。

(4) 电子对账。以现有网上银行企业客户服务系统和证书验证体系为依托,架设网银电子对账平台,为客户提供对账单下载、副本账查询和下载、对账结果回签、错账申诉等网上服务。

(5) 流程管理,主要包括操作员管理、授权管理、转账流程管理等。

操作员管理:企业客户开通网上银行后由主管首先登录,设置操作员,分配账户和操作权限，然后一般操作人员才能根据设置的角色和操作权限进行操作。

授权管理：对拥有多家下属子公司的集团企业客户或关联性比较紧密的企业群体，通过授权管理，企业可实现公司集团内部资金的最有效利用；接受授权后，授权账户转账功能只能转至接受授权企业客户的签约账户中，从而保证企业资金安全。

转账流程管理：转账流程管理是指由企业主管对本企业网上银行交易流程进行设置，将制单、复核、审批等不同的操作员角色安排在每一个转账流程中，使网上交易均严格按照指定的流程进行，从而达到企业安全控管的目的。

(6) 服务管理。为客户提供日志查询、修改密码、账户管理、首页定制、留言建议等服务。

(7) 信息通知。通过短信或邮件等方式，将客户订阅的信息内容或业务交易即时发送到客户的手机或邮箱，使客户能在第一时间了解其操作员在网上银行的各项操作，从而在最大程度上保证客户网上交易的安全性。

三、电话银行

电话银行是指商业银行凭借电话网络和计算机语音处理系统为客户提供的银行服务。客户通过电话银行可以查询账户、利率、汇率等各种金融信息，办理转账、汇款、缴费、支付等业务。

(一)业务特点

1. 最大众化的电子渠道

电话银行以电信的电话网络为依托，是遍布城乡的最大众化的电子渠道。

2. 最低成本的交易平台

电话银行的客户端设备是普通电话机，客户投入成本少，通信成本低。

3. 最稳定的系统网络

电话银行是依托于电信传统的电话网络，是最稳定、最可靠的银行服务渠道。

4. 最具亲和力的人工服务

在电话银行的各层次菜单中都提供了转人工的服务，客户在任何时候都能享受到最具亲和力的人工服务。

(二)开通

1. 个人电话银行的开通

普通客户只需具备在商业银行开立账户，即可通过电话自助开通。

第一次使用电话银行系统时需进行身份验证,在根据语音提示输入账号或身份证号后,系统会提示输入账户取款密码,取款密码验证通过后客户可自行根据语音提示,在电话中设置电话银行查询密码,以后再使用电话银行时直接输入账号(或证件号)和电话银行查询密码即可。

客户如需使用高级客户功能,须本人持身份证和开户时使用的有效证件,到银行柜台办理电话银行签约。

2. 企业电话银行的开通

如果是企业客户,则需在银行开立结算账户,并且状态正常。企业客户经办人与银行客户经理联系,获取并填写申请表、签署服务协议,然后携带申请表、服务协议、企业证件、经办人有效身份证件到银行开户网点申请使用企业电话银行。

企业客户签约电话银行服务必须到账户的开户网点办理签约。

(三)基本业务

1. 自助语音服务

电话银行自助语音服务为客户提供"账户服务""投资理财""个人贷款业务""信用卡""商旅服务"以及"增值服务"六大类服务。

2. 人工服务

人工服务不仅为客户提供服务咨询、服务监督、人工辅助办理交易服务,还可为客户提供多语种服务、开通多条服务专线等服务。

四、手机银行

手机银行是指商业银行利用移动电话和中国移动、中国联通及中国电信运营商的无线电话网络,向客户提供的银行服务。

(一)业务特点

1. 贴身服务

手机银行实现了即需即用,是客户随身携带的银行,客户只需掏出手机,即可随时随地使用建设银行的贴身金融服务。

2. 功能丰富

手机银行提供丰富实用的服务功能,不仅提供查询、转账、缴费、支付等基础金融服务,还有手机到手机转账、跨行转账等特色服务,更有基金、股市、外汇、银行存管等投资理财服务,实时交易,方便快捷。

3. 安全可靠

手机银行具有独特的安全性,即建立了手机号码与客户信息之间唯一绑定的关系,并采用国际最先进的加密手段,时刻保障客户的信息安全,确保交易的安全可靠。

4. 申办快捷

手机银行的开通渠道多、手续简便,客户只需选择任一渠道一次办理,即可成为手机银行客户。

(二)开通和登录

1. 开通条件

(1) 客户需拥有银行账户介质、有效身份证件及一部支持上网功能的手机。

(2) 客户需为中国移动用户、中国联通用户或中国电信用户,且手机号码开通了数据业务。

2. 开通方式

(1) 互联网站开通。客户登录银行网站,阅读"服务协议"和风险提示,同意后如实填写个人基本信息、账户信息、设置手机银行登录密码,系统验证通过后,成为手机银行客户。

(2) 手机开通。客户登录手机银行后,阅读"服务协议",同意后如实填写个人基本信息、账户信息、设置手机银行登录密码,系统验证通过后,成为手机银行客户。

(3) 网上银行开通。网上银行客户登录网上银行,阅读"服务协议",选择网上银行账户,设置手机号码和手机银行登录密码,经系统验证通过后,成为手机银行客户。

客户申请成功后,可持本人有效身份证件、账户介质到网点或移动签约POS机申请成为高级客户,享受高级服务。

3. 登录方式

中国移动用户、中国联通用户或中国电信用户可通过各银行的官方手机银行客户端登录手机银行。

(三)基本业务

手机银行为客户提供查询服务、转账汇款、缴费支付、信用卡、投资理财、账户管理等基本服务。

1. 查询服务

客户可以通过手机银行随时了解自己的账户信息，可以进行余额查询、明细查询、积分查询、日志查询、公积金查询、来账查询和快捷查询。

2. 转账汇款

手机银行转账汇款功能涵盖所有传统的转账业务，如活期转活期、活期转定期、定期转活期、向企业转账、跨行转账等，同时还提供了快捷的转账方式如手机到手机转账、约定账户转账，客户还可通过转账记录维护功能对转账历史记录进行管理。

3. 缴费支付

手机银行为客户提供了掌中缴费功能，可以缴纳手机费、市话费、水电煤气费、学费、交通罚款、车船税和保险费等多种费用。

手机银行还为客户提供了掌中支付功能，客户在商户网站上选定商品下订单，选择建设银行手机银行进行支付。

4. 信用卡查询

客户可以通过手机银行办理本人信用卡的余额查询、账单查询、积分查询和信用卡还款等业务。

5. 投资理财

投资理财主要为客户提供外汇买卖、基金投资、手机股市等服务。

6. 账户管理

客户可以通过账户管理功能自助管理账户，可以进行查询账户信息、增加账户、修改账户别名、进行账户口头挂失、删除账户和激活签约账户等操作。

【小资料】

电子银行业务发展趋势

1. 渠道多样化

电子银行正在从传统的电信网、互联网延伸到数字电视网、手机网等所有出现的新型网络。通过统一的通信标准和应用体系的整合，电子银行将实现网上银行、电话银行、手机银行、家居银行等多渠道之间的互联互通和信息共享，完整、实时地收集来自所有渠道的客户信息和业务数据。

2. 业务创新化

电子银行，特别是网上银行、手机银行的出现，使传统银行经历了一场技术革命。商业银行的电子银行产品已从最初的查询转账扩展到了消费信贷、投资理财等领域，并且还将探索创新其他金融领域的产品，呈现出多样化的业务创新趋势。

3. 服务智能化

随着电子银行业务的发展，智能商务的技术创新将成为其新的发展方向。电子银行本身的特点决定其不可避免地要涉及智能化问题，数据仓库建设、信息挖掘、智能商务将成为电子银行创新的热点。

4. 客户普及化

随着社会信息化的进一步深入及网络经济的全面兴起，电子银行与客户的社会生活和经济活动联系更加紧密，成为银行服务普通大众客户的主要渠道。电子银行服务渠道的重要性正在不断增强，并将成为未来银行业发展的必然趋势。

【课堂讨论】

电子银行的发展是现代商业银行发展的必然趋势，电子银行的发展对商业银行具有什么意义？

第二节　电子支付业务

一、电子货币与电子支付

(一)电子货币

1. 电子货币的定义

根据 BCE 欧洲中央银行和国际清算银行对电子货币的定义，电子货币是通过电子手段储存货币币值，可以在使用后最后由发行者进行最后的支付，因此可以不必通过银行账户。

2. 电子货币的种类

(1) 电子钱包。电子钱包是一个装有电子芯片的智能卡(又称 IC 卡，即 Integrated Circuit Card 集成电路卡)，它是由法国工程师罗兰·莫雷诺于 20 世纪 70 年代发明的。欧洲是当今电子钱包应用最为普遍的地区。

(2) 网络货币。网络货币又称数字货币或电子现金，它是用一串经过加密处理的数字来代替现金，货币仅仅表现为计算机中的一串数字，从一台计算机转移到另一台计算机中，其运行的基础是互联网。

(二)电子支付

广义的电子支付是指单位、个人客户直接或授权他人通过电子终端发出支付指令，实现货币支付与资金转移的行为。电子终端是指客户可用以发起电子支付指令的计算机、电话、销售点终端、自动柜员机、移动通信工具或其他电子设备。

狭义的电子支付是指单位、个人客户直接或授权他人通过计算机、电话、手机等工具向电子银行特约商户支付资金的行为。按支付的发起方式分为网上支付、电话支付、手机支付等。

与传统的支付方式相比，电子支付具有以下特征。

(1) 电子支付是采用先进的技术通过数字流转来完成信息传输的，其各种支付方式都是采用数字化的方式进行款项支付的；而传统的支付方式是通过现金的流转、票据的转让及银行的汇兑等物理实体的流转来完成款项支付的。

(2) 电子支付的工作环境基于一个开放的系统平台(即因特网)之中；而传统支付是在较为封闭的系统中运作的。

(3) 电子支付使用的是最先进的通信手段，如因特网、Extranet；而传统支付使用的是传统的通信媒介。电子支付对软、硬件设施的要求很高，一般要求有联网的微机、相关的软件及其他一些配套设施；而传统支付没有那么高的要求。

(4) 电子支付具有方便、快捷、高效、经济的优势。用户只要拥有一台上网的PC，便可足不出户，在很短的时间内完成整个支付过程。支付费用仅相当于传统支付的费用的几十分之一，甚至几百分之一。

二、电子支付流程

(1) 消费者利用自己的PC通过因特网选定所要购买的物品，并在计算机上输入订货单，订货单上需包括在线商店、购买物品名称及数量、交货时间及地点等相关信息。

(2) 通过电子商务服务器与有关在线商店联系，在线商店做出应答，告诉消费者所填订货单的货物单价、应付款数、交货方式等信息是否准确，是否有变化。

(3) 消费者选择付款方式，确认订单，签发付款指令。此时SET开始介入。

(4) 在SET中，消费者必须对订单和付款指令进行数字签名，同时利用双重签名技术保证商家看不到消费者的账号信息。

(5) 在线商店接受订单后，向消费者所在银行请求支付认可。信息通过支付网关传送到收单银行，再到电子货币发行公司确认。批准交易后，返回确认信息给在线商店。

(6) 在线商店发送定单确认信息给消费者。消费者终端软件可记录交易日志，以备将来查询。

(7) 在线商店发送货物或提供服务，并通知收单银行将钱从消费者的账号转移到商店账号，或通知发卡银行请求支付。

三、电子支付工具

电子支付工具包括卡基支付工具、网上支付和移动支付(手机支付)等。

1. 卡基支付

卡基支付工具通俗地讲就是我们日常使用的银行卡,它是付款人通过各种交易发起方式以卡片的形式向收款人转移后可以接受的对发卡主体的货币债权,货币债权以存款余额的形式存储在卡内;支付媒介是对发卡主体(包括银行、信用卡公司或其他发卡主体等)的货币债权;发起/接受(或者存取)方式可通过 ATM、POS、手机、Internet 等途径。

2. 网上支付

网上支付是指人们通过互联网完成支付的行为和过程,通常情况下仍然需要银行作为中介。在典型的网上支付模式中,银行建立支付网关和网上支付系统,为客户提供网上支付服务。网上支付指令在银行后台进行处理,并通过传统支付系统完成跨行交易的清算和结算。

3. 移动支付

移动支付是指利用移动电话采取编发短信息或拨打某个号码的方式实现支付。手机支付系统主要涉及三方:消费者、商家及无线运营商,所以手机支付系统大致可分三个部分,即消费者前端消费系统、商家管理系统和无线运营商综合管理系统。

四、中国现代化支付系统

中国现代化支付系统(CNAPS)是中国人民银行按照我国支付清算需要并利用现代计算机技术和通信网络自主开发建设的,能够高效、安全地处理各银行办理的异地、同城各种支付业务及其资金清算和货币市场交易的资金清算的应用系统。它是各银行和货币市场的公共支付清算平台,是人民银行发挥其金融服务职能的重要的核心支持系统。中国人民银行通过建设现代化支付系统,将逐步形成一个以中国现代化支付系统为核心,以商业银行行内系统为基础,各地同城票据交换所并存,支撑多种支付工具的应用和满足社会各种经济活动支付需要的中国支付清算体系,其结构见图 8-1。

中国现代化支付系统建有两级处理中心,即国家处理中心(NPC)和全国省会(首府)及深圳城市处理中心(CCPC)。国家处理中心分别与各城市处理中心连接,其通信网络采用专用网络,以地面通信为主,卫星通信为辅。

政策性银行和商业银行是支付系统的重要参与者。各政策性银行、商业银行可利用行内系统通过省会(首府)城市的分支行与所在地的支付系统 CCPC 连接,也可由其总行与所在地的支付系统 CCPC 连接。同时，为解决中小金融机构结算和通汇难的问题，允许农村信用合作社自建通汇系统，比照商业银行与支付系统的连接方式处理；城市商业银行银行汇票业务的处理，由其按照支付系统的要求自行开发城市商业银行汇票处理中心，依托支付系统办理其银行汇票资金的移存和兑付等资金清算。

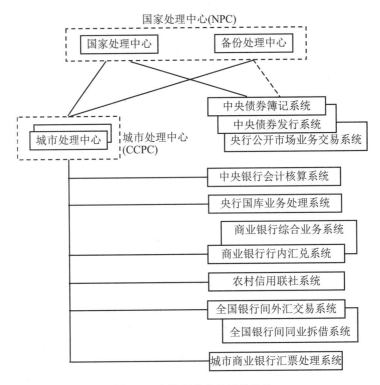

图 8-1　中国现代支付系统结构

中央银行会计核算系统(ABS)是现代化支付系统运行的重要基础。为有效支持支付系统的建设和运行，并有利于加强会计管理，提高会计核算的质量和效率，中央银行会计核算也将逐步集中，首先将县支行的会计核算集中到地市中心支行，并由地市中心支行的会计集中核算系统与支付系统 CCPC 远程连接。地市级(含)以上国库部门的国库核算系统(TBS)可以直接接入 CCPC，通过支付系统办理国库业务资金的汇划。

为有效支持公开市场操作、债券发行及兑付、债券交易的资金清算，公开市场操作系统、债券发行系统、中央债券簿记系统在物理上通过一个接口与支付系统 NPC 连接，处理其交易的人民币资金清算。为保障外汇交易资金的及时清算，外汇交易中心与支付系统 CCPC 连接，处理外汇交易人民币资金清算，并下载全国银行间资金拆借和归还的业务数据，供中央银行对同业拆借业务的配对管理。

为适应各类支付业务处理的需要，中国现代化支付系统由大额支付系统(HVPS)和小额批量支付系统(HEPS)两个应用系统组成。

大额支付系统实行逐笔实时处理,全额清算资金。建设大额支付系统的目的,就是为了给各银行和广大企业单位以及金融市场提供快速、高效、安全、可靠的支付清算服务,防范支付风险。同时,该系统对中央银行更加灵活、有效地实施货币政策具有重要作用。该系统处理同城和异地、商业银行跨行之间和行内的大额贷记及紧急的小额贷记支付业务,处理人民银行系统的贷记支付业务。

小额批量支付系统在一定时间内对多笔支付业务进行轧差处理,净额清算资金。建设小额批量支付系统的目的,是为社会提供低成本、大业务量的支付清算服务,支撑各种支付业务的使用,满足社会各种经济活动的需要。该系统处理同城和异地纸凭证截留的商业银行跨行之间的定期借记和定期贷记支付业务,中央银行会计和国库部门办理的借记支付业务,以及每笔金额在规定起点以下的小额贷记支付业务。小额批量支付系统采取批量发送支付指令,轧差净额清算资金的方式。

【小资料】

───── SET 协议 ─────

SET 协议是英文 Secure Electronic Transaction 的缩写,被译为安全电子交易协议,是由世界上两大信用卡公司 VISA 和 Mater Card 联合推出的网上信用卡交易的模型和规范。SET 是开放的,其主要是为了解决用户、商家和银行之间通过信用卡支付的交易而设计的,以保证支付信息的机密、支付过程的完整、商户及持卡人的合法身份以及可操作性。

SET 中的核心技术主要有密钥加密、电子数字签名、电子信封、电子安全认证等。

【课堂讨论】

电子支付与电子商务有着紧密的联系,试分析电子支付业务的发展趋势?

第三节 银行卡业务

一、银行卡的种类和功能

银行卡是指由商业银行向社会发行的具有消费信用、转账结算、存取现金等全部或部分功能的信用支付工具。

1. 银行卡的种类

(1) 根据卡片中有无集成电路、接点、微机、显示功能及输入数据功能、通信功能以及数据读写功能等基准加以区分,可分为塑料卡、磁条卡、IC 卡(芯片卡)也称智能卡或集成电路卡、激光卡和复合卡。

(2) 根据银行卡功能和结算方式的不同，银行卡包括信用卡和借记卡。

① 信用卡按是否向发卡银行交存备用金分为贷记卡、准贷记卡两类。

贷记卡是指发卡银行给予持卡人一定的信用额度，持卡人可在信用额度内先消费、后还款的信用卡。

准贷记卡是指持卡人须先按发卡银行的要求交存一定金额的备用金，当备用金账户余额不足支付时，可在发卡银行规定的信用额度内透支的信用卡。

② 借记卡按功能不同分为转账卡、专用卡、储值卡。借记卡不具备透支功能。

转账卡是实时扣账的借记卡，具有转账结算、存取现金和消费功能。

专用卡是具有专门用途、在特定区域使用的借记卡，具有转账结算、存取现金功能。专门用途是指在百货、餐饮、饭店、娱乐行业以外的用途。

储值卡是发卡银行根据持卡人的要求将其资金转至卡内储存，交易时直接从卡内扣款的预付钱包式借记卡。

(3) 其他分类方式。

① 按发行对象分，可以分为个人卡和商务卡。

② 按币种分，可以分为本币卡、外币卡和两币卡。

③ 按持卡人所处的地位不同，可以分为主卡和附属卡。

④ 按持卡人的信用等级不同，可以分为普通卡和金卡。

⑤ 按与其他单位合作的方式分，可以分为联名卡和认同卡。联名卡是商业银行与营利性机构合作发行的银行卡附属产品，认同卡是商业银行与非营利性机构合作发行的银行卡附属产品。发卡银行和联名单位应当为联名卡持卡人在联名单位用卡提供一定比例的折扣优惠或特殊服务；持卡人领用认同卡表示对认同单位事业的支持。

2. 银行卡的功能

银行卡的传统功能主要是储蓄、代理缴费、结算、消费和信用功能。

目前，银行卡的功能在不断扩展，主要朝融资和理财方向发展，典型的有理财功能、量身储蓄、小额贷款、分期付款等，银行卡已经成为人们生活和工作不可缺少的一种信用工具。

二、银行卡风险的防范

近几年，银行卡业务风险增大，诈骗增多，必须采取科学的方法防范银行卡业务风险。

1. 完善银行卡业务内控制度，提高制度执行力

根据银监会所发布的授信尽职、外部营销、银行卡安全管理等一系列规范性文件和风

险提示，查漏补缺，进一步建立健全内控机制，根据银行卡种的属性、业务种类及其风险特点制定相应的业务规章制度和操作程序。

2. 加强发卡环节风险管理，严把风险源头关

发卡机构应遵循"了解你的客户"和"了解你的业务"的原则，对申请人的资料进行严格的资信审核，确认申报材料的真实性。如果发卡业务外包，发卡机构应慎重选择发卡营销外包服务商，并严格约束与外包商之间的外包关系，对于发卡营销外包服务商或单位批量提交的申请资料，发卡机构应加大资信审核力度。

3. 加强收单环节风险管理，防范交易风险

一方面，收单机构应加强对特约商户资质的审核，强化对特约商户的风险控制，防范特约商户套现等风险。另一方面，收单机构应建立健全对特约商户和POS机具的管理制度，根据银行卡受理市场的有关规定，按照"一柜一机"的要求布放POS机具，并严格按照相关业务规范设置商户编码、商户名称、商户服务类别码、商户地址等关键信息，为发卡银行对交易风险度的判断和对交易的正常授权提供准确信息。另外，收单机构还应建立健全日常监控机制，对商户的交易量突增、频繁出现大额或整数交易等可疑异常现象的，收单机构应及时进行监控和调查。

4. 加强ATM机等自助设备管理，防范欺诈风险

一要切实加强对银行自助设备的日常检查，严格落实ATM机等银行自助设备的检查制度，定时对自助设备工作区域进行检查，并做好检查记录，尤其要加强自助银行区域的安全管理。二要定期检查监控录像设备和相关录像资料。各银行机构必须在自助设备营业场所安装闭路电视监控系统、报警系统、24小时监测系统等。要完善相关制度，按制度规定调阅银行自助设备区域的全套录像资料，重点查看有无可疑人员在银行自助设备上安装物件，并做好调阅情况记录。

5. 加强宣传教育，提高风险防范能力

一方面，银行要高度重视对干部员工的教育和思想动态管理，加强内部员工的合规和职业操守教育，重视对有异常活动员工的排查。另一方面，应通过多种渠道对公众进行有关银行卡知识的宣传，使公众了解银行卡的基本常识。要采取多种形式向客户提示犯罪分子利用银行卡作案的新手段和新动向，提高客户的安全意识和自我保护能力。

6. 加强协作，建立健全银行卡风险防范合作机制

商业银行应加强与银联、公安机关的合作与沟通，建立良好的信息共享机制。"银行卡风险信息共享系统"是中国银联建立的包括不良持卡人、黑名单商户等银行卡重要负面信息的系统，发卡机构和收单机构在办理相关业务时应积极利用该系统，对确认的不良持卡人、商户名单应及时报至该系统，以实现信息共享，共同防范风险。

三、银行卡柜面业务规程

(一)借记卡的申领及开户

1. 借记卡申领和开户业务规程

借记卡申领和开户业务规程见图 8-2。

图 8-2　借记卡申领及开户业务规程

2. 业务操作要点

(1) 填表。客户申领借记卡时,须完整地填写《借记卡申请表》,并提交有效身份证件原件及复印件交予发卡单位经办人员。单位申领借记卡时,还须提供开户许可证、单位代码证书、指定持卡人的有效证件及复印件和委托书。

(2) 审核。经办人员须认真审核《申请表》内容填写是否完整,客户姓名、证件名称、证件号码等填写内容与有效证件是否相同。

(3) 发卡。发卡分为有折发卡和无折发卡。有折发卡申请人需提供原发卡单位开立的个人结算账户,发卡前须核对个人结算账户中身份证件是否正确,如不正确必须维护正确,然后在系统中录入发卡,打印发卡回单作传票附件。无折发卡在系统中录入并办理开户资金存入后发卡,同时打印《存款凭条》。经办人员刷卡读出卡号,与借记卡正面卡号核对一致,由申领人输入卡片密码,完整录入申领人的姓名、有效证件号码等有关开户资料信息,为申领人开立账户,无折发卡系统自动生成卡活期主账户号。在《申请表》上打印借记卡卡号,加盖经办人员名章、发卡网点业务公章,登记《借记卡发卡登记簿》,开户完成后,经办人员将借记卡、有关证件原件和回单联交予申领人。日终打印表外科目贷出传票,同时销记重要空白凭证登记簿。

(4) 资料归档。经办人员将《申请表》和其他开户资料专夹保管,按年装订保存。

(二)借记卡的销卡

1. 基本规定

(1) 存在下列情况之一的,发卡行可为持卡人办理销卡。
① 持卡人凭本人有效证件和个人密码,交回借记卡,要求结束其账户。
② 持卡人办理书面挂失 7 天后,凭本人有效证件或个人密码,要求结束其账户。

③ 持卡人委托代理人代为销卡，须凭持卡人有效证件、书面委托书、代理人有效证件及复印件办理。

④ 个人卡持卡人死亡、失踪等情况，须按照《储蓄管理条例》的有关规定办理销户。

⑤ 单位卡法定代表人或其书面委托人书面申请销户。

⑥ 持卡人必须回原发卡网点办理销卡，并对销卡前发生的一切账务负责。

(2) 办理销卡时必须先销卡内账户；办理单位及个人主卡销卡，必须先销副卡；副卡可以直接销卡。单位卡在销卡时必须将所申领的全部借记卡销卡，其账户余额转入基本存款账户，不得提取现金。

(3) 收回已销户卡时须当场剪角，破坏磁条信息，按作废卡回收处理。及时移交、入库保管，登记《借记卡收回登记簿》，网点应定期抄列废卡传递清单，上缴后集中销毁。

2. 借记卡销卡业务规程

借记卡销卡业务规程见图8-3。

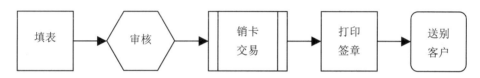

图8-3 借记卡销卡业务规程

3. 业务操作要点

(1) 持卡人办理销卡时，须至银行网点填写《借记卡销户申请书》，并与本人有效证件和借记卡一起交予经办人员。若借记卡已挂失满7日的，持卡人须提供有效证件和《挂失申请书》回执联交予经办人员。

(2) 经办人员须严格审核持卡人填写的《销户申请书》中卡号、姓名、证件号码等有关内容与开卡资料是否一致，姓名、证件号码与有效证件是否相同，持卡人与有效证件上的照片是否相符；挂失后销户的，须同时审核《挂失申请书》回执联与留存联内容是否一致，并确认挂失已满7日。

(3) 经办人员审核无误后，先进行账户销户，再进行销卡。销户时打印销户凭证、利息凭条，经核对无误后交持卡人签名确认。若该卡账户有未达账项，应提醒持卡人暂不能销户。

(4) 经办人员在销户凭证、利息凭条、《销户申请书》上加盖业务公章和经办人员名章，并将销户凭证和利息凭条的回单联、现金(单位卡资金划入基本存款账户)等交给持卡人，并登记《借记卡销卡登记簿》。挂失销户的，在《挂失申请书》回执联上注明"挂失销户"，与留存联配对专夹保管备查。

(三)柜台存现

1. 基本规定

(1) 单位卡不能存入现金。

(2) 大额现金存款必须输入存款人证件类型、号码、名称等,经办人员在办理业务时必须经授权复核。

(3) 在办理无卡存现交易时,存现人必须出示有效的身份证件并在《存款凭条》上填写持卡人姓名、卡号并签字确认,经办人员记录存现人的有效证件号码。

(4) 受理网点在办理存现交易时,若交易出现异常情况,应及时主动与相关部门联系,查询查实业务处理结果,以防出现重复操作。对异常情况及处理情况经办人员要及时登记《借记卡异常情况登记簿》,按卡差错处理流程处理差错。

2. 柜台存现业务规程

柜台存现业务规程见图8-4。

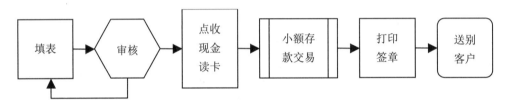

图8-4 柜台存现业务规程

3. 业务操作要点

(1) 有卡存现。经办人员办理存现交易时,首先应询问持卡人存现金额并清点现金,无误后,通过磁条读卡器刷卡读取卡号,按照屏幕提示选择交易业务类型,输入存现金额等内容。审核交易类型选择是否正确,输入的存现金额与收取的现金是否一致,核对银行卡卡面卡号与屏幕显示的是否一致。交易成功后,打印《存款凭条》,经办人员核对《存款凭条》内容无误后,交持卡人签字确认,然后将回单联及银行卡交持卡人。

(2) 无卡存现。经办人员办理无卡存现交易时,须认真审核存现人填写的《存款凭条》,记录存现人有效证件号码,清点现金无误后,按照屏幕提示选择交易类型,手工录入卡号。其他操作参照"有卡存现"办理。

(四)柜台取现

1. 基本规定

(1) 单位卡不能支取现金。

(2) 经办人员办理取现交易时必须通过磁条读卡器刷卡读取卡号,不得手工录入卡号。

(3) 持卡人大额取现 5 万元以上(不含 5 万元)时,应提供本人有效证件,经办人员必须输入取款人证件姓名、类型、号码。
(4) 大额取现必须按规定办理预约。

2. 柜台取现业务规程

柜台取现业务规程见图 8-5。

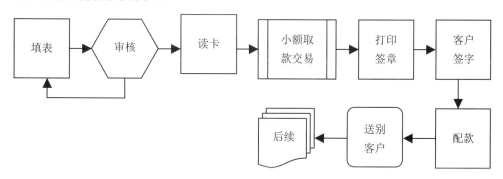

图 8-5　柜台取现业务规程

3. 业务操作要点

持卡人办理取现交易,经办人员首先询问持卡人取现金额,通过磁条读卡器刷卡读取卡号,按照屏幕提示选择交易类型,输入取现金额等内容。审核交易类型、取现金额,核对银行卡卡面卡号与屏幕显示的是否一致,并要求持卡人通过密码键盘输入个人密码。交易成功后,打印《取款凭条》,经办人员核对《取款凭条》内容和现金无误后,将《取款凭条》交持卡人签字确认后付现,然后,将回单联、现金及卡交持卡人。

(五)柜台转账

1. 基本规定

(1) 单位卡账户的资金一律从基本存款账户转账存入,不得将销货收入存入单位卡。
(2) 个人卡从对公账户转账存入时,存入款项必须属于个人的合法劳务报酬、投资回报、个人工资性收入等款项。
(3) 借记卡与对公账户之间办理转账交易时,对公账户必须在受理网点所在地。
(4) 除同城业务外,办理转账交易时,应按照规定收取手续费。

2. 业务操作要点

(1) 卡卡转账,指卡与卡主账户之间转账,卡卡转账必须先办理转出方的卡业务,再办理转入方的卡业务。经办人员先通过磁条读卡器刷卡读取转出方卡号,由转出持卡人输入密码,再输入转入方卡号(如转入方有卡,刷卡读出;如转入方无卡则根据提供的卡号输入),然后录入代理人姓名、证件类型和号码,最后打印转账标志的凭条,并加盖转账日戳。

(2) 活期存折转卡主账户。经办人员先录入活期账号和凭证号,由持折人输入密码,再输入转入方卡号(如转入方有卡,刷卡读出;如转入方无卡则根据提供的卡号输入),录入代理人证件、号码及姓名,最后打印凭条,并加盖转账日戳。

(3) 卡主账户转活期存折。经办人员先通过磁条读卡器刷卡读取转出方卡号,由持卡人输入密码,再输入转入存折账号,录入代理人证件、号码及姓名,最后打印凭条,并加盖转账日戳。

(4) 支票户转卡主账户。经办人员办理转账存入交易时,须认真审核持卡人填写的进账单和转账凭证的各要素,进账单中"收款人"栏内填写持卡人姓名,"账号"栏内填写银行卡卡号。经办人员按照有关会计制度的规定,核对印鉴,认真审核付款凭证和进账单的内容填写是否正确、有效,无误后,录入转出账号、凭证种类及号码和转入卡号,最后打印转账凭证,并加盖转账日戳。

(六)挂失、解挂

1. 基本规定

(1) 银行卡挂失内容包括卡挂失和个人密码挂失两种。卡挂失方式可分为口头挂失和书面挂失。挂失处理结果必须由持卡本人办理。

(2) 持卡人银行卡和有效证件同时被盗或遗失,需提供其他有效身份证件,凭个人密码办理书面挂失。

(3) 卡被盗或遗失、密码同时遗忘,必须先办理密码挂失。

(4) 密码挂失不能撤销,只能更新密码。

(5) 挂失撤销须通过原挂失方式办理,并提供办理挂失时的相同有效证件。持卡人至原发卡网点办理书面挂失的撤销时,还须提供《挂失(撤销)申请书》回执联。

(6) 书面挂失期满后,持卡人凭《挂失(撤销)申请书》回执联和有效证件,到原发卡网点办理补卡。办理补卡时,须按规定收取工本费。

2. 业务操作要点

1) 口头挂失

持卡人应出示有效身份证件到受理网点办理口头挂失,应填写《挂失(撤销)申请书》,经办人员审查后按照屏幕提示输入卡号,选择口挂方式,再由持卡人通过密码键盘输入个人密码,交易成功后,系统对该卡予以止付。将留存联申请书专夹保管,并登记《借记卡挂失处理登记簿》。

2) 书面挂失

申请书面挂失时,持卡人应填写《挂失(撤销)申请书》,并与本人有效证件或其他有效身份证件一起交予原发卡网点经办人员。经办人员必须严格审核以下内容:《挂失(撤销)申请书》填写内容是否完整，持卡人填写的卡号、姓名、证件号码、住址等有关内容与开卡资料是否一致，姓名、证件号码与有效证件是否相同，持卡人与有效证件上的照片相符。审核无误后，经办人员输入卡号，持卡人通过密码键盘输入个人密码，交易成功后，是否屏示挂失卡账户余额，系统对该卡予以止付。

经办人员打印或填写《挂失(撤销)申请书》，加盖业务人员名章和业务公章，将《挂失(撤销)申请书》回执联和有效证件等交还持卡人作为书面挂失依据。将原发卡网点留存联专夹保管，并登记《借记卡挂失处理登记簿》。

3) 密码挂失

持卡人填写《挂失(撤销)申请书》，并与本人有效证件、银行卡(持卡人卡片丢失除外)一起交予经办人员。

经办人员严格审核《挂失(撤销)申请书》填写的内容是否完整，持卡人填写的卡号、姓名、证件号码、住址等有关内容与开卡资料是否一致，姓名、证件号码与有效证件是否相同，持卡人与有效证件上的照片是否相符。

审核无误后，通过磁条读卡器刷卡读出卡号信息(持卡人卡片丢失的则输入卡号)，核对读出的卡号与借记卡卡面卡号是否相同。请持卡人输入两遍新密码，经审核无误后，密码重置成功。

经办人员打印或填写《挂失(撤销)申请书》，加盖业务人员名章和业务公章，将《挂失(撤销)申请书》回执联、有效证件和借记卡交还持卡人。将受理网点留存联专夹保管，并登记《挂失处理登记簿》备查。

4) 解挂

持卡人办理挂失后，又找到卡，持《挂失(撤销)申请书》回执联和身份证件到原发卡网点要求撤销挂失。经办人员审查《挂失申请书》回执联与留存联无误后，按照屏幕提示，选择挂失撤销功能，持卡人通过密码键盘输入个人密码，交易成功后，将《挂失(撤销)申请书》回执联和留存联配对专夹保管备查，销记《挂失处理登记簿》。

5) 补卡

补卡时，经办人员必须收回《挂失(撤销)申请书》回执联，与留存联核对是否一致，确认挂失已期满，核对姓名、证件号码与有效证件是否相同，持卡人与有效证件上的照片是否相符。无误后，在《挂失(撤销)申请书》回执联上注明"补卡"及新卡卡号，原卡号作销卡处理，取消原卡号与相关账户的关联关系。按照屏幕提示，用补发的新卡通过磁条读卡器刷卡，重新建立新卡号与各账户的关联关系。持卡人通过密码键盘修改个人密码，将新卡、有效证件交持卡人。将《挂失(撤销)申请书》回执联与留存联配对专夹保管备查。

(七)银行卡重写磁

1. 基本规定

持卡人因磁道损坏无法办理存取款业务时，可凭原卡片及本人身份证件，填写特殊业务申请书，在发卡行所在地任一网点办理银行卡重写磁业务。

2. 业务操作要点

(1) 审核卡片签名条上有无"样卡"字样，卡片有无打洞、剪角、毁坏、涂改的痕迹，卡是否在有效期内，卡片背面是否有持卡人签名，卡片正面的拼音姓名与持卡人的签名是否相符，确认磁道是否损坏，持卡人身份证件是否为本人且是否在有效期内。

(2) 交易处理。柜员选择重写磁交易，手工输入卡号等相关要素，由持卡人输入密码。交易成功后刷卡重写原卡片磁道，打印特殊业务申请书，交持卡人签名确认，申请书回单联及银行卡交还持卡人。

本 章 小 结

银行卡与电子支付业务	电子银行业务概述	自助银行	借助现代化的自助服务设备，为客户提供方便、高效的多种金融服务，属于银行柜台业务处理电子化与自动化的一部分
		网上银行	包括个人网上银行和企业网上银行
		电话银行	商业银行凭借电话网络和计算机语音处理系统为客户提供的银行服务
		手机银行	指商业银行利用移动电话和中国移动、中国联通等运营商的无线电话网络，向客户提供的银行服务
	电子支付业务	电子货币与电子支付	单位、个人客户直接或授权他人通过计算机、电话、手机等工具向电子银行特约商户支付资金的行为
		电子支付流程	电子支付流程与电子商务紧密相关
		电子支付工具	包括卡基支付工具、网上支付和移动支付
	电子支付业务	中国现代化支付系统	中国人民银行按照我国支付清算需要，并利用现代计算机技术和通信网络自主开发建设的，能够高效、安全处理各银行办理的异地、同城各种支付业务及其资金清算和货币市场交易的资金清算的应用系统
	银行卡业务	银行卡的种类和功能	由商业银行向社会发行的具有消费信用、转账结算、存取现金等全部或部分功能的信用支付工具
		银行卡风险的防范	采取科学的方法防范银行卡业务风险
		银行卡柜面业务规程	包括借记卡的申领及开户、借记卡的销卡、柜台存现、柜台取现、柜台转账、挂失和解挂、银行卡重写磁等

第八章 银行卡与电子银行业务

一、单项选择题

1. 我国第一家开展网上个人理财业务的银行是( )。
   A. 中国工商银行   B. 招商银行   C. 光大银行   D. 中国银行
2. 采用 IT 和数据挖掘技术,对各种金融交易数据进行归并、统计和分析,向客户提供服务的是( )。
   A. 金融综合业务服务系统   B. 金融信息增值服务
   C. 金融安全监控服务   D. 金融安全预警系统服务
3. 夜间金库属于( )服务。
   A. 自助银行   B. 网络银行   C. 电话银行   D. Call Center
4. 准贷记卡是指持卡人须先按发卡银行的要求交存一定金额的( )的信用卡。
   A. 备用金   B. 专用金   C. 抵押金   D. 信用金
5. "银联"卡,是指( )。
   A. 商业银行发行的一种专门的卡   B. 并不是指重新发行的一种专门的卡
   C. 中国人民银行发行的专门的卡   D. 以上都不是
6. 所谓智能卡,英文描述为( )。
   A. IC 卡   B. 信用卡   C. 龙卡   D. 贷记卡

二、判断题

1. 支付与结算可以直接理解为支付结算或支付。( )
2. 信用卡本身能完全代替电子货币。( )
3. 电子货币反映出国家信用。( )
4. 银行 Call Center 提供每天 12 小时的不间断服务。( )
5. 借记卡是指具备透支功能的银行卡。( )

三、简答题

1. 网上银行与传统银行的区别是什么?
2. 信用纸币与电子货币的区别有哪些?

实 训 课 堂

实训项目：银行卡柜台业务

要求：按规定和业务规程完成银行卡柜台业务处理

学时：2学时

第九章

外汇业务

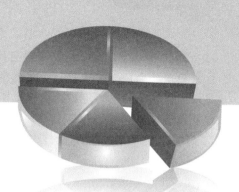

本章精粹：

- 外汇账户管理
- 国际结算业务
- 结售汇业务

个人外汇业务讲座

2017年9月7日晚,交通银行镇江分行开展外汇业务管理政策讲座。该行邀请镇江市外汇管理局两位专家对2017年最新外汇政策和个人外汇政策作了详细的解读和具体的指导。本次培训对该行员工正确理解新形势下外汇管理政策,以及合规开展外汇业务,防范政策风险起到积极作用。

思考:个人外汇账户管理有哪些规定?

外汇账户　信用证　汇款　结售汇

第一节　外汇基础知识

一、外汇及汇率

(一)外汇的概念

国际货币基金组织对"外汇"所下的定义是:货币行政当局(中央银行、货币管理当局、外汇平准基金组织或财政部)以银行存款、国库券、长短期政府债券等形式所保有的,在国际收支逆差时可以使用的债权。

《中华人民共和国外汇管理条例》所规定的外汇,是指下列以外币表示的可以用作国际清偿的支付手段和资产。

(1) 外币现钞,包括纸币、铸币;
(2) 外币支付凭证或者支付工具,包括票据、银行存款凭证、银行卡等;
(3) 外币有价证券,包括债券、股票等;
(4) 特别提款权;
(5) 其他外汇资产。

(二)外汇的种类

按外汇兑换时受限制的程度,可将外汇划分为自由兑换外汇(即自由外汇)、限制兑换外汇和记账外汇。

按外汇的来源和用途,可将外汇划分为贸易外汇和非贸易外汇。

按外汇买卖交割期限，可将外汇划分为即期外汇和远期外汇。

(三)汇率

汇率亦称"外汇行市或汇价"，是指一国货币兑换另一国货币的比率，是以一种货币表示的另一种货币的价格。由于世界各国货币的名称不同，币值不一，所以一国货币对其他国家的货币要规定一个兑换率，即汇率。

(四)汇率的标价法

直接标价法，又称应付标价法，是以一定单位的外国货币作为标准，折合为一定数量的本国货币的标价方法。目前，世界上绝大多数国家都采用直接标价法，我国人民币对外币也采用这种标价方法。

间接标价法，又称应收标价法，是以一定单位的本国货币为标准，来计算应收若干单位的外国货币。世界上采用间接标价法的主要是以英美为代表的少数几个国家。

(五)人民币汇率制度

2005年7月21日，央行宣布实施"以市场供求为基础、参考一篮子货币、有管理的浮动汇率制度"；2015年8月11日，央行进一步完善人民币中间价报价机制，使人民币兑美元每日中间价更多参考前一日收盘价。

二、外汇交易

外汇交易就是一国货币与另一国货币进行交换。与其他金融市场不同，外汇市场没有具体地点，也没有中央交易所，而是通过银行、企业和个人间的电子网络进行的交易。

(一)外汇交易方式

从交易的本质和实现的类型来看，外汇买卖可以分为以下两大类。

一是为满足客户真实的贸易和资本交易的需求而进行的基础外汇交易；

二是在基础外汇交易之上，为规避和防范汇率风险或出于外汇投资、投机的需求而进行的外汇衍生工具交易。

属于第一类的基础外汇交易主要是即期外汇交易，而外汇衍生工具交易则包括远期外汇交易以及外汇择期交易、掉期交易、互换交易等。

1. 即期外汇交易

即期外汇交易又称现汇交易，是交易双方约定于成交后的两个营业日内办理交割的外汇交易方式。

2. 远期交易

远期交易又称期汇交易，外汇买卖成交后并不交割，根据合同规定约定时间办理交割的外汇交易方式。

3. 套汇

套汇是指利用不同的外汇市场，不同的货币种类，不同的交割时间以及一些货币汇率和利率上的差异，进行从低价一方买进，向高价一方卖出，从中赚取利润的外汇交易方式。

4. 套利交易

套利交易是指利用两国货币市场出现的利率差异，将资金从一个市场转移到另一个市场，以赚取利润的交易方式。

5. 掉期交易

掉期交易是指将币种相同，但交易方向相反，交割日不同的两笔或者两笔以上的外汇交易结合起来所进行的交易。

6. 外汇期货

外汇期货是指以汇率为标的物的期货合约，用来回避汇率风险，它是金融期货中最早出现的品种。

7. 外汇期权交易

外汇期权交易的是外汇，是指期权买方在向期权卖方支付相应期权费后获得的一项权利，即期权买方在支付一定数额的期权费后，有权在约定的到期日按照双方事先约定的协定汇率和金额同期权卖方买卖约定的货币，同时权利的买方也有权不执行上述买卖合约。

(二)外汇交易规则

(1) 外汇交易中的报价。报价是用被兑换的货币表达的一个单位的基础货币的价格。
(2) 使用统一的标价方法。
(3) 交易金额通常以 100 万人民币为单位。
(4) 交易双方必须恪守信用，共同遵守"一言为定"的原则和"我的话就是合同"的惯例，交易一经成交不得反悔、变更或要求注销。
(5) 交易术语规范化。

三、外汇市场

(一)外汇市场

外汇市场是从事外汇交易和外汇投机的系统。

按照外汇交易参与者的不同,外汇市场可分为广义的外汇市场和狭义的外汇市场。

狭义的外汇市场又称为外汇批发市场,它特指银行同业间的外汇市场,包括各国中央银行、商业银行、非银行金融机构、外汇经纪公司等,交易金额巨大。

广义的外汇市场,除了上述狭义的外汇市场外,还包括银行与一般客户之间的外汇交易。本章所述的外汇市场是指广义的外汇市场。

(二)我国的外汇市场

我国外汇市场分为两个不同的层次,即银行结售汇市场和银行同业间市场。

银行结售汇市场又称为零售市场,是外汇指定银行与客户之间的交易市场。这一市场是以具备真实有效的商业背景为基础,以外汇管理开放程度为交易自由度的限度的市场。

银行间外汇市场是指经中国人民银行、国家外汇管理局批准可以经营外汇业务的境内金融机构同业(包括中外资银行和非银行金融机构)之间通过中国外汇交易中心的银行间外汇交易系统进行人民币和外汇之间交易的市场。

【小资料】

影响汇率变动的因素

(1) 国际收支。如果一国国际收支为顺差,则该国货币汇率上升;如果为逆差,则该国货币汇率下降。
(2) 通货膨胀。如果通货膨胀率高,则该国货币汇率低。
(3) 利率。如果一国利率提高,则汇率也提高。
(4) 经济增长率。如果一国经济增长率高,则该国货币汇率也高。
(5) 财政赤字。如果一国的财政预算出现巨额赤字,则其货币汇率将下降。
(6) 外汇储备。如果一国外汇储备高,则该国货币汇率将升高。

【课堂讨论】

什么是外汇风险?外汇风险的主要类型有哪些?

第二节 外汇账户管理

一、对公外汇账户管理

(一)对公外汇账户种类

对公外汇账户指境内机构(含外商投资企业)、驻华机构、外国投资者以可自由兑换货币在经批准经营外汇业务的银行和非银行金融机构开立的账户。按账户的性质,可分为经常项目外汇账户和资本项目外汇账户等。

(1) 企业出口收汇待核查账户：企业出口收汇(含预收的货款，下同)，应当先进入在银行直接以该企业名义开立的出口收汇待核查账户。待核查账户收支范围由外汇管理局规定。

(2) 外债专户：境内机构借用的外债、外债转贷款开立的专户。其收入为外债、外债转贷款或者外汇贷款的合同款；支出用于贷款协议规定的用途。外债实行逐笔登记制。

(3) 国内外汇贷款专户(不需外汇管理局核准)：是中资金融机构向非金融性质的境内机构发放的自营外汇贷款。国内外汇贷款专用账户的收入范围为借款人该笔贷款收入及其划入的还款资金；支出范围为借款人偿还贷款、经常项下支出及经批准的资本项下支出。

(4) 还贷专户：境内机构用于偿付境内外汇债务本金、外汇债务利息及费用开立的专户。其收入为经批准用人民币购买的外汇、经批准的贷款专户转入的资金及经批准保留的外汇收入；支出用于偿还债务本息及相关费用。

(5) 外币股票专户：境内机构发行股票收入的外汇开立的专户。其收入为外币股票发行收入；支出用于经证券监督管理部门批准的招股说明书规定的用途。

(6) 外商投资企业外汇资本金账户：外商投资企业中外投资方以外汇投入的资本金开立的专户。其收入为外商投资企业中外投资方以外汇投入的资本金；支出为外商投资企业经常项目外汇支出和经外汇管理局批准的资本项目外汇支出。

(7) 临时账户：是境外法人或者自然人为筹建外商投资企业汇入外汇开立的专户。其收入为境外法人或者自然人为筹建外商投资企业汇入的外汇；支出为筹建外商投资企业的开办费用及其他相关费用。企业成立后，临时账户的资金余额可以转为外商投资款划入企业资本金账户。如果企业未成立，经外汇管理局核准资金可以汇出境外。

(二)出口收汇待核查账户的开立与管理

1. 出口收汇待核查账户开户审核

企业出口收汇待核查账户的收入范围限于出口收汇，支出范围包括经联网核查后的结汇、划入该企业经常项目外汇账户以及经外汇管理局批准的退汇等外汇支出。出口收汇待核查账户开户需提供的资料与经常项目外汇账户相同。

为企业开立待核查账户时，应通过外汇账户信息交互平台，查询该企业是否已在外汇管理局进行基本信息登记。企业的基本信息已登记的，可直接为企业开立待核查账户。企业的基本信息未登记的，不得为其办理开户手续，同时应通知企业到外汇管理局办理基本信息登记。

2. 出口收汇待核查账户管理

(1) 待核查账户之间不得划转。

(2) 账户余额按活期存款计息。

(3) 待核查账户纳入外汇账户信息交互平台，为企业开户后，应于次日按照外汇账户信息交互平台报送数据的要求将相关数据及时报送外汇管理局。

(4) 经联网核查后,待核查账户资金必须先划入该企业经常项目外汇账户,方可用于对外支付货款、还贷等支出;待核查账户资金结汇后的人民币可按实际支出需要划转。

(5) 待核查账户中的外汇不能用于质押人民币贷款或理财业务。

(6) 公检法等执法部门可以依法冻结账户,可以依法凭强制执行令等直接从待核查账户划款。

(三)经常项目外汇账户的开立与管理

1. 经常项目外汇账户开户审核

凡经有权管理部门核准或备案具有涉外经营权或有经常项目外汇收入的境内机构(含外商投资企业),均可以申请开立经常项目外汇账户。凡未开立过经常项目外汇账户的,应持营业执照(或社团登记证)和组织机构代码证先到外汇管理局进行机构基本信息登记。

境内机构凡已经开立经常项目外汇账户的,如需开立新的经常项目外汇账户,应当持下列材料申请开立经常项目外汇账户。

(1) 有权管理部门颁发的涉外业务经营许可证明原件和复印件,或者《外商投资企业外汇登记证》,或者有关经常项目外汇收入的证明材料如结汇水单等。

(2) 营业执照或社团登记证等有效证明的原件和复印件。

(3) 组织机构代码证的原件和复印件。

(4) 税务登记证的原件和复印件。

(5) 法人代表有效身份证件原件及复印件。

(6) 对公外汇账户开户申请书。

(7) 印鉴卡一式三份。

(8) 其他需要提供的材料。

2. 经常项目外汇账户开立、变更、撤销

(1) 开立。审核客户提交资料的完整性和真实性后,为境内机构开立经常项目外汇账户并且于开户后次日通过"外汇账户信息交互平台"将开户信息传送到外汇管理局。

(2) 变更。审核客户提供的资料及《对公外汇账户变更申请表》办理经常项目外汇账户变更手续。

(3) 撤销。审核客户提供的资料及《对公外汇账户撤销申请书》办理经常项目外汇账户撤销手续。

境内机构撤销经常项目外汇账户后,还有其他相同性质经常项目外汇账户的,可以将账户内资金转入其他相同性质经常项目外汇账户,如果没有其他相同性质经常项目外汇账户的,账户内资金办理结汇。

境内机构撤销经常项目外汇账户后,须通过外汇账户信息交互平台做账户撤销报告。

3. 经常项目外汇账户管理

(1) 境内机构经常项目外汇账户的收入范围为经常项目外汇收入，支出范围为经常项目外汇支出及经外汇管理局核准的资本项目外汇支出。

(2) 捐赠、援助、国际邮政汇兑及国际承包工程等特殊来源和指定用途的经常项目外汇账户，其账户收支范围按照有关合同或协议确定。

(3) 境内机构申请开立国际海运及船务运输代理、货物运输代理项下暂收代付的经常项目外汇账户、国际承包工程、国际劳务合作、国际招标项下的经常项目外汇账户、国际邮政汇兑项下的经常项目外汇账户时，应确认境内机构的营业执照或社团登记证上具有相应的营业范围。

(4) 境内机构申请开立临时经常项目外汇账户，如大型国际会议、运动会、博览会、展览会等需开立外汇账户的，应确认境内机构的营业执照或社团登记证上具有相应的营业范围，或境内机构能提供相关主管部门对有关项目的批准文件。

(四) 资本项目外汇账户的开立与管理

1. 资本项目外汇账户开户审核

除国内外汇贷款专用账户外，凭外汇管理局核发的"开户通知书"为境内机构、外商投资企业、境外法人或者自然人开立资本项目外汇账户。

外商投资企业持外汇管理局签发的"资本项目外汇业务核准件"(核准件要项为"账户开立")办理资本账户开户手续，并提供以下材料。

(1) 《外商投资企业外汇登记证》。
(2) 营业执照原件及复印件。
(3) 组织机构代码证原件及复印件。
(4) 外经贸批文原件及复印件。
(5) 公司章程。
(6) 法人身份证复印件。
(7) 印鉴卡一式三份。
(8) 对公外汇账户开户申请表。
(9) 其他需要提供的材料。

经办人员为外商投资企业开立资本项目外汇账户后，在《外商投资企业外汇登记证》相应栏目中注明账号、币种和开户日期，并加盖业务公章后予以开户，并于次日通过外汇账户信息交互平台将开户信息传送到外汇管理局。

2. 资本项目外汇账户管理

(1) 资本项目外汇账户贷方累计发生额(除利息外)不得超过外汇管理局核定的限额。

(2) 境内机构资本项目外汇账户内资金转换为人民币的,应经外汇管理局核准后办理;外商投资企业外汇资本金账户中的资金结汇,如已经外汇管理局授权办理资本金结汇的,可直接办理结汇手续。

二、个人外汇账户管理

个人账户按交易性质分为外汇结算账户、外汇储蓄账户、资本项目账户。

(一)账户开户

(1) 个人开立外汇储蓄账户应当出具本人有效身份证件,所开立账户户名与本人有效身份证件记载的姓名应一致。

(2) 个人开立外汇账户,应区分境内个人和境外个人。

(3) 个人开立境内外汇账户(丙户)的有效身份证件包括居民身份证、中华人民共和国护照、临时身份证等。

(4) 个人开立境外外汇账户(乙户)的有效身份证件包括外国护照、港澳居民来往内地通行证、台湾居民来往大陆通行证、中华人民共和国护照及境外永久居留(永久居留证期限为自签发日起五年(含)以上)等。

(5) 个人外汇账户不分现钞账户和现汇账户。

(二)账户变更

(1) 客户须凭本人有效身份证件申请个人账户变更,不得由他人代理。

(2) 网点经办人员应审核以下内容:客户身份证件是否符合个人存款实名制要求,是否真实、有效,申请变更的内容是否符合要求。

(3) 网点复核人员对提交的资料审核无误后,进行授权操作。

(三)账户撤销

(1) 客户凭存折及有效身份证件原件申请个人账户销户。

(2) 网点经办人员应审核客户身份证件的真实性、有效性、合法性,审核是否有未达账项,如有应提醒客户结清未达账项后再销户。

(3) 审核无误后,对该账户进行销户处理;交易成功后,柜员打印凭条、存折、利息清单、结售汇水单,并在凭条、利息清单、结售汇水单上加盖业务清讫章交客户签名确认。

(4) 网点复核人员对提交的资料审核无误后,进行授权操作。

【小资料】

临时专用外汇账户开立和管理

境外法人或者自然人为筹建外商投资企业汇入的外汇开立临时专用账户应凭外汇局核发的"开户通知书"办理开户手续。

(1) 收入为境外法人或者自然人为筹建外商投资企业汇入的外汇；支出为筹建外商投资企业的开办费用及其他相关费用。

(2) 企业成立后，余额可以转为投资款划入企业资本金账户；企业未成立，经外汇局核准资金可以汇出境外。

(3) 专户存款结汇应凭外汇局核准件办理。

【课堂讨论】

请解释经常项目与资本项目？

第三节 国际结算业务

一、信用证业务

信用证是银行应开证申请人(进口商)的要求，向第三者(出口商)开立的承诺在一定期限内凭规定的单据支付一定金额的书面文件。

(一)信用证的主要关系人

1. 申请人

申请人(Applicant)是指进口商。申请人的义务有以下四个方面。

(1) 根据合同申请开立信用证。

(2) 交付开证押金。

(3) 及时付款赎单。

(4) 承担第二性付款责任。在开证行破产或无力支付时，开证申请人有义务向受益人付款。

申请人的权利体现在以下两方面。

(1) 取得与信用证相符的单据。如果开证行通知的单据不符合信用证的规定，进口商有权拒付或不赎单。

(2) 得到合同规定的货物。如果货物与合同规定的不符，进口商有权通过其他渠道要求出口商予以赔偿。

2. 开证行

开证行(Issuing Bank)是进口商的银行。开证行的义务有以下两方面。
(1) 按申请人的指示开立信用证。
(2) 承担第一性付款责任。
开证行的权利体现在以下三方面。
(1) 收取开证押金或取得质押,以降低开证风险。
(2) 审单及拒付。
(3) 控制单据及货物。

3. 通知行

通知行(Advising Bank)是出口商所在地的银行,开证行的联行或代理行。通知行的责任与义务有以下三方面。
(1) 合理、谨慎地核对信用证的真实性。
(2) 及时澄清疑点。
(3) 缮制通知书,及时通知。

4. 受益人

受益人(Beneficiary)是指出口商。受益人的义务如下。
(1) 按合同发货并提交相符单据,即必须做到"货约、单货、单证、单单"一致。
(2) 应接受议付行的追索。如果议付行议付单据后向开证行索偿未能成功,有权向受益人追索。
(3) 赔偿进口商的损失。如果进口商发现货物与合同规定不符,则有权要求出口商予以赔偿。
受益人的权利如下。
(1) 决定是否接受及要求修改信用证。
(2) 向开证行及进口商收取货款。

5. 保兑行

保兑行(Confirming Bank)是接受开证行授权,对信用证进行保兑,使自己承担与开证行相同责任的银行。
保兑行的义务如下。
若受益人将单据提交保兑行,只要单证相符,保兑行就应付款、承兑或议付。对受益人付款后,可向开证行索偿。
保兑行的权利如下。
(1) 决定是否对信用证保兑。

(2) 决定是否同意修改信用证及对信用证的修改部分是否加保。

(3) 赔付后有权向开证行索偿。

6. 指定行

指定行(Nominated Banks)是出口商所在国的银行，开证行的联行或代理行。

(1) 付款行(Paying Bank)：即期/延期付款信用证下，开证行的代理付款人，审单付款，无追索权。

(2) 承兑行(Accepting Bank)：承兑信用证下，开证行指定的跟单信用证汇票的承兑人。

(3) 议付行(Negotiating Bank)：议付信用证下，购进汇票及所附单据(审单)并支付对价的银行，有追索权。

7. 偿付行(Reimbursement Bank)

(1) 偿付行的义务：信用证中指定的对议付行或付款行进行偿付(清偿垫款)的银行。

(2) 偿付行的权利：偿付行付款后应向开证行索偿，没有审单责任。

(二)信用证的内容

现在各开证行的开证格式已基本接近国际商会拟定的《开立跟单信用证标准格式》，信用证主要包括以下项目。

(1) 开证行名称(Issuing Bank)。一般在信用证中首先标出，应为全称加详细地址。

(2) 信用证号码(L/C Number)。一般不可缺少。

(3) 信用证形式(Form of Credit)。一切信用证均应明确表示是可撤销的还是不可撤销的，否则视为不可撤销的信用证。

(4) 开证日期(Date of Issue)。必须标明开证日期，这是信用证是否生效的基础。

(5) 受益人(Beneficiary)。受益人即出口商，它是唯一享有利用信用证支取款项权利的人，因此，必须标明完整的名称和详细的地址。

(6) 开证申请人(Applicant)。信用证为买卖合同签约双方约定的支付工具，信用证的申请人应是买卖合同中的买方(进口商)，应标明完整的名称和详细的地址。

(7) 信用证金额(L/C Amount)。这是开证付款责任的最高限额，应能满足买卖合同的支付。信用证金额要用大小写分别记载。如果有"大约"字样，可以浮动10%。

(8) 有效期限(Terms of Validity or Expiry Date)。有效期限即受益人向银行交单取款的最后期限，超过这一期限，开证行就不再负付款责任。

(9) 生效地点。生效地点即交单地点，信用证除要明确有效期外还要明确一个交单地点，一般为开证行指定的银行，通常为出口地。

(10) 汇票出票人(Drawer)。一般是信用证的受益人，只有可转让信用证经转让后，出票人才可能不是原证受益人。

(11) 汇票付款人(Drawee)。信用证的付款人是开立汇票的重要依据，汇票付款人须根据信用证的规定来确定，一般为开证行。

(12) 汇票出票条款(Drawn Clause)。汇票出票条款主要表明汇票是根据某号信用证开出的。

(13) 对单据的要求。信用证中一般列明需要的单据，分别说明单据的名称、份数和具体要求。最为基本和重要的单据主要是商业发票(Commercial Invoice)、运输单据(Transport Documents)、保险单据(Insurance Policy)。此外，进口商还往往要求出口商提供产地证、品质证书等单据。

(14) 关于货物的描述部分。一般包括货名、数量、单价以及包装、唛头价格条件等最主要的内容和合同号码。

(15) 装运地/目的地。一般情况下，信用证中关于运输的项目有装货港(Port of Loading/Shipment)、卸货港或目的地(Port of Discharge or Destination)、装运期限(Latest Date of Shipment)等。

(16) 分装/转运。信用证还必须说明可否分批装运(Partial Shipment Permitted/not Permitted)和可否转运(Transhipment Allowed/not Allowed)。

(17) 开证行对有关银行的指示条款。开证行对有关银行的指示条款包括对议付行、通知行、付款行的指示条款(Instructions to Negotiating Bank/Advising Bank/ Paying Bank)。

(18) 开证行的保证条款。开证行通过保证条款(Engagement/Undertaking Clause)来表明其付款责任。

(19) 开证行签章。开证行签章即开证行代表签名(Opening Bank's Name and Signature)，信用证必须有开证行有权签名人签字方能生效，一般情况下是采取"双签"即两人签字的办法。

(20) 其他特别条款。其他特别条款(Other Special Condition)主要用以说明一些特别要求。

(21) 根据《UCP 600》开立信用证的条款。

(三)信用证的交易程序

(1) 开证申请人根据合同填写开证申请书并交纳押金或提供其他保证，请开证行开证。

(2) 开证行根据申请书内容，向受益人开出信用证并寄交出口人所在地通知行。

(3) 通知行核对印鉴无误后，将信用证交受益人。

(4) 受益人审核信用证内容与合同规定相符后，按信用证规定装运货物、备妥单据并开出汇票，在信用证有效期内，送议付行议付。

(5) 议付行按信用证条款审核单据无误后，把货款垫付给受益人。

(6) 议付行将汇票和货运单据寄开证行或其他特定的付款行索偿。

(7) 开证行核对单据无误后，付款给议付行。

(8) 开证行通知开证人付款赎单。

(四)信用证业务

1. 信用证业务规程

信用证业务规程见图9-1。

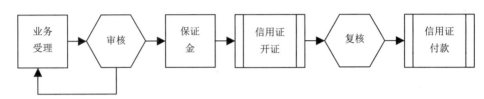

图9-1　信用证业务规程

2. 业务操作要点

1) 收取保证金

柜员收到结算部门提交的书面开户通知和扣收保证金凭证后，审查要素是否齐全，是否经有权人签字，经换人复核和主管签字后，开立结算项下的保证金账户，使用扣收保证金交易。

2) 信用证开证

柜员收到结算部门提交的开出信用证表外科目收入(贷方)凭证后，应审查凭证要素是否齐全，无误后经换人复核，使用相应交易，记载表外账务。

3) 信用证付款

(1) 用现汇付款：柜员收到结算部门的书面付汇报文、支取保证金凭证、收费凭证和表外科目凭证后，审查凭证要素是否齐全，是否经有权人签字，审查无误后经换人复核，使用相应交易记账。

(2) 用备用贷款付款：柜员收到信贷部门提交的借据、付汇报文、收费凭证及表外科目付出(借方)凭证后，审查凭证要素是否齐全，是否经有权人签字，无误后向客户发放贷款，并使用相应交易记账。

4) 用人民币售汇付款

柜员收到结算部门提交的售汇凭证、收费凭证、付汇报文和表外科目凭证，审查凭证要素是否齐全，是否经有权人签字，审核并经换人复核无误后，使用相应交易记账。

二、汇款业务

(一)汇款方式

汇款结算方式是付款人把应付的款项交给自己的往来银行，请求银行代自己把款项交付给收款人的一种结算方式。

因汇款过程使用的工具不同，汇款又分为电汇、信汇和票汇三种。

1. 电汇(T/T)

电汇是汇出行应汇款人申请用加押电报或电传通知汇入行向收款人解付一定金额的汇款的记款方式。

2. 信汇(M/T)

信汇是汇出行应汇款人申请，邮寄信汇委托书(M/T Advice)或支付委托书(Payment Order)授权汇入行向收款人解付一定金额汇款的汇款方式。汇款人用信汇方式汇款，操作方法与电汇基本相同，区别在于汇出行是通过邮寄信汇委托书的方式汇款，速度较慢，但汇费较便宜。

3. 票汇(D/D)

票汇是汇出行应汇款人申请，开立以其分行或代理行为解付行的银行即期汇票，支付一定金额的汇款给收款人的一种汇款方式。

(二)外汇汇入业务

1. 外汇汇入业务规程

外汇汇入业务规程见图9-2。

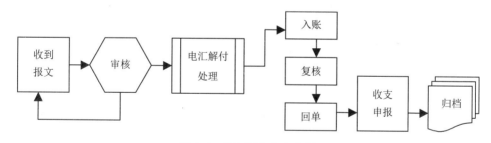

图9-2　外汇汇入业务规程

2. 业务操作要点

1) 收到报文

经办人员收到代理行入账回单，并与代理行及时核对汇款明细。经确认无误后，通知收款人认领此笔款项。

2) 电汇解付

经办人员使用"登记解付"交易，办理入账手续。客户要求原币入账的，办理原币入账，要求人民币入账的，办理结汇后入账。

复核人员按规定进行复核。复核无误后，经办人员打印传票，把客户回单联、出口收汇核销专用联、涉外收入申报单客户联交给客户。

3) 国际收支申报

经办人员在规定时间内办理国际收支统计申报手续。

4) 归档

(三)外汇汇出业务

1. 外汇汇出业务规程

外汇汇出业务规程见图9-3。

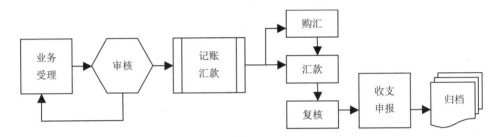

图9-3 外汇汇出业务规程

2. 业务要点

1) 受理与审核

客户填写外汇汇出汇款申请书。

经办人员审核汇款人的资格，汇款申请书是否填写完整，收款人、收款行、币种、金额大小写是否清楚正确；申请人的签章是否符合等。审核凭以付汇的外管政策所要求的有效凭证及单据内容，并对凭以付汇的有效凭证及有效单据进行合规性和表面一致性的审核。

2) 记账

客户需购汇的，填写外币转账支票，申请购汇。购汇金额与汇出汇款申请书相符，经审核后加盖业务公章。

经办人员办理对公售汇业务，并经过复核。

经办人员办理汇出汇款，并经过复核。

3) 申报

完成入账后，办理国际收支统计申报手续。入账次日，登录外汇账户交互平台进行数据报送。

4) 归档

三、外币光票托收业务

(一)基本规定

(1) 凡持有外币票据的开户单位及国内居民，均可委托银行办理光票托收业务。外币光票包括汇票、本票、支票。

(2) 托收票据的出票日应早于托收日期。凡票据上未规定有效期限的票据一般均视为 6 个月。旅行支票一般无有效期限规定。超过有效期的票据则视为无效票据。受理票据应考虑合理的托收在途时间，最迟于票据有效期到期前一个月办理托收。远期汇票，须到期后办理。

(3) 票据上未注明何种货币时，一般以付款行所在地发行的货币作为该票据的币种。托收票据的币种必须是有外汇牌价并可自由兑换的货币。

(4) 票据上必须有出票人签字或签章；对背书转让的票据，不予受理。票据要素不得涂改，对付款银行及其他的地点必须准确清楚。

(5) 票据金额大小写及压数金额必须一致，如为限额票据则票据金额不得超过规定的限额。

(6) 票据收款人与背书人必须严格一致，如票据收款人不止一个人，则应由所需的收款人背书。

(7) 对表面有缺陷(不符要求)的票据，付款地与付款地货币不一致的票据，原则上不能接受委托收款，以免遭不必要的退票或拒付，除非委托人书面保证承担责任和一切费用。

(二)业务规程

1. 业务受理和审核

柜员收到客户提交的托收申请书和托收票据后，应认真审查以下内容。

(1) 托收票据是否在有效期内。

(2) 托收票据币种是否为可自由兑换的货币；票据金额大、小写是否一致，有压数的，其压数金额是否一致，有限额的票据，票据金额是否超过规定的限额。

(3) 票据要素有无涂改；付款银行及其地点是否清楚齐全；旅行支票复签与初签是否一致。

(4) 票据上是否有出票人签章；票据背书位置是否在背面靠右三分之一处，有规定位置的是否在规定位置背书；票据收款人与背书人是否一致。

(5) 对表面有缺陷及付款地与付款地货币不一致的票据，委托人是否在托收申请书上注明了承担责任和一切费用。

(6) 收款人为个人的托收，应核验收款人(委托人)身份证件与票据上的收款人是否一致,摘录持票人身份证件的名称、号码、发证机关,并请收款人(委托人)在托收申请书上签章留存,作为领款时的预留签章。如收款人委托他人代办的,代办人应以收款人名义填写托收申请书,出示收款人及其本人身份证件,并在留存联上签字或盖章,以便领款时验对。

2. 交易处理

经审查无误后,柜员按规定填制收费凭证。

收妥手续费后,将托收申请书第一联加盖受理章随收费回单作托收人回执。收款人为个人的,与托收人约定款到后通知、托收回执和身份证件办理领款手续。柜员根据托收申请书第三联(留底联)记载的托收日期、托收编号、收款人名称、币种金额、张数、票据号码、代收行、收账日期、解付日期、备注等内容逐项登记票据托收登记簿,并将外汇票据正反面复印后随托收申请书留底联专夹保管。

【小资料】

==常见的信用证"陷阱条款"==

(1) 限制信用证生效的条款,如"本证是否生效依进口商是否能取得进口许可证"。

(2) 限制信用证的到期地点或到期时间条款,如"到期地点为开证行""单据须于指定日之前寄达开证行"。

(3) 开证行有条件付款责任的条款,如"开证行在货到目的港后通过进口商品检验后才付款""在货物清关或由主管当局批准进口后才支付货款"。

【课堂讨论】

信用证结算有哪些利弊?

第四节 结售汇业务

一、基本规定

(1) 结汇。外汇收入所有者将外汇卖给外汇指定银行,外汇指定银行根据交易行为发生之日的人民币汇率付给等值人民币的行为。

(2) 售汇。外汇指定银行将外汇卖给外汇使用者,并根据交易行为发生之日的人民币汇率收取等值人民币的行为。

(3) 柜员办理结售汇业务时,必须严格按照外汇政策规定,审核客户提供的用于证明结、售汇用途的单证材料。柜员在确定结、售汇材料的真实性、一致性后,才能予以办理。

(4) 对于在本行所开立有经常项目外汇账户的企业,其经常项目下的外汇收汇不入此账户而直接结汇的情况,实行客户授权结汇制度。

客户授权结汇制度具体内容为：客户向开户行所出具"授权结汇申请书"，专用于授权柜员将经常项目下的外汇收入不转入其外汇账户而直接结汇至其人民币账户。经开户行审批后，在规定年限内生效。在授权书有效期内，对于客户有个别经常项目下的外汇收入需要转入其外汇账户的，由客户向柜员出具"客户外汇入账通知书"，列明需要转入其外汇账户的款项内容。柜员根据此通知书予以办理。

(5) 对于除资本金结汇业务以外的资本项下结、售汇业务，柜员必须凭当地外汇管理局的资本项目核准件及其他证明材料办理。

(6) 在办理资本项下结汇业务中，如果发现异常情况应及时报告外汇局。

(7) 境内机构资本项目项下不得收付外币现钞。

(8) 居民凭真实身份证明购汇，居民个人身份证号码如出现重复，客户必须提供当地公安机关出具的确认证明，柜员方能为其办理购汇手续。居民凭真实身证明购汇不得超过年度总额，年度总额内外汇可以分次购买；居民个人购汇应先在年度总额内进行；年度总额不得跨公历年度使用，对于上一年度未使用或未用完的额度不得转入下一年度使用。

(9) 居民个人购汇应先在年度总额内购汇，对于超过年度总额的部分，需审核经常项目跨境交易真实性证明材料的真实性和一致性。居民个人必须提供标有交易价格的经常项目跨境交易真实性证明材料办理购汇，柜员按照证明上所列明的金额进行供汇，不得超过证明材料上标注的金额。

(10) 前往对我国实行落地签证、免签证的国家或地区而无法在出境前提供签证的，柜员审核其他证明材料后直接办理。

(11) 居民个人所购外汇可以存入本人境内外汇账户、也可以汇出境外，可以持汇票、旅行支票、信用卡等携出境外；购汇时每人每次可以提取不超过等值2000美元(含2000美元)的外币现钞。

(12) 居民个人购汇，由他人代为办理的，还须提供委托人的授权书、代办人的真实身份证明。

二、经常项目结售汇

经常项目结售汇是指客户因经常项目下的外汇收支而发生的结汇和售汇行为。

(一)企业经常项目结汇

1. 业务受理

经办柜员接收外汇账单清算柜员传递的《外汇入账清算通知书》(境外转入的外汇款项)，或客户部门转来的贸易融资的有关凭证，或客户提交用于结汇的外汇转账支票或卖出外汇申请书。

2. 业务审核

对于在本行所开立有经常项目外汇账户的企业，根据企业授权结汇申请书办理结汇；对于未在本行开立有经常项目外汇账户的企业，直接办理结汇。

3. 交易处理

1) 信用证项下、跟单托收项下结汇

经办柜员根据外汇账单清算柜员传递的"通知书"内容，进入业务系统逐笔输入各要素。

经办柜员确认输入无误后，交复核柜员。复核柜员核对经办柜员转来的凭证，并对业务系统中的要素进行确认。

2) 出口押汇项下结汇

经办柜员根据审批完毕的全套押汇资料及客户部门出具的借款凭证，进入业务系统，根据押汇资料及借款凭证，逐一输入各要素。经办柜员确认输入无误后，在借款凭证上签章，将全套押汇资料及借款凭证转复核柜员复核。

复核柜员收到经办柜员转来的全套押汇资料及借款凭证，核对无误后，进入业务系统，对各要素逐一确认，重点确认收款人名称及入账人民币账号。复核柜员确认无误后，在借款凭证上签章后，将全套押汇资料及借款凭证转交授权柜员。

授权柜员收到复核柜员转来的全套押汇资料及借款凭证，核对无误后进入业务系统，根据借款凭证、押汇资料，对各要素逐一确认，完成授权。

3) 福费廷项下结汇

经办柜员根据借款凭证及卷宗内容，进入业务系统，对各要素逐一核对。核对无误后，在借款凭证上签章，将借款凭证及卷宗转交复核柜员复核。

复核柜员收到经办柜员转交的借款凭证及卷宗，进入业务系统，根据借款凭证及卷宗内容，对各要素逐一核对，核对无误后，在借款凭证上签章，将借款凭证及卷宗转交授权柜员。

授权柜员收到复核柜员转来的借款凭证及卷宗，进入业务系统，对各要素逐一核对确认，完成授权。

4) 汇入汇款项下结汇

经办柜员根据业务凭证，进入业务系统输入各项要素，输入无误后签章，交复核柜员复核。

复核柜员接到经办柜员的凭证，进入业务系统，逐一核对各要素，其中重点核对客户账号、收款人名称及优惠汇率，其他核对内容与经办柜员相同。核对无误后，产生国际收支申报单号码。

5) 经常项目外汇账户结汇

经办柜员根据客户提交的结汇材料、外汇转账支票或卖出外汇申请书，进入业务系统，逐一输入包括客户外币账号、收款人名称及优惠汇率等要素。输入无误后确认并签章后,将结汇材料、外汇转账支票或卖出外汇申请书交复核柜员复核。

复核柜员收到经办柜员转来的结汇材料、外汇转账支票或卖出外汇申请书,进入业务系统,根据结汇材料、外汇转账支票或卖出外汇申请书逐项复核,其中重点核对客户账号、收款人名称及优惠汇率。

6) 贸易项下外币现钞结汇

出纳柜员收取客户现钞,清点准确并确认其真实性,审核缴款单填写无误后,进入业务系统进行交易。

经办柜员根据客户提交的盖有现金收讫章的缴款单、结汇材料、卖出外汇申请书,进入业务系统,逐一输入各项要素,输入无误后确认并签章后,将结汇材料、卖出外汇申请书交复核柜员复核。

复核柜员收到经办柜员转来的结汇材料、卖出外汇申请书,进入业务系统逐项复核,其中重点核对客户账号、收款人名称及优惠汇率。

4. 交易结果确认

复核或授权柜员确认后,系统提示操作成功,打印结汇通知书。复核或授权柜员在相应业务凭证上加盖转讫章和个人名章,并注明入账传票号、日志号。

5. 后续处理

柜员将结汇通知书客户回单联盖章后,由客户签收,其他凭证归入业务档案保管。

(二)居民、非居民经常项目项下结汇

1. 业务受理

经办柜员确认款项到账后,按照外汇局的规定为客户办理结汇业务,或受理客户提交的银行卡、存折或外币现钞、有效身份证件。

对非居民个人办理结汇的,要求如实说明外汇资金结汇用途,填写《非居民个人外汇收支情况表》。

2. 业务审核

对居民、非居民外汇账户、外币现钞结汇审核。

(1) 居民个人外汇结汇:单笔等值1万美元(含)以下的,凭有效身份证件,到银行办理;单笔等值1万美元以上、5万美元(含)以下的,凭规定的证明材料,到银行办理,银行审核并登记备案;单笔等值5万美元以上的,居民凭规定的证明材料,向外汇局申请,银行经外汇局核准后办理。

(2) 非居民个人办理结汇时,应如实向银行说明外汇资金结汇用途,填写《非居民个人外汇收支情况表》。非居民个人从外汇账户结汇,每人每月累积结汇金额超过等值5万美

元的，向所在地外汇局提出申请，经外汇局审核确认合规用途后到银行办理。非居民将持有的外币现钞结汇时，每人每次结汇等值5000美元以下的，凭本人有效身份证件办理；每人每次结汇等值5000美元以上的，凭本人有效身份证件、本人入境申报单原件或原银行外币现钞提取单据的原件办理。银行应在本人入境申报单原件和银行外币现钞提取单据的原件上标注结汇金额、结汇日期和结汇银行名称，并退还给非居民个人保留。

3. 交易处理

(1) 居民、非居民外汇汇入款项下。经办柜员进入业务系统，逐一输入各要素，提交成功后，打印记账凭证，确认无误后加盖经办人员、复核人员名章。

(2) 居民、非居民外币现钞结汇。业务柜员收取客户提交的外币现钞，清点正确并确认真实性后，进入业务系统，根据客户结汇资金的去向选择不同交易码，根据客户有效身份证件及结汇金额，输入各项要素。

4. 交易结果确认

客户在结汇、存款等记账凭证上签字确认。

5. 后续处理

经办柜员将客户成交确认书加盖转讫章及个人名章交客户。

对于个人当日单笔或累计等值1万美元以上的所有现金外汇交易和当日单笔或累计等值10万美元以上的所有非现金外汇交易，经办柜员应逐笔登记有关信息，据以填报《居民、非居民个人大额外汇资金交易月报表》。

(三)企业经常项目售汇

1. 业务受理

经办柜员接收客户提交的购汇申请书、售汇相关材料、人民币转账支票及进账单。

2. 业务审核

柜员按售汇政策和要求进行审核。

3. 交易处理

经办柜员进入业务系统，选择交易，根据购汇申请书、售汇相关材料内容，逐一输入相应要素，输入完毕后，在购汇申请书上签章后，将申请书及相关业务资料转交复核人员复核。

复核柜员收到转来的购汇申请书、来账凭证第三联及相关购汇资料后，审核购汇申请书、来账凭证及相关购汇资料的真实性、一致性，无误后进入业务系统，根据购汇申请书、联行报单及相关购汇资料内容，逐项核实确认。

4. 交易结果确认

复核柜员确认要素无误后，系统提示操作成功，打印售汇通知书，并签章。

5. 后续处理

柜员将售汇通知书客户回单联签章后交客户，其他凭证和资料归入业务档案保管。

(四)居民、非居民经常项目项下售汇

1. 业务受理

经办柜员接收客户提交的购汇申请书及购汇资料，以及足额的购汇人民币资金和有效身份证件。

2. 业务审核

根据非贸易及资本外汇结算中居民、非居民售汇政策和要求审核。

3. 交易处理

对于居民客户购汇交易，经办柜员需先登录国家外汇管理局个人购汇系统，选择购汇录入功能后，根据购汇资料、身份证明等，输入身份证号和购汇种类。系统显示购汇录入页面，审核该身份证号下累计购汇金额是否超过年度总额。

经办柜员确认客户有足够人民币购汇资金后，进入业务系统，根据购汇申请书及购汇资料、身份证件，逐一输入相关要素，确认无误后签章，并在购汇资料上注明记账凭证的日志号、传票号。

经办柜员在国家外汇管理局个人购汇系统输入购汇信息后，依据有关政策审核相关材料通过后，交易成功，柜员打印购汇通知书。

4. 交易结果确认

由客户在记账凭证、购汇通知书上签名确认。

5. 后续处理

柜员将客户成交确认书、购汇申请书回单联签章后交客户，其他业务凭证归入会计档案保管。

三、资本项目结售汇

资本项目结售汇是客户因资本项下的外汇收支而产生的结汇和售汇行为，具体包括对外投资、投资资本金汇入、股权转让、借用外债或国内外汇贷款、在境外发行股票或债券、对外担保等。

(一)资本项目结汇

1. 业务受理

(1) 资本金结汇。经办柜员接收客户递交的资本金结汇申请书、转账支票或卖出外汇申请书、外汇登记证、书面支付命令。

(2) 其他资本项目结汇。经办柜员接收客户提交的转账支票或卖出外汇申请书、外汇局出具的结汇核准件、核准件上注明的支付命令原件及复印件。

2. 业务审核

(1) 资本金结汇的审核。

① "申请书"填写要素是否齐全,外汇登记证的号码是否摘录在申请书上。

② 支票的签发日期是否在有效期内,大小写金额是否正确一致,收付款单位名称、账号是否正确,印鉴是否与预留印鉴相符,客户的资本金账户余额是否足额等,或审核卖出外汇申请书填写要素是否正确齐全。

③ 资本金结汇用途是否用于投资项目正常开支之用。对于结汇金额在等值20万美元(含)以上的,客户是否提供有关结汇资金用途的书面支付命令,结汇资金是否已在两个工作日内向支付命令上的收款人支付;对于必须先入结汇企业人民币账户的,当日必须划至支付命令所示的收款人账户,而且结汇后的人民币资金不能超过支付命令的总金额。对于结汇资金小于等值20万美元的,且该客户之前有小额结汇记录,应要求客户提供上一笔结汇资金的用途清单及支付凭证的复印件。

(2) 其他资本项目结汇的审核。其他资本项目主要包括各种形式的外债、国内外汇贷款、对外发行股票的收入、在境外发行审批时已明确在国内使用的除股票以外的其他有价证券、作为投资汇入经外汇局批准存入其投资临时账户用于境内支付开办费的外汇、股权转让收入等。

经办柜员对上述资本项目进行结汇时,除审核证明上述资本项目真实性的结汇资料,如合同、发票等外,还必须审核当地外汇局出具的"资本项目结汇核准件",经审核与结汇资料一致后,方可为客户办理结汇手续。

3. 交易操作

柜员进入业务系统,选择交易并输入各项要素,确认后,提请复核员复核。

4. 交易结果确认

复核柜员核对无误后,系统提示操作成功,打印结汇通知书。经办及复核柜员在相应凭证上签章。复核柜员在结汇资料上注明记账凭证传票号、日志号。

5. 后续处理

柜员将回单联签章后交客户，其他凭证归入业务档案保管。

对于客户单笔资本金结汇超过等值 100 万美元或同一客户当日累积结汇超过等值 100 万美元的，应于业务结束的下一个工作日以传真或交互平台传送的形式向外汇局报送《外商投资项下外汇资本金大额结汇情况表》。

(二)资本项目售汇

客户资本项下的支出首先应使用自由外汇资金，不足部分才能购汇，除用国内外汇贷款的售汇偿还外，其他资本项下的售汇都必须经当地外汇局的核准。

1. 业务受理

(1) 归还国内外汇贷款。经办柜员接收客户递交的购买外汇申请书、还贷凭证、还本付息通知书、自有外汇确认书。

(2) 其他资本项目。经办柜员接收客户递交的购买外汇申请书、外汇局出具的资本项目核准件。

2. 业务审核

(1) 归还国内外汇贷款。经办柜员审核购买外汇申请书的各要素填写是否完整正确，印章是否齐全，是否有自由外汇资金，如果客户在其他金融机构有外汇账户，还应审核其他金融机构出具的外汇账户对账单等资料，并确认其有足够购汇的人民币资金。

(2) 偿还外债、对外投资、支付境外担保费等其他资本项目。按要求审核购买外汇申请书的各项内容及相关证明材料，另外还必须仔细审核外汇局出具的售汇核准件，无误后进行交易处理。

3. 交易操作

柜员进入业务系统，选择交易并输入各项要素，确认无误后，提请复核员复核。

操作过程中复核柜员需审核资本项目核准件。

4. 交易结果确认

复核柜员核对无误后，系统提示操作成功，在资本项目核准件上签章，打印结汇通知书。经办及复核柜员在相应凭证上签章。复核柜员在结汇资料上注明记账凭证传票号、日志号。

5. 后续处理

柜员将回单联签章后交客户，其他凭证归入业务档案保管。

【小资料】

存取外钞和携带外币现钞出境的基本知识

1. 存取外钞

(1) 汇账户存入：当日累计≤等值5000美元的，凭身份证件办理；当日累计>等值5000美元的，凭身份证件、海关申报单或提钞单据办理。

(2) 外汇账户支取：当日累计≤等值1万美元的，账户(或购汇)提钞，直接办理；汇入外汇或外币票据提钞，凭身份证件办理；当日累计>等值1万美元的，凭身份证件、提钞用途证明向外汇管理局申请，核准后，到银行办理。

2. 携带外币现钞出境

等值5000美元以下的，无须开具《携带外汇出境许可证》；等值5001～10000美元的，需银行开具《携带外汇出境许可证》；等值10001美元以上的，需外汇管理局核准后到银行开具《携带外汇出境许可证》。为确保出入境时的资金安全，可以选择比外币现金更加安全、方便的产品——旅行支票。

【课堂讨论】

《个人外汇管理办法》对个人外汇业务有哪些影响？

本 章 小 结

外汇业务	外汇基础知识	外汇及汇率	外汇的概念、外汇的种类、汇率、汇率的标价法、人民币汇率制度
		外汇交易	外汇交易方式、外汇交易规则
		外汇市场	外汇市场、我国的外汇市场
	外汇账户管理	对公外汇账户管理	对公外汇账户种类、出口收汇待核查账户的开立与管理、经常项目外汇账户的开立与管理、资本项目外汇账户的开立与管理
		个人外汇账户管理	账户开户、账户变更、账户撤销
	国际结算业务	信用证业务	包括信用证的主要关系人、信用证的内容、信用证的交易程序、信用证业务规程
		汇款业务	包括汇款方式、外汇汇入业务、外汇汇出业务
		外币光票托收业务	基本规定和业务规程

第九章 外汇业务

续表

外汇业务	结售汇业务	基本规定	结汇是外汇收入所有者将外汇卖给外汇指定银行,外汇指定银行根据交易行为发生之日的人民币汇率付给等值人民币的行为 售汇是外汇指定银行将外汇卖给外汇使用者,并根据交易行为发生之日的人民币汇率收取等值人民币的行为
		经常项目结售汇	包括企业经常项目结汇,居民、非居民经常项目项下结汇,企业经常项目售汇,居民、非居民经常项目项下售汇等
		经常项目售汇	包括资本项目结汇、资本项目售汇

习 题

一、单项选择题

1. 根据我国有关法律规定,以下有关信用证开证保证金的说法正确的是( )。
   A. 可以冻结和扣划   B. 可以冻结但不可以扣划
   C. 不可以冻结和扣划   D. 可以扣划但不可以冻结

2. 凡要求提交运输单据的信用证,须规定一个在装运日后交单的特定期限。如未规定该期限,银行将不接受迟于装运日期后( )天提交的单据。
   A. 7   B. 14   C. 21   D. 30

3. 一笔汇款汇往法国,收款人为中国境外公司,因此,汇款人汇款申请书必须用( )填写。
   A. 中文   B. 法文   C. 英文   D. 以上均可以

4. 信用证单据的审核以( )为中心单据。
   A. 汇票   B. 商业发票   C. 提单   D. 保险单

二、判断题

1. 出口信用证的主要功能是提供结算服务,在出口商备货遇到资金紧缺时也可申请办理出口议付贷款,为其提供融资服务。   (   )

2. 信用证一般以商务合同为基础,但一旦开立即独立于相关商务合同,银行只处理单据。   (   )

3. 托收是传统的国际结算方式之一,收款人(一般为出口商)根据商务合同的规定将货物发运后,将单据提交给当地的银行办理托收,该银行被称为托收行。   (   )

4. 在国际贸易中使用较多的是光票托收。   (   )

5. 汇款结算方式是建立于商业信用之上的支付方式,相对于信用证和托收方式,其风险较小。( )

三、简答题

1. 汇率的标价方法有哪些?
2. 信用证的主要关系人及权利和义务有哪些?
3. 汇款的方式有哪些?
4. 结售汇业务的基本规定有哪些?

实 训 课 堂

实训项目 1:信用证业务
  要求:按规定和业务规程完成信用证业务
  学时:2 学时

实训项目 2:汇款业务
  要求:按规定和业务规程完成汇款业务
  学时:2 学时

实训项目 3:个人售汇业务
  要求:按规定和业务规程完成个人售汇业务
  学时:1 学时

第十章

银行柜台业务风险防范及安全管理

本章精粹：

- 银行柜台业务主要风险点
- 银行网点安全管理制度
- 银行网点应急预案

柜台安全防范

针对银行柜台特点,中国银行贵州省分行特提出三点要求。
(1) 严格执行《中国银行重要空白凭证管理办法(试行)》等规章制度。
(2) 按照《中国银行印章管理规定》的要求,妥善保管公、私图章。
(3) 加强银行卡柜台工作区的安全管理,对滞留在银行卡柜台区域且不办理业务的人员应主动询问来意并加强监视,银行卡工作人员全部离开后不允许其他人员滞留在工作区域内。

思考:银行柜台典型风险种类有哪些?

银行网点   操作风险   安全制度   应急预案

第一节 银行柜台业务操作风险管理

一、银行柜台业务操作风险分类

(一)操作风险的定义

操作风险是指由于人为错误、技术缺陷或不利的外部事件造成损失的风险。其风险因素包括交易系统不完善、管理失误、欺诈,或有问题的内部程序,控制、交易过程及结算系统的故障等。

根据《巴塞尔新资本协议》,操作风险可以分为由人员、系统、流程和外部事件所引发的四类风险。并由此分为七种表现形式:内部欺诈,外部欺诈,聘用员工做法和工作场所安全性,客户、产品及业务做法,实物资产损坏,业务中断和系统失灵执行,交割及流程管理。这七种损失事件还可进一步细化为不同的具体业务活动和操作。

(二)银行柜台业务操作风险分类

柜台业务泛指通过商业银行柜面办理的业务,是商业银行各项业务操作的集中体现,也是最容易引发操作风险的业务环节。柜台业务范围较广,包括账户管理、存取款、现金库箱、印押证管理、票据凭证审核、会计核算、账务处理等各项操作。银行柜台业务操作风险按差错程度不同可分为一般差错、较大差错和重大差错,按事件性质不同可分为一般事件、重大事件和银行内部案件。

1. 按差错程度不同划分

（1）一般差错。柜员个人操作的一般差错通常是指那些在业务流程处理的过程中尽管违反有关的管理规定，但情节轻微，风险系数不高，所在流程的环节前后漏洞不多的差错情形。

（2）较大差错。柜员的较大差错一般是指在业务操作中出现的中等风险程度的差错，这些差错的表现主要体现在业务基本流程及其必经环节的疏漏或欠缺，或者是对业务操作管理规定和流程的简略或忽视。比较典型的案例是柜员在为客户开设账户管理的过程中出现的银行留底资料不齐或复印不清等情况。

（3）重大差错。柜员的重大业务操作差错通常指的是柜员由于疏忽或对管理规定熟视无睹而造成的严重违反业务操作规定的差错，其中也有部分柜员错误理解了管理规定的重要性，以为某些必要监督管理环节可有可无以致造成差错。例如，对授权人员的授权操作和签名确认不够重视，经常以工作繁忙或事后可以后补进行推搪。

2. 按事件性质不同划分

（1）一般事件。柜员操作的一般事件通常是指柜员故意或完全违反规定及操作要求的业务差错，虽然在后台的现场或非现场检查中发现，没有造成银行的损失，但是差错的性质比较恶劣，对银行潜在的风险影响程度比较高。例如在处理票据交换业务过程中违反先借后贷的银行结算基本要求，实际操作中进行先贷后借的处理，如果客户的票据在这时作交换退票处理，那么银行就很有可能形成损失。

（2）重大事件。柜员操作的重大事件一般指由于违反操作规定已经给银行带来直接或间接经济损失的差错事件。

（3）银行内部案件。对于柜员的重大差错事件而言，如果银行经过调查后发现该柜员是故意所为，并且与银行外部人员或者银行的其他人员一起配合，已经造成银行损失的行为，这基本可以认定为一起银行内部案件。

二、银行柜台业务主要风险点

1. 尾箱风险点

（1）在与押运公司交接现金尾箱时，应辨认押运人员的真假，谨防不法分子盗用运钞车、冒充押运人员将网点应入库的现金尾箱劫走；同时还应认真清点现金箱(包)，装卸、运送时做好交接登记，双方都必须双人签字登记。

（2）尾箱现金实行限额管理，营业终了，柜员尾箱现金超过限额时，应及时办理调拨手续。

（3）现金收付当面点清，一笔一清；现金收款必须坚持先收款，后记账；现金付款坚持先记账后付款。

（4）柜员之间的现金调剂必须由有权人监交。

（5）尾箱开启、上锁、贴封要在监控下进行；尾箱要双人上锁，钥匙分别保管。

（6）每日营业终了，所有库存现金、重证必须一律封箱入库，并坚持双人清点，上锁贴封；营业终了尾箱实行寄库保管，网点不得留有现金。

2. 印章风险点

（1）业务印章的交接管理。柜员之间换班轮班时，必须办理业务印章的交接手续。

（2）业务印章的使用。业务公章的使用范围仅限于对客户出具的存款凭据或业务凭证，以及对银行内部签发的款项划转凭证及重要单证领交凭证，除此之外不得随意加盖。印章的使用和保管坚持"谁保管谁使用谁负责"的原则，做到"人在章在，人走章收，严禁托人代管"，分清保管使用责任。严禁在空白凭证、空白表格、空白公文用纸上加盖印章。个人名章为专人专章，柜员之间不得混用，也不得转借他人使用。

（3）业务印章的保管。业务印章的保管必须做到"章在人在，离柜收起，入屉上锁"。当日营业终了，各柜员必须将业务印章随钱箱入库保管。会计主管保管的业务公章每晚装箱入库时必须与管库柜员做好交接，并登记"会计人员工作交接登记簿"。

3. 授权风险点

授权控制是指柜员在执行超过独立办理权限的交易、业务、金额时由授权人在终端上进行审核批准的行为。授权人员在进行授权操作时，必须认真审核凭证内容，并与交易内容核对一致，确保凭证及交易内容真实、合规。

4. 个人账户开立风险点

主要风险点是对开立个人账户时，对客户身份证件有效性、真实性的识别、核查以及登记。

三、银行柜台业务关键风险点及控制方法

1. 柜员是否存在串用、混用授权卡的情况

通过随机抽查柜员授权卡，检查授权卡是否一人一卡，是否存在一个柜员持有多张授权卡的情况；核查柜员号和授权卡号，并在工作底稿的"检查结果"栏填列实际情况，审查确认柜员是否存在串用、混用授权卡的情况。

2. 柜员的库存现金是否账实相符

通过盘点个人现金柜的库存现钞金额、核查系统账目，并在工作底稿的"检查结果"栏填列实际现钞金额和系统现金余额，核对两者是否相符，审查确认柜员库存现金是否账实相符。

3. 柜员的重要空白凭证是否账实相符

通过检查重要空白凭证，盘点凭证实际数量、核查系统账目，并在工作底稿的"检查结果"栏填列实际和系统的空白凭证数量，核对两者是否相符，审查确认重要空白凭证是否账实相符。

4. 作废重要空白凭证是否加盖作废章并及时上交

对由基层网点暂时保存的已作废重要空白凭证，通过检查包括作废银行卡、作废附和储蓄存单在内的作废重要空白凭证是否账实相符，是否逐联加盖作废章、是否按规定及时上交，并在工作底稿的"检查结果"栏填报实际情况，审查确认是否妥善处理作废重要空白凭证。

5. 是否专匣上锁保管、固定存放重要会计印章

在营业时间内，通过检查不使用的会计专用印章是否专匣上锁保管、固定存放；在非营业时间，通过检查会计专用印章是否专匣上锁后统一入库或保险箱(柜)保管，并依据对检查要素"柜员等级"和"保管印章名称"审查的实际情况，在工作底稿中填列"检查结果"栏，审查确认是否按规定指派适当人员妥善保管重要会计印章。

6. 是否违规在重要空白凭证上预先加盖会计印章

通过抽查重要空白凭证，查看凭证上是否预先加盖会计印章，并在工作底稿中的"检查结果"栏填报相应实际情况，审查确认是否存在违规预先加盖各类会计专用印章的情况。

7. 是否严格执行印、押(压)、证分管制度

通过检查具有业务关联关系的重要业务印章、密押器(压数机)、重要单证是否分人保管和使用，并在工作底稿中登记被检查人员姓名、所处岗位名称、承担的岗位职责，审查确认是否执行印、押(压)、证分管制度。

8. 网点监控录像是否完整并按规定进行定期抽查

通过检查网点存档的监控录像是否齐全完备、无漏录时段，监控摄像是否无死角，是否按有关规定定期抽查监控录像，并在工作底稿的"检查结果"栏填报实际情况，审查确认网点监控录像工作是否合规。

【小资料】

———— 银行柜台业务操作风险的防范方法 ————

(1) 完善规章制度和业务操作流程，不断细化操作细则，并建立岗位操作规范和操作手册，通过制度规范来防范操作风险。

(2) 加强业务系统建设，尽可能将业务纳入系统处理，并在系统中自动设立风险监控

要点,发现操作中的风险点能及时提供警示信息。

(3) 加强岗位培训,特别是新业务和新产品培训,不断提高柜员操作技能和业务水平,同时培养柜员岗位安全意识和自我保护意识。

(4) 强化一线实施监督检查,促进事后监督向专业化、规范化迈进,改进检查监督方法,同时充分发挥各专业部门的指导、检查和督促作用。

【课堂讨论】

银行柜员素质在柜台操作风险管理中的重要意义?

第二节 银行网点安全管理

一、银行网点安全管理制度

安全保卫工作主要包括金库守护、押运、枪支防卫器具管理及使用以及营业场所安全管理等。银行网点安全管理制度主要包括以下几点。

1. 安全工作责任制

营业网点设专职或兼职安全员,负责网点的安全管理和日常安全防范工作。

2. 营业期间现金安全制度

营业网点在营业期间,备用金和收入的大宗现金,不得放置在桌面等明处,必须锁入保险柜或现金箱内。

3. 接送款制度

营业网点每天安排人员接送款,营业前负责将款箱接到营业柜台内,营业终了负责将现金送上运钞车。

4. 进入营业室登记制度

非营业室工作人员,不得随意进入营业室内。因公需进入营业室的,必须经过批准,进行登记后方可进入。上级行检查人员,需由本行有关人员陪同,持介绍信和本人证件,登记后方可进入检查。

5. 通勤门管理制度

营业期间要加强通勤门的管理,营业室工作人员进出时,要随开随锁。钥匙或密码指定专人保管,营业期间不得将钥匙带出营业室。

6. 电视监控管理制度

营业场所的电视监控按照安全保卫相关规定实行营业期间全过程录像。营业场所的录像资料保存期为至少 30 天。

7. 应急报警按钮使用规定

营业网点安装的应急报警按钮,在发生盗窃、抢劫等外部侵害等紧急情况时方可使用。除上述情况外,任何人都不得随意触动应急报警按钮。应急报警设施应定期检测,保持良好状态。

8. 防盗报警的使用规定

每天营业结束清场后,必须开启防盗报警进行布防。每天上班时,首先撤防,然后方可进入网点。每天布防和撤防的时间,要进行登记。

9. 配备防卫器具规定

营业场所应按照安全保卫相关规定配备防卫器具。

10. 防火安全管理制度

营业网点所要制定防火安全制度,建立义务消防队(组),担负火灾扑救和抢救人员、疏散物资等任务。另外,还应按照规定配置消防器材,经常进行检查,确保使用。

11. 应急预案

营业网点对抢劫、诈骗、挤兑、火灾等重大突发事件,应制定切实可行的应急预案。一旦发生突发事件,立即按应急预案处置。

12. 营业终了检查制度

营业终了要进行全面检查。首先检查现金、章、证、押是否入库保管,然后进行清场检查,确定无异常情况后,关闭水、电、门、窗,开启布防。

二、银行网点安全检查和要求

安全检查分为常规检查、安全检查、普查和抽查。

(1) 在接受检查前必须先验证检查人手续是否齐全方可进行,要求是:三证齐全(即工作证、身份证、查库介绍信),由支行保卫部门或业务部门负责人、分管行长陪同才可进入营业场所进行检查。

(2) 营业场所应指定安全员,建立安全员检查登记。

(3) 营业场所防护设施须符合规范要求。

(4) 室内不得存放易燃易爆物品,通信电源线路须规范整齐。

(5) 现金工作区与其他工作区隔离。
(6) 制定防盗窃、防抢劫、防诈骗、防火应急处置预案。
(7) 防卫器具的配备和放置情况应符合规定。
(8) 营业操作室内配备灭火器材，安装报警装置，与友邻单位订立联防协议。
(9) 无关人员不得进入柜台内，无单位领导或保卫部门陪同拒绝接受任何人员进入柜台内检查。
(10) 业务岗位执行安全制度情况是否全面、合规。
(11) 营业场所的建筑构造应符合防护要求。
(12) 技防设施处于良好状态，紧急报警、电视监控设备运转正常，录像资料按规定保管。
(13) 营业期间和营业终了时的章、证、押的使用是否符合规定。

三、银行网点安全保卫工作守则

1. 营业前

(1) 开启营业室大门或通勤门，同时用锁固定，并将拉门挂钩放回柜内，锁好边门。
(2) 检查营业场所有无不安全迹象，检查"110"报警器、应急报警器、电视监控系统是否处于正常工作状态。
(3) 检查自卫器械是否到位，取用是否顺手。

2. 营业期间

(1) 营业场所必须两人以上在岗，时刻保持高度警惕。
(2) 现金及重要凭证要及时入柜，不准放置在桌面上，钞箱必须放在隐蔽处。
(3) 营业人员临时离柜前，现金、印章、密押、重要凭证必须入柜加锁，计算机终端必须退出操作界面。
(4) 严禁无关人员进入柜台内，营业人员因事出入边门时，必须在确认安全的情况下即开即锁。
(5) 营业人员不准做与业务无关的事，不准接受他人分送的药物、香烟、食品、饮料等物品，以防不测。
(6) 接受检查时，临柜人员在确认检查人员所持证件是否齐全真实，并有银行领导或保卫干部陪同后，方可同意进入柜台内检查。检查完毕，要做好记录，并由网点负责人签字，对查出的问题在限期内整改落实。

3. 营业终了

(1) 必须将印章、密押、重要凭证、磁盘等核对无误后放入保险柜。必须切断电、火、水源开启联网报警装置，锁好营业室门、窗，并与守护人员办理交接后方可离开。

(2) 严禁在柜台外携钞箱候车,接送钞箱时,先观察周围有无异常情况,在确认无误后,集体护送钞箱上车。

4. 坚持五双制度

双人临柜、双人碰库、双人管库、双人守库、双人押运。

5. 坚持四不走制度

账款未结平不走,账、款、印、押未入箱(柜)不走,保险柜门、营业室门未锁定不走,钞箱未上车不走。

6. 坚持三不留制度

营业终了,营业室内不留人、不留款、不留印章和重要凭证。

7. 三知两会制度

知道网点的安全制度规定,知道自己器材的数量、位置,知道营业网点紧急情况处理预案。会使用防卫器材,会报警方法和处理各种紧急情况。

【小资料】

自卫武器使用管理制度

(1) 各单位配置的自卫武器是专为临柜、守库、押运时作防范之用,任何单位和个人无权调用、借用和移作他用,除执行押运任务外,不准带出网点外。

(2) 严格对自卫武器的使用管理,要有专人负责,实行"谁使用、谁管理"的原则,落实责任,并办理领用、交接手续。

(3) 寄库的网点,下班后,必须妥善保管好自卫武器,防止丢失、被盗。

(4) 临柜、守库、押运人员在遇到下列情况之一时,可以使用自卫武器:①遇到犯罪分子袭击,非使用自卫武器不能制止时;②国家和集体财产遭到暴力威胁,非使用自卫武器不能制止时;③为保护国家和集体财产与犯罪分子搏斗时;④依法协助公安机关抓捕或制服犯罪分子时。

(5) 在使用自卫武器制止犯罪行为时,应当以制服对方为限度,当对方的犯罪行为得到制止时,应当立即停止使用。

(6) 对非法和私自使用自卫武器,造成严重后果的,要给予从重处理,情节严重的要依法追究刑事责任。

(7) 加强对自卫武器的管理。单位领导要经常性地对自卫武器的使用、管理情况进行检查,发现问题及时处理。

【课堂讨论】

营业期间,银行柜员要遵循哪些安全工作制度?

第三节　银行网点应急预案

一、银行网点服务应急预案

为确保向客户提供优质、高效金融服务的能力，完善突发事件应对机制，为网点及时采取应对措施提供有力保障，需要制定网点服务应急预案，以快速应对网点突发事件、提高金融服务能力及危机处置能力。

1. 适用范围

网点服务应急预案适用于营业网点出现客户投诉、自然灾害、群体性事件等突发事件的应急处理，对影响营业网点正常营业或在网点发生的可能影响银行声誉的突发事件的组织管理、处置流程及操作要点等方面提供指导。

2. 工作原则

（1）加强预警、防患未然。事先制定相应的应急方案、应急策略、预警标准并将应急预案下发到各网点并实施培训，以实现及时、有序的应对突发事件，达到缓释风险的目标。

（2）明确责任、协同配合。实行首问责任制，积极明确机构、部门和岗位职责，相关职能部门各负其责、协同配合，及时横向沟通，以保障突发事件的妥善处理。

（3）划分等级、分类应对。根据不同事件的严重程度将其划分为不同等级，并据此分别制定报告、决策和处置流程，保证重大事件信息传递和决策的时效性。

（4）报告及时、响应迅速。建立自下而上明确的报告路线和自上而下顺畅的决策流程，同时根据故障当天的实际情况，及时沟通联系，争取最大支援，以便快速响应，最大限度地降低风险，减少损失。

（5）动态维护、及时完善。应急处理方案不是一成不变的，要定期演练、查找问题、及时完善，保证应急处理方案的时效性，有效指导应急处理工作。

3. 网点工作职责

（1）熟悉、演练网点服务应急预案。

（2）负责组织实施网点职责范围内的应急处置工作。

（3）负责履行报告职责。

（4）完成有关事件问题的职责内整改工作。

4. 应急报告及处理流程

在紧急事件应急响应及处置流程中，为保证信息传递的准确、快速，报告应以事实清楚、简明扼要为基本要求，使信息及时传达到相关部门及联系人。如具备条件，应辅以简单的事件情况报告表。

1) 报告原则
① 及时：网点遇到无法解决的突发事件时，应在第一时间上报情况。
② 准确：报告内容应客观真实，不得主观臆断。
③ 完整：报告内容应尽可能地翔实，便于领导小组研究决策。

2) 报告方式
根据以下顺序选择紧急报告工具：办公室电话、手机、短信、电子邮件。

3) 报告内容
① 发生突发事件的机构名称、地点、时间；
② 突发事件性质：诈骗、抢劫、客户重大投诉、语言沟通障碍、自然灾害或突发公共安全事件等；
③ 影响程度：突发事件发生后对正常营业或声誉造成的影响程度、影响范围等；
④ 影响人力资源情况：突发事件对人员造成的伤害情况；以及受灾情况、采取的救助和防护措施、岗位接替等情况；
⑤ 原因分析、判断；
⑥ 已采取的措施和应急处置建议。

4) 报告流程
网点所有人员要保持高度的警觉性，当突发事件发生后，不能相互推诿，应立即开始对突发事件进行监测和评估，对其级别作出初步判断，在按照自下而上的程序报告的同时，应采取应急处理措施，尽量稳定局势。

二、银行网点服务突发事件处置方案

(一)抢劫事件处理预案

1. 基本原则

营业期间遇到抢劫事件时，应区别情况，沉着应对。如果危害员工生命安全的，应贯彻先藏身、后报警、再反击的原则。

2. 发生持枪抢劫情况

发生持枪抢劫情况，首先应选择位置迅速隐蔽，立即报警，力争外援，沉着机智，记住歹徒的体貌特征及交通工具，并保护好现场。

3. 发生持刀(械)抢劫情况

在及时报警的同时，出纳人员及时护卫现金及印章，会计人员及时护卫好印章、密押等，向出纳人员靠拢，其余人员控制住二道门。如歹徒闯入柜台内抢劫的，在报警的同时，全体人员应携带自卫武器或办公用具及消防器材等进行应急自卫，呼叫四邻和街上行人缉拿犯罪分子。

4. 犯罪分子逃跑

要坚守阵地，不要冒险追击，应及时向救援人员提供罪犯体貌特征和逃跑方向，力争抓获犯罪分子。

(二)诈骗事件处理预案

发现诈骗，首先用暗语联系，迅速报告，拖延时间，稳住犯罪分子，人赃俱获，制服犯罪分子。如犯罪分子犯罪未遂逃跑的，记住犯罪分子的体貌特征和交通工具，寻求支援，力争抓获犯罪分子。

(三)客户投诉事件处理预案

1. 一般投诉

当营业网点发生服务纠纷，客户出现不满情绪时，柜员应立即向客户道歉，进行安抚。客户仍不满意，或提出其他要求的，柜员应立即将客户转交给大堂经理或当班负责人，将客户带至理财室或其他安静场所，稳定客户情绪，耐心解释，并协助客户进行业务办理。如无效，则请客户留下联系方式，即刻向有关负责人报告，并复制保留监控录像备查。

银行接到网点报告或客户服务中心转来的电话投诉后，应立即委派专人到现场调查处理，并将事件调查经过和处理结果形成文字材料存档备案。同时与客户联系，进一步做出解释和安抚，直至客户无异议。

2. 升级诉求及二次投诉

如客户对银行的投诉处理结果有异议，应在有效控制事态的同时，立即向上级行客户服务主管部门报告，并留存相关资料。上级行客户服务主管部门应迅速安排专人进行调查处理，并将事件调查经过和处理结果形成文字材料存档备案。同时与客户联系，进一步做出解释和安抚，直至客户无异议。

3. 重大投诉

如客户对投诉处理结果仍有异议或无法控制事态发展，客户服务主管部门应尽量稳定客户情绪，避免其向社会媒体或政府机关投诉，并迅速向总行联系人报告。总行各相关部门应协同研究解决方案，尽快解决客户反映的问题。

(四)媒体采访处理预案

1. 基本规定

(1) 营业网点不得擅自接受媒体采访,要将相关情况上报至相关部门,经过请示相关管理部门后决定是否接受采访。上级部门同意和确定采访内容后,营业网点才能接受采访。

(2) 对媒体突击式或未取得上级同意的采访,应婉言拒绝和制止,但应特别注意保持态度平和,言谈举止自然从容,不能与记者产生语言和肢体上的冲突。必要时,在上报上级行相关部门同意后,引导记者到上级行采访。

(3) 被媒体直接点名曝光的恶性事件,银行客户服务主管部门应在第一时间与当事人协调处理,同时向总行报告情况。

2. 网点人员接受新闻媒体采访的具体要求

(1) 不应涉及尚未公布的盈利资料、预测性资料、未落实的投资项目。

(2) 事前应做好充分准备。了解记者的兴趣点、报道角度、采访及写作风格、对银行的态度,以及采访媒体的读者群、背景等。请记者事先提供采访提纲,并据以准备资料、草拟答复内容和口径。

(3) 掌控宣传导向。根据银行的宣传重点或媒体提出的采访提纲,挑选3至4个问题,可利用图表、事实来支持和引导宣传方向,丰富采访资料。

3. 接受采访时应掌握的技巧

(1) 不要仅仅回答问题,应利用每个发言机会表达主要信息和观点,回答应简明扼要。

(2) 首先表述发言重点,特别是在接受电视、广播媒体采访的时候。在问题和回答之间"搭桥",主动带出重点。

(3) 注意应付可能面对的尖锐问题和采访陷阱。事先准备好应对答案,回应时尽可能将尖锐问题与主要信息联系,不要重复负面表述。防备采访陷阱,如记者以不同方式打乱自己的应答思路等,避免偏离自己的发言重点。不要在不友好的记者面前失态。切记所有发言均有可能被记录。

(4) 对不知如何回答的问题,不要猜测或主观判断,可答复"我稍后再回答你的问题"或"我会请有关方面的人士与你联络"等。

(5) 避免生涩的行业专用词。若有需要,可将专用词作简单解释。

(6) 运用能够强化发言效果与感染力的说话方式和手势。

4. 偶遇突发事件时应对新闻媒体处理规范

(1) 采取合作态度,仔细倾听媒体询问。

(2) 登记询问的内容或题目、询问者的身份和联络方式。

(3) 不作任何评论或解释,可回答:"非常感谢你的查询,我们会尽快给你回复。""我不是回答这个问题的最合适人选,我会尽快让其他人与你取得联系。""很抱歉,我手头上没有最新的资料,我们会尽快给你回复。"

(4) 应立即向有关机构和部门报告。

(五)火灾事件处理预案

网点应明确消防责任人,发现初火后,责任人应立即迅速持灭火器将火势控制,待火势扑灭后立即查明原因并及时向网点负责人及有关部门报告。

出现大火情况,网点消防责任人应在保证人身安全的情况下组织灭火,并尽快切断电源,按下报警器开关,同时拨打"119"报警,报明单位名称、地点、街道、门牌号、火源部位、燃烧物品种类等。网点负责人要立即将情况向上级管理部门报告。

在火势蔓延、自救无效的情况下,网点负责人应安排员工迅速撤离,并维护现场秩序、等待救援。当公安、消防部门及救援人员到达后,应主动介绍情况,积极配合,共同灭火,并做好善后处理。

(六)自然灾害事件处理预案

如当地发布自然灾害的紧急通告,网点负责人应立即安排人员对网点环境及各项防备设施进行检查,对于检查发现的隐患要立即修复,同时向上级行报告相关情况。

如存在自然灾害无法抗拒的可能,经上级行主管部门同意,网点负责人应立即组织员工将档案、凭证等转移至临时保管区,并确保安全措施到位。主管部门应密切关注自然灾害的动态和网点的实际情况,并告知相关部门,随时准备采取应急措施。

(七)群体性突发事件处置预案

群体性突发事件是指聚众恶意挤兑、聚众围堵营业场所等扰乱社会秩序,危害公共安全的行为事件。

(1) 网点负责人应立即向上级行报告情况,并根据实际情况及时向地方政府、公安机关及银行监管部门报告情况。发生重大群体性事件,一级分行应在 24 小时内向总行报告。重大紧急情况可以先电话报告,随后再补送书面报告。

(2) 群体性事件发生后,要指定专人担任处置工作的负责人,统一指挥、协调处置工作。特殊情况下,也可由上级行指定负责人。发生重大群体性事件,上级行委派人迅速赶赴事件现场,组织开展各项处置工作。相关部门、人员要服从统一指挥,及时到达指定位置开展工作。

(3) 经上级行主管部门同意,网点负责人应立即组织员工采取保护或疏散现金、业务档案、重要凭证、设备及其他必要的防范措施,做好现场录像和资料的保管工作,确保设备、设施的正常运行。

(4) 处置群体性事件的过程中,网点员工要加强自身安全防范,坚持对外营业;确实无法正常营业的,必须报请当地银行监管部门同意,并上报至总行备案。上级主管部门要密切关注事态发展,加强监督、管理和指导工作。

(5) 事件处置完毕后,网点负责人应及时组织人员清理现场,发现有价单证、重要空白凭证、印章、密押器、压数机等重要物品丢失要立即上报;发生营业设备损毁、丢失等问题要立即上报,并申请维修和补充,确保正常营业的基本条件。

(八)突发事件善后管理

1. 分析问题、优化需求

对应急处理中暴露的问题,各级机构要及时进行事后分析和研究,查找业务流程、系统中的漏洞,在完善业务制度、处理流程的同时向相关部门提出整改或优化需求。

2. 完善应急预案

对突发事件及相应的处理工作进行事后评估与总结,建立相应的事件库,包括事件的具体情况及处理经验,及时对应急预案进行完善和更新。

3. 后续处理

对应急处理实施过程中未能适时解决的事宜,待突发事件缓和后,进行进一步跟踪并妥善处理。

4. 严格预案执行流程

如有网点未按应急预案的规定实施对突发事件的应急处理,将追究有关人员的责任。

【小资料】

几种常见火灾的扑救方法

1. 家具、被褥等起火

一般用水灭火。用身边可盛水的物品如脸盆等向火焰上泼水,也可把水管接到水龙头上喷水灭火;同时把燃烧点附近的可燃物泼湿降温。但油类、电器着火不能用水灭火。

2. 电气起火

家用电器或线路着火,要先切断电源,再用干粉或气体灭火器灭火,不可直接泼水灭火,以防触电或电器爆炸伤人。

3. 电视机起火

电视机万一起火,决不可用水浇,可以在切断电源后,用棉被将其盖灭。灭火时,只能从侧面靠近电视机,以防显像管爆炸伤人。若使用灭火器灭火,不应直接射向电视屏幕,以免其受热后突然遇冷而爆炸。

4. 油锅起火

油锅起火时应迅速关闭炉灶燃气阀门，直接盖上锅盖或用湿抹布覆盖，还可向锅内放入切好的蔬菜冷却灭火，将锅平稳端离炉火，冷却后才能打开锅盖，切勿向油锅倒水灭火。

5. 燃气罐着火

要用浸湿的被褥、衣物等捂盖火，并迅速关闭阀门。

6. 身上起火

不要乱跑，可就地打滚或用厚重衣物压灭火苗。穿过浓烟逃生时，用湿毛巾、手帕等捂住口鼻，尽量使身体贴近地面，弯腰或匍匐前进。

【课堂讨论】

临柜经常发生投诉事件，试谈对"言语柔和，使其消怒；聆听安抚，可得其心"的理解？

本 章 小 结

银行柜台风险防范及安全管理	银行柜台操作风险管理	银行柜台业务操作风险分类	分为一般差错、较大差错、重大差错、一般事件、重大事件、银行内部案件等
		银行柜台业务主要风险点	主要是尾箱风险点、印章风险点、授权风险点、个人账户开立风险点
		银行柜台业务关键风险点及控制方法	柜员是否存在串用、混用授权卡的情况，柜员的库存现金是否账实相符，柜员的重要空白凭证是否账实相符，对作废重要空白凭证是否加盖作废章并及时上交，是否专匣上锁保管、固定存放重要会计印章，是否违规在重要空白凭证上预先加盖会计印章，是否严格执行印、押(压)、证分管制度，网点监控录像是否完整并按规定进行定期抽查
	银行网点安全管理	银行网点安全管理制度	安全保卫工作主要包括金库守护制度、押运制度、枪支防卫器具管理及使用制度以及营业场所安全管理制度等
		银行网点安全检查和要求	安全检查分为常规检查、安全检查、普查、抽查
		银行网点安全保卫工作守则	包括营业前、营业期间、营业终了、坚持五双制度、坚持四不走制度、坚持三不留、制度三知两会制度

银行柜台风险防范及安全管理	银行网点应急预案	银行网点服务应急预案	为确保向客户提供优质、高效金融服务的能力，完善突发事件应对机制，为网点及时采取应对措施提供有力保障，需要制定网点服务应急预案，以快速应对网点突发事件、提高金融服务能力及危机处置能力
		银行网点服务突发事件处置方案	包括抢劫事件处理预案、诈骗事件处理预案、客户投诉事件处理预案、媒体采访处理预案、火灾事件处理预案、自然灾害事件处理预案、群体性突发事件处置预案、突发事件善后管理

习 题

一、单项选择题

1. 营业场所的录像资料保存期为至少( )天。
   A. 7   B. 15   C. 30   D. 180
2. 关于自卫武器使用表述错误的是( )。
   A. 遇到犯罪分子袭击时
   B. 国家和集体财产遭到暴力威胁，非使用自卫武器不能制止时
   C. 为保护国家和集体财产与犯罪分子搏斗时
   D. 依法协助公安机关抓捕或制服犯罪分子时

二、判断题

1. 操作风险是指由于人为错误、技术缺陷或不利的外部事件所造成损失的风险。 （ ）
2. 柜员之间可以私下办理现金调剂。 （ ）
3. 账户开立风险是对客户开立账户时，对身份证件的识别所带来的风险。 （ ）
4. 营业网点在营业期间，备用金和收入的大宗现金，应放置在桌面。 （ ）
5. 抢劫事件的处理应贯彻先藏身、后报警、再反击的原则。 （ ）

三、简答题

1. 银行柜台业务操作风险分为几类？
2. 银行柜台业务关键风险点及控制方法？
3. 银行网点安全管理制度主要包括哪些内容？
4. 银行网点安全保卫工作应遵循哪些守则？
5. 客户投诉事件处理预案？

实 训 课 堂

实训项目1：客户投诉事件处理
　　要求：按预案要求处理客户投诉事件
　　学时：1学时
实训项目2：媒体采访处理
　　要求：按预案要求处理媒体采访事件
　　学时：1学时

附录　凭证和账簿式样

现金收入传票

总字第　　　号
字第　　　号

(贷)＿＿＿＿＿＿＿

年　月　日

户 名 或 账 号	摘　　　　要	金　额									
		千	百	十	万	千	百	十	元	角	分
合	计										

附件　　　　张

会计　　　　出纳　　　　复核　　　　记账

现金付出传票

总字第　　　号
字第　　　号

(贷)　现金＿＿＿＿
(借)＿＿＿＿＿＿＿

年　月　日

户 名 或 账 号	摘　　　　要	金　额									
		千	百	十	万	千	百	十	元	角	分
合	计										

附件　　　　张

会计　　　　出纳　　　　复核　　　　记账

转账借方传票

年　月　日

总字第	号
字第	号

| 科　目(借) | | 对方科目(贷) | |

户名或账号	摘　　　要	金　额 千 百 十 万 千 百 十 元 角 分
合	计	

会计　　　　　复核　　　　　记账　　　　　制票

附件　　张

转账贷方传票

年　月　日

总字第	号
字第	号

| 科　目(贷) | | 对方科目(借) | |

户名或账号	摘　　　要	金　额 千 百 十 万 千 百 十 元 角 分
合	计	

会计　　　　　复核　　　　　记账　　　　　制票

附件　　张

附录　凭证和账簿式样

特种转账借方传票

年　月　日

| 总字第　　　号 |
| 字第　　　号 |

付款单位	全　　称		收款单位	全　　称			
	账号或地址			账号或地址			
	开　户　行	行号		开　户　行	行——号社		

| 金额 | 人民币
(大写) | | | | 千 百 十 万 千 百 十 元 角 分 |

| 原凭证金额 | | 赔偿金 | | 科　目(借)＿＿＿＿＿＿＿＿＿＿ |
| 原凭证名称 | | 号码 | | 对方科目(贷)＿＿＿＿＿＿＿＿＿＿ |

| 账原因 | 盖章 | 会计
复核　　　记账　　　制票 |

附件

特种转账贷方传票

年　月　日

| 总字第　　　号 |
| 字第　　　号 |

付款单位	全　　称		收款单位	全　　称		
	账号或地址			账号或地址		
	开　户　行	行号社		开　户　行	行号	

| 金额 | 人民币
(大写) | | | 千 百 十 万 千 百 十 元 角 分 |

| 原凭证金额 | | 赔偿金 | | 科　目(贷)＿＿＿＿＿＿＿＿＿＿ |
| 原凭证名称 | | 号码 | | 对方科目(借)＿＿＿＿＿＿＿＿＿＿ |

| 转账原因 | 盖章 | 会计
复核　　　记账　　　制票 |

附件

张

263

科 目 日 结 单

总字第　　　号
字第　　　号

科目：　　　　　　　　　　年　　月　　日

借　　　　方												贷　　　　方												附件
传票张数	金　　　　　额											传票张数	金　　　　　额											
	亿	千	百	十	万	千	百	十	元	角	分		亿	千	百	十	万	千	百	十	元	角	分	
现金　　张												现金　　张												
转账　　张												转账　　张												张
合计　　张												合计　　张												

会计　　　　　　　　　　复核　　　　　　　　　　制单

日 计 表

年　月　日　　　　　　　　　　　　　　　单位：元

科目代号	科目名称	本日发生额		本日余额	
		借　方	贷　方	借　方	贷　方

会计　　　　　　　　　复核　　　　　　　　　制表

有价单证登记簿

户名：　　　　结算账号：　　　　品名　　面额　　　单位　　　　　第　页

年	号码	借方		贷方		余额			
月 日	起 讫	数量	金　　　额	数量	金　　　额	数量	号码	金　　　额	
			千百十万千百十元角分		千百十万千百十元角分		起 讫	千百十万千百十元角分	

　　　　　　　　合计　　　　　　　　　　　　　　　　　记账

空白重要凭证登记簿

户名：　　　　结算账号：　　　　品名：　　面额：　　单位　　　　第　页

年	号码	借方		贷方		余额			
月 日	起 讫	数量	金　　　额	数量	金　　　额	数量	号码	金　　　额	
			千百十万千百十元角分		千百十万千百十元角分		起 讫	千百十万千百十元角分	

现金收入日记簿

柜组名称：　　　　　　　　　年　月　日　　　　　　　　　第　页

凭证号数	户名(账号)或摘要		金额

附录 凭证和账簿式样

现金付出日记簿

柜组名称：　　　　　　年　月　日

凭证号数	户名(账号)或摘要		金额

商业承兑汇票

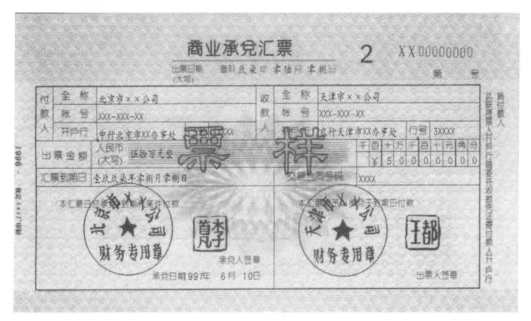

银行承兑汇票

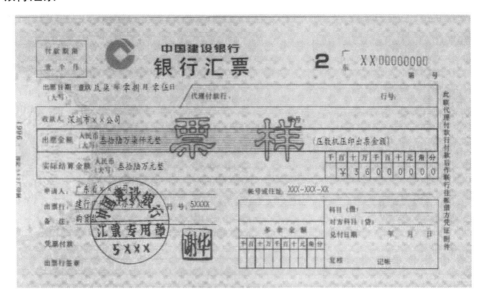

银行汇票

银行支票

参 考 文 献

[1] 黎贤强,叶咸尚. 商业银行综合柜台业务[M]. 杭州：浙江大学出版社，2005.
[2] 武飞. 商业银行柜台业务[M]. 2 版. 北京：中国人民大学出版社，2013.
[3] 董瑞丽. 商业银行综合柜台业务[M]. 3 版. 北京：中国金融出版社，2016.
[4] 罗晓娟. 银行代理业务[M]. 北京：机械工业出版社，2008.
[5] 周伟. 银行柜员业务[M]. 北京：机械工业出版社，2008.
[6] 张一梅. 银行电子化业务[M]. 北京：机械工业出版社，2008.
[7] 吴莹,张红梅. 银行柜面业务处理[M]. 北京：高等教育出版社，2007.